新时代 新征程
中经乡村振兴文库

本书受北京语言大学马克思主义学院出版资助

农业组织演变与乡村振兴

Evolution of China's Agricultural Organization and Rural Revitalization

贾 甫 | 著

中国经济出版社
CHINA ECONOMIC PUBLISHING HOUSE
·北 京·

图书在版编目（CIP）数据

农业组织演变与乡村振兴 / 贾甫著 . --北京：中国经济出版社，2024. 4

ISBN 978-7-5136-7714-1

Ⅰ. ①农… Ⅱ. ①贾… Ⅲ. ①农业经济发展-研究-中国 Ⅳ. ①F323

中国国家版本馆 CIP 数据核字（2024）第 068698 号

责任编辑 耿 园
责任印制 马小宾
封面设计 任燕飞工作室

出版发行 中国经济出版社
印 刷 者 天津嘉恒印务有限公司
经 销 者 各地新华书店
开 本 710mm×1000mm 1/16
印 张 18. 75
字 数 297 千字
版 次 2024 年 4 月第 1 版
印 次 2024 年 4 月第 1 次
定 价 88. 00 元
广告经营许可证 京西工商广字第 8179 号

中国经济出版社 **网址** http：//epc. sinopec. com **社址** 北京市东城区安定门外大街 58 号 **邮编** 100011
本版图书如存在印装质量问题，请与本社销售中心联系调换（联系电话：010-57512564）

引　言

党的二十大报告指出，“全面建设社会主义现代化国家，最艰巨最繁重的任务仍然在农村”①。这种艰巨集中体现在四个方面：一是在消除农村绝对贫困人口之后，如何确保已有脱贫成果，提高农村居民收入水平，从而防止农村再度出现贫困人口或脱贫人口再度返贫。二是在城市工业化和工业信息化加速发展的过程中，如何实现农业的工业化和信息化改造，促进城乡经济融合发展，缩小城乡发展差距，从而实现共同富裕。三是在城镇化加速推进、农村人口大规模流出和人口出生率下降的条件下，如何保护长期以来创造的物质财富，如精巧民居、服饰、村落及其建筑群，以及非物质文化，包括语言、戏剧、绘画、音乐、礼仪、医术、传说、风俗、习惯和信仰等，从而实现传统文化保护和乡村振兴。四是在新型农村经营主体不断兴起的条件下，如何推进土地制度改革，从而实现它们与国家、集体和农民利益的包容式发展。

“以史为鉴，可以知兴替；以人为鉴，可以明得失。”新中国成立以来的农业组织演变为回答以上问题提供了一个独特视角和历史经验，让我们得以洞悉那些促进农业发展、农民增收和乡村振兴的一般原则。首先，农村土地制度和农业组织方式经历了数次重大转变，为比较不同农业组织效率的内在原因、外在约束和作用机理提供了千载难逢的契机。其次，在这种转变中，人们积累了许多应对突发事件和内部挑战的生产生活经验，形成了一些时代性的制度、文化、情感、认知、习惯、规范和信仰等，根植于人们的思维方

① 习近平. 高举中国特色社会主义伟大旗帜　为全面建设社会主义现代化国家而团结奋斗——在中国共产党第二十次全国代表大会上的报告［M］. 北京：人民出版社，2022：30-31.

式和行为方式中，不可避免地影响着农业和乡村的未来发展方向。

一旦研究视线转向历史，就会发现，在新中国成立之前，国家实际上处于失序状态，传统规范也不怎么有效。这让我们意识到农业组织演变的复杂性，不仅取决于新中国成立之后的国家意志、农村现实和社会观念等，还依赖于新中国成立之前的社会状态。基于对这种路径依赖特征的认识，我们不得不抽象地考察社会从无序转向有序的影响因素和动力机制，从而认识到国家与习俗、道德、舆论、风尚、惯例、规范等自发性秩序一样，都是降低制度成本和促进社会成员合作的实施机制及其秩序基础。更进一步，新中国成立以来的农业组织演变与社会秩序重建具有高度的相似性，因为前者在 1949 年覆盖了约 4.84 亿的农村人口，占全国总人口的 89.46%，1982 年农村人口达到 8 亿多，占总人口的比重仍然高达 78.87%①，基本等同于社会秩序重建的集体行动。据此提出，人们共筑社会秩序的思维方式和行为逻辑，根植于农业组织演变全过程。

在此基础上，我们得以完整地提出本书的理论逻辑框架：有限理性→节约制度成本的集体行动→自发性秩序和国家制度→社会井然有序→新中国成立以来的农业组织演变→农民增收、农业发展和乡村振兴的潜在路径。

其中，秩序重建是历史起点。新中国成立后，诸多社会经济条件促成了国家相对于自发性秩序的比较优势，例如新中国在主权独立、和平守护、财产保护方面取得了史无前例的成功，社会主要矛盾发生转变，中国共产党追求共同富裕的奋斗目标，以及农村公共物品短缺等。这种优势不仅限定了农业组织演变的初始条件及其方向，还使国家成为农业组织演变的参与者，从而改变了农业组织的交易成本和组织成本，塑造了它们的适应能力和竞争力。

节约制度成本的集体行动则是农业组织演变的现实动力。这样，在交易成本和组织成本框架下，我们考察了各个阶段的农业组织效率及其演变进程。具体研究了几对关系：制度成本与农业组织扩张或收缩的关系、劳动监督难题与集体化的关系、计酬制度的内生性及其与农业组织结构的关系、外部条

① 资料来源：Wind 数据库。

件逆转与制度成本的关系及其对新型农业组织和乡村振兴的影响等。

总体上，这项研究以有限理性为前提，以制度成本分析为工具，一以贯之地解释了农业组织演变逻辑及其诸多经济现象。比如，粮食统购统销、劳动力流动管制、农产品价格及种类管制、农田水利交通网络建设、农村基层政权组织改造、农业合作化、人民公社的超级规模、副业内部化、生活集体化、自留地禁止、粮食短缺、工分制、资本下乡、农作物单一化和乡村文化振兴等。

本书的结论不外乎四点：第一，与习俗、道德、舆论、风尚、惯例和规范等自发性秩序或实施机制一样，国家是全体成员共享的一种不完美的强制性实施机制，其核心是降低社会内耗和促进成员合作，从而追求、保护以及解释共同利益或全体利益。第二，农业组织演变的内在动力是农民的利益追求和自主选择，即在国家和外部条件约束下，自发地调整其规模及治理结构，从而降低制度成本和提高收益。第三，农业规模经营或合作不是任意的，而需要现实基础，如有利的要素禀赋结构、激励机制、行为方式、心理基础和产权制度等。第四，对于农业发展来说，降低制度成本至关重要。

当然，这项研究并不尽善尽美，还存在一些有待改进的地方。首先，在理论前提方面，依据笛卡尔、康德、霍布斯、洛克、卢梭、亚当·斯密和弗洛伊德等人从生物学、心理学和经济学角度对人类意识进行描述的观点，从理性和无意识角度重申了农业组织演变的行为基础。尽管这一行为假说获得了广泛支持，但是仍有很多因素可以改变和重塑人的思维方式，并不排除以下可能性：有限理性本身是社会经济活动的产物，而不完全是选择的出发点。其次，制度成本能够很好地解释农业组织的演变机制，却本身依赖于观念、道德、信仰、责任感、理性水平、合作文化、集体主义情怀、国家政策、竞争压力和事情紧急程度等因素，而我们没有逐一检验这些因素与制度成本和农业组织演变之间的数量相关性，从而部分地限制了理论解释力。

目　录

1　问题和方法 ………………………………………………………… 1

1.1　提出问题 ………………………………………………………… 1

1.2　相关理论 ………………………………………………………… 4

1.3　概念界定 ………………………………………………………… 14

1.4　研究方法 ………………………………………………………… 15

2　集体行动与社会秩序 ………………………………………………… 18

2.1　稀缺性冲突与国家制度创设 …………………………………… 18

2.2　社会秩序与国家干预边界 ……………………………………… 27

2.3　认知结构与行为方式 …………………………………………… 35

3　社会秩序失灵及其重建 ……………………………………………… 41

3.1　新中国成立前的社会失序 ……………………………………… 41

3.2　新中国成立初期的国内主要矛盾 ……………………………… 49

3.3　新中国成立后的社会秩序重建 ………………………………… 56

4　共同利益、国营企业与市场定价机制改革 ………………………… 70

4.1　理念与共同利益 ………………………………………………… 70

4.2　国营企业的现实约束 …………………………………………… 77

4.3　定价机制改革 …………………………………………………… 85

5 公共物品短缺与农村基层政权创新发展 …… 96

5.1 农村公共物品短缺与国家投资 …… 96
5.2 交易成本与农村治理方式改造 …… 102

6 制度成本与农业组织扩张 …… 115

6.1 制度成本与农业组织规模 …… 115
6.2 最优规模约束与代理人目标不一致 …… 121
6.3 合作化加速与结构变化 …… 125
6.4 超级规模与利益分配 …… 130

7 委托—代理问题与农业集体化逻辑 …… 135

7.1 产权集体化路径 …… 135
7.2 多任务委托—代理模型 …… 140
7.3 劳动监督难题与集体化 …… 150

8 超级规模农业组织的效率和激励机制 …… 159

8.1 利益差异与合作社扩张 …… 159
8.2 人民公社的低效率实质 …… 166
8.3 工分制的利与弊 …… 172

9 农业组织规模收缩与效率提升 …… 184

9.1 规模收缩与利益增进 …… 184
9.2 初始建设成本下降与组织效率逆转 …… 193
9.3 退社力量积蓄 …… 196
9.4 家庭联产承包责任制的兴起 …… 199

10 劳动力转移、土地规模经营与农业安全 …… 209

10.1 农村劳动力转移与耕地闲置 …… 209

10.2 土地集中与资本下乡 …… 218
10.3 资本监管与农业保护 …… 225

11 农民的收入增长“瓶颈”与城乡融合发展 …… 235

11.1 生产结构与分配结构 …… 236
11.2 乡村文化保护与振兴 …… 251
11.3 优先需求差异与要素双向流动 …… 259

12 认识和启示 …… 265

12.1 国家的作用 …… 265
12.2 市场的力量 …… 269
12.3 合作的基础 …… 273

参考文献 …… 279

1 问题和方法

1.1 提出问题

改革开放以来，我国农村取得了举世瞩目的脱贫奇迹。1978 年，农村居民家庭人均纯收入为 133.6 元，生活消费支出为 116.06 元。按照 2010 年贫困线标准，当时农村贫困人口为 7.7 亿，占总人口的 80%。2023 年，农村人均可支配收入达 21691 元，相当于 1978 年的 162.4 倍；人均消费支出为 18175 元，相当于 1978 年的 156.6 倍。恩格尔系数从 1978 年的 67.7%降为 2022 年的 33%。与之相应地，农村贫困人口大幅下降，2019 年农村贫困人口减少为 551 万，占总人口的 0.39%，贫困发生率为 0.6%①。2020 年，我国脱贫攻坚战取得全面胜利，提前 10 年实现联合国 2030 年可持续发展议程的减贫目标。

从国际比较来看，我国农村的脱贫成就尤为难得。例如，1978 年人均 GDP 与我国处于同一起跑线的印度、巴基斯坦和孟加拉国，2005 年的农村贫困率分别为 41.8%、50.4%和 43.8%，而我国的农村贫困率仅为 2.5%。此后，印度、巴基斯坦和孟加拉国的农村贫困率有所下降，如 2011 年印度农村贫困率为 25.7%，2015 年巴基斯坦农村贫困率为 24.3%，2016 年孟加拉国农村贫困率为 24.3%，但是仍显著高于我国同期水平。1978 年人均 GDP 高于我国的巴西、土耳其和南非，其农村贫困率同样高于我国同期水平，如 2003 年巴西农村贫困率为 41%、土耳其农村贫困率为 32.2%，2005 年南非农村贫困

① 资料来源：Wind 数据库、国家统计局官方网站。下文如未特别说明，数据都来自 Wind 数据库和国家统计局官方网站。

率为 87.6%。与此形成鲜明对比的是，我国的农村贫困人口持续减少。虽然各国的贫困线标准不一，统计口径存在差异，但是综合来看，其他国家较高的农村贫困率还是衬托出了我国在农村脱贫方面的巨大成功。

我国农村虽然取得了突飞猛进的发展，但是依然面临不少挑战。一是从收入角度来看，2022 年我国农村居民人均可支配收入约为 20132 元，低于跨越中等收入陷阱（middle income trap）的 4000 美元下限。二是农村居民的收入水平存在较大差距，如 2022 年 20%高收入户的人均可支配收入为 46075.4 元，而 20%低收入户的人均可支配收入仅为 5024.6 元，且二者之间的相对差距并没有呈现出收敛趋势。图 1-1 显示，2013 年 20%高收入户的人均可支配收入是 20%低收入户的 7.41 倍，2022 年提高至 9.17 倍。三是从世界范围来看，农村脱贫人口面临返贫风险。例如，2006 年巴基斯坦农村贫困率为 27%，之后一直高于 30%，2015 年降至 24.3%；1984 年墨西哥农村贫困率为 56%，

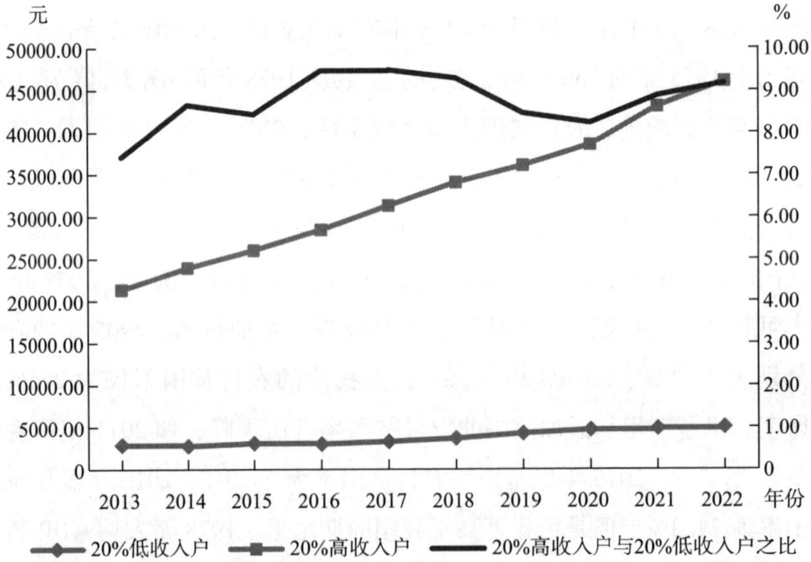

图 1-1　中国农村 20%低收入户和 20%高收入户人均可支配收入对比

资料来源：Wind 数据库。

注：主坐标轴表示人均可支配收入，次坐标轴表示 20%高收入户与 20%低收入户的人均可支配收入比值。

2014 年攀升至 62.4%，2018 年仍有 41.9%的农村贫困人口；1995 年南非农村贫困率为 33%，2005 年高达 87.6%，之后有所下降，2014 年依然高达 55.5%。因此，党的二十大报告指出，“全面建设社会主义现代化国家，最艰巨最繁重的任务仍然在农村”。

在经济发展过程中，如何有效提高农民收入、缩小收入差距、确保已有脱贫成果，最终实现共同富裕呢？党的二十大报告提出了一系列战略举措，如深化农村土地制度改革、发展新型农村集体经济、发展农业适度规模经营、强化农业科技和装备支撑、发展设施农业、完善农业支持保护制度、健全农村金融服务体系、统筹乡村基础设施和公共服务布局等。

这些战略举措聚焦农业发展和农民增收的核心问题，指明了乡村振兴的方向和着力点。一是土地制度安排，这是千百年来决定社会经济形态、农业发展和农民生活状况的核心力量，也是新中国成立以来农村社会变迁的基础性动力。今后，唯有创造性地改革土地制度，才能更好地激发农村生产力，促进传统农业改造和乡村振兴。二是农业组织创新，即在快速城镇化、工业化、信息化的社会经济条件下，探索劳动力、土地、资本和技术等各类生产要素的最优组织方式，以突破机制性壁垒，最大限度地提高生产要素的边际生产力，从而增加农民的劳动收入和财产性收入等。三是农业农村发展支持体系，包括基础设施、优惠政策、金融和科技等。

不过，这些核心问题亟待进一步的理论阐释。一是土地制度与农业组织如何互动？农业组织发展的动力是什么？除了经济因素之外，是否存在其他影响变量？这些变量如何发挥作用？二是在农业组织创新中，国家或者政府如何发挥作用？国家干预的条件或边界是什么？又在什么条件下退出？干预的手段及其有效性如何？三是新型农村集体经济和农业适度规模经营，与 1953 年 12 月—1982 年的农业合作社有何异同？又是什么因素造成了这种异同？这些异同如何塑造未来的农业组织形态和乡村社会结构？

“未来的故事就写在过去之中，已经发生的事情就是即将发生的事情。”①

① ［英］阿克顿．自由的历史［M］．王天成，林猛，罗会钧，译．贵阳：贵州人民出版社，2001：57.

新中国成立以来，农业生产方式朝着两个方向齐头并进：一方面，土地产权从地主私有变为农民所有，很快又改造为集体所有或全民所有，后来又适时地调整为“两权分置”和“三权分置”。另一方面，农业组织大体上经历了互助组、初级合作社、高级社、人民公社、家庭生产和新型农业经营主体等几个演变阶段。也就是说，当前的土地制度和农业组织是在农业生产方式的历史演进中形成的，也是农业生产方式进一步发展和创新的初始条件。这就为考察上述问题提供了一个独特视角和研究方法：以新中国成立以来的农业发展逻辑和经验为线索，探讨乡村振兴和农民增收的可行路径和动力因素。

事后来看，在农业发展中，土地制度与农业组织相互交织，但作用各异。其中，土地制度主要取决于国家意志，产权性质保持长期稳定，微调的主要是实现形式，因此具有外生性和相对稳定性；农业组织却较为活跃，总是根据土地制度性质和实现形式、外部环境以及自身特征而处于动态调整中，因此具有内生性和动态变动性。由此可见，所谓农业发展，是指在一定的土地制度和外部因素的约束下，人们选择最优农业组织方式的结果。鉴于此，本书聚焦于新中国成立以来的农业组织演变动力、机理和外在约束条件的作用方式等问题。

1.2 相关理论

威廉·配第认为，“土地为财富之母，而劳动则为财富之父和能动的要素”①。财富创造的这两类基础性要素，又衍生出不同的派生性要素，如土地产权制度、农业灌溉设施、农产品定价机制、农业科技推广和劳动生产率等。基础性要素和派生性要素能否有效发挥作用，进而促进农业发展，主要依赖于二者的结合方式，即农业组织制度。因此，首先要检验目前存在的农业组织理论，考察它们的主要观点、重要且被忽视的部分，并提出尚未解决的问题。

① [英] 配第．赋税论 献给英明人士 货币略论［M］．陈冬野，等，译．北京：商务印书馆，1963：71.

1.2.1 小农经济与规模经营的比较选择

马克思认为："小块土地所有制按其性质来说排斥社会劳动生产力的发展、劳动的社会形式、资本的社会积聚、大规模的畜牧和对科学的累进的应用。"① 这一判断依赖于生产的规模经济效应："社会劳动生产力的发展怎样以大规模的协作为前提，怎样只有在这个前提下，才能组织劳动的分工和结合，才能使生产资料由于大规模积聚而得到节约，才能产生那些按其物质属性来说只适于共同使用的劳动资料，如机器体系等等，才能使巨大的自然力为生产服务，才能使生产过程转化为科学在工艺上的应用。"② 毛泽东指出："在农民群众方面，几千年来都是个体经济，一家一户都是一个生产单位，这种分散的个体生产……使农民自己陷于永远的贫苦。"③ 邓小平把规模经营作为中国农业未来发展的出路："中国社会主义农业的改革和发展，从长远的观点看，要有两个飞跃……第二个飞跃，是适应科学种田和生产社会化的需要，发展适度规模经营，发展集体经济。这又是一个很大的前进，当然这是很长的过程。"④

阿尔弗雷德·马歇尔（Alfred Marshall）正式提出了规模经济理论，他把"由于生产规模扩大而引起的经济性分为外部经济和内部经济。外部经济指有赖于本企业的溢出经济，而内部经济则是有赖于个别工业企业的资源、组织和经营效率的经济"⑤。基于规模经济理论，一些发展中国家把小规模的土地制度看作农业机械化和获取规模经济利益的重大障碍，把大农场和农业合作化看作突破障碍的替代方案。事实上，土地细碎化的确降低了农作物生产中的规模经济效应，严重影响粮食产量（万广华、程恩江，1996）。通过研究来自 7 个非洲国家、7 个拉美国家和 3 个中东国家的资料发现，农业劳动生产率

---

① 马克思恩格斯文集：第七卷［M］．北京：人民出版社，2009：912.
② 马克思恩格斯文集：第五卷［M］．北京：人民出版社，2009：719-720.
③ 毛泽东选集：第三卷［M］．北京：人民出版社，1991：931.
④ 邓小平文选：第三卷［M］．北京：人民出版社，1993：355.
⑤ ［英］马歇尔．经济学原理［M］．彭逸林，王威辉，商金艳，译．北京：人民日报出版社，2009：161.

与劳均耕地之间的相关系数在1953/1957—1960/1964年高达0.92（蔡昉、李周，1990）。但经营规模并不是越大越好（李文明等，2015）。

不过，马克思和恩格斯又指出，“组织共同的家庭经济的前提是发展机器，利用自然力和许多其他的生产力，例如自来水、煤气照明、蒸汽采暖等，以及消灭城乡之间的［对立］。没有这些条件，共同的经济本身将不会再成为新生产力，将没有任何物质基础，将建立在纯粹的理论基础上”①。黄宗智（2014）认为，中国“人多地少”“小而精”的家庭农场才是中国农业发展的正确道路，也是发展中国家实现农业增长、解决粮食问题的更为合适的制度（林毅夫，2008）。小农经济在风险规避、耕作方式和劳动投入等方面更具有灵活性优势（艾利斯，2006），中国农村实行家庭承包制激发了约7亿农民的劳动积极性，粮食产量获得了大丰收（萨克斯，2007）。即使在发达国家，农业经营规模不断扩大也未动摇家庭经营地位（刘奇，2013）。

虽然家庭承包制促进了20世纪80年代初的农业增长，但是细碎化的土地规模和家庭式的小农经济已经阻碍了我国农业发展（朱希刚、钱伟曾，1989）。与美国、加拿大等主要农产品出口国的耕地经营规模相比，中国主要农作物的经营规模非常小，只有0.4公顷（黄季焜、马恒运，2000）。农民对农业的投资活动非常有限且投资结构不合理（朱民等，1997）。

恰亚诺夫（Chayanovan）（1996）认为，农户组织形式通常是多样化的，是小农、中农和大农的混合。这种多样化不是社会分化的结果，而是农村上升趋势和下降趋势变化的产物。例如，农民合作行为变化不仅受社会变迁制约，包括地权制度（秦晖，2007），农地流转方式（胡冬生等，2010），合作文化氛围、政府职能定位和合作社发展规划等（杨雅如，2010）；也受农户谈判力量（王军，2009）和一系列心理因素影响（李义波、弓路沙，2011）。一旦某些条件或制度发生逆转，如农业劳动力转移、农业保护能力增强（赵佳、姜长云，2015）和政府目标偏好改变（肖娥芳，2017），就会推动家庭农场发展。

① 马克思恩格斯文集：第一卷［M］．北京：人民出版社，2009：568-569.

归纳起来，当前的研究倾向于强调规模经营的效率优势，却忽略了土地兼并的财富分配效应。而纵观历史，小农经济与规模经营（或土地兼并）的周期性更替是“历史周期率”现象的主要内在推力。鉴于此，历朝历代特别警惕土地兼并，高度重视小农经济保护。这一倾向源自一项不可靠的理论假设：农业规模经济。问题在于，农业规模经营可能是X-非效率，土地兼并现象的产生与规模经济没有必然联系，而是源自规模经济之外的力量。

1.2.2 交易成本、契约与农业组织效率

循着罗纳德·科斯（Coase，1937）的交易成本逻辑，温铁军（2009）认为，在新中国成立之初，国营粮食部门面对4亿分散且具有完全独立财产权利的经济主体，面临高昂的交易成本，只有国家把它们组织在几百万个合作社内，才能够大幅降低国营粮食部门的交易成本。林毅夫（2008）认为，在生产队体制下，由于农业本身的季节性和空间散布特点，管理者面临很高的监督成本，不能有效监督每个农民的劳动努力程度，容易出现农民的集体性偷懒问题，而家庭承包制从根本上解决了农业生产的监督问题。

但是，在以交易成本为核心的经济组织研究中，缺乏对各种可驳性含义的检验，甚至缺乏一个被学术界普遍接受的交易成本概念。例如，阿罗将交易成本定义为经济制度的运行费用，张五常（2000）把交易成本定义为制度成本，或者“看得见的手”的成本。实际上，几乎所有事情可以通过引入某种交易成本而使之合理化，因此很难说明经济组织对交易成本的确切影响（乔斯科，2008）。

针对交易成本的度量问题，威廉姆森（2007）提出，在经济组织研究中，交易发生频率、不确定性和资产专用性都是影响交易差异的关键维度，但是唯有资产专用性是检验各种可驳性含义的关键维度①。个案研究证实了威廉姆森的观点：对资产专用性较弱的蔬菜等农副产品，企业与农民结成松散协作

① 威廉姆森将资产专用性分为六种：地点专用性、物质资产专用性、人力资本的专用性、品牌资产、指定性专用资产和时间上的专用性。参见［美］威廉姆森，马斯腾．交易成本经济学［M］．李自杰，蔡铭，等，译．北京：人民出版社，2008：99-125.

而又较为稳定的农副产品原料生产和供应基地，就能够降低农业产业化经营的交易成本（钱忠好，2000）。而在生产中需要专门资本设备投入，在生产后需要及时进行加工处理的农产品适合发展订单农业，且距离市场越远的农户参与订单农业的可能性越大（郭红东，2005）。

在科斯和威廉姆森的交易成本体系中，生产组织本质上是依靠命令、权威来节约交易成本，进而实现对市场的替代。阿尔钦和德姆塞茨（2007）则提出，生产组织与市场之间的差别在于投入品的团队使用以及团队生产中的中心契约人，而不是某种上级命令。他们认为，经济组织的两项关键任务是计量投入品的生产率和计量报酬："如果经济组织计量很差，报酬与生产率只有松散的联系，那么劳动生产率将会变得较低；但是如果经济组织计量得好，那么生产率水平就会变高。"① Jensen 和 Meckling（1976）也将经济组织定义为一系列契约关系的联结。

基于契约逻辑，Cook（1995）认为合作社是一个产权模糊的投资者集合，存在内部控制和"搭便车"问题。合作社成功的关键是在成员中合理分配成本和收益，否则会出现优秀成员退出的逆向选择问题（Sexton，1986）。诸如合作可选择性、资源特点、排他性技术、合作成员个人特征、社区合作组织形式和组织水平等因素都会强化农业组织的"搭便车"问题（蔡昉，1993）。

周立群和曹利群（2002）发现，龙头企业既可以根据市场判断指挥或引导农户调整农业生产结构，也可以规定农户采用指定的生产技术和生产指定的农产品，即稳定的商品契约可以衍生出命令和权威权力。王曙光（2010）对"退出权假说"和"激励不足假说"进行了拓展，认为缔约双方平等的缔约关系和合作社成员受到完整保障的财产权利是退出权实施的前提。

总体上，新制度经济学的交易成本、团队生产和资产专用性等理论，深入到了农业组织内部结构，解析了合作社中的农户行为，如"搭便车"、偷懒和逆向选择等，找到了不同农户组织形式的微观基础和效率源泉，从而超越了新古典经济学的"黑箱"问题。由于交易成本、"搭便车"等问题不可能

① ［美］威廉姆森，马斯腾．交易成本经济学［M］．李自杰，蔡铭，等，译．北京：人民出版社，2008：36.

在短时间内发生逆转，因此农业组织调整将是温和的、渐进的和局部性的。但是，这与20世纪50年代和80年代我国出现的两次激进的、广泛的农业组织变革历史并不相符。另外，合作社规模已经超越了节约交易成本和获取团队生产利益的最优边界，为什么还要扩张？包产到户的比较优势是什么时候产生的、怎样产生的？诸如此类问题在一定程度上仍然是未解之谜。

1.2.3 国家行为与农业发展

农业发展不仅取决于农业组织效率，还受制于外部环境。其中，国家是不容忽视的外部因素。在国家行为与农业发展关系上，理论研究和政策实践经历了一个认识和发展的过程。法国重农学派代表人魁奈提出："只有花在土地上的劳动，其生产的产品价值超过支出，才创造财富或每年的收入。""那些用自己的双手制造货物的人们并不创造财富，因为他们的劳动只是使这种货物的价值增加上支付给他们的工资数，而这些工资是从土地的产品中取得的。"① 杜尔哥同样认为："农民是那种通过流通而激发社会各种劳动的财富的唯一源泉。因为他是唯一的劳动产出超过自己劳动工资的劳动者。"② "只有从事农业的民族，才能够组成稳固和持久的国家，这样的国家有能力进行稳固的全面管理，确切地服从于自然规律的不变制度，因此在这样的场合，农业本身构成了这些国家的基础。"这样，国家幸福生活的必要条件是："使耕种土地尽可能得到更大的成效和使社会上没有小偷和乞丐。"③

亚当·斯密、托马斯·马尔萨斯和大卫·李嘉图等认为，在工业部门，技术进步能够抵消边际报酬递减趋势；而在农业部门，技术进步不能抵消边际报酬递减趋势。李嘉图动态模型可以对此进行解释（速水佑次郎、拉坦，2000）。由此，古典经济学家主张国家实行农产品自由贸易，降低粮食价格，通过降低实际工资来提高企业利润，推动工商业发展。工商业的增加与富裕，

---

① ［法］魁奈．人口论 赋税论［M］．吴斐丹，张草纫，译．北京：商务印书馆，2021：47.

② ［法］杜尔哥．关于财富的形成和分配的考察［M］．唐日松，译．北京：华夏出版社，2007：7.

③ ［法］魁奈．农业与手工业［M］．吴斐丹，张草纫，译．北京：商务印书馆，2021：91，94.

主要通过三个途径带动了农业改良与发展。一是“为农村的原生产物提供一个巨大而便宜的市场，从而鼓励了农村的开发与进一步的改进”。二是“都市居民所获的财富，常用以购买待售的土地，其中很大一部分往往是尚未开垦的土地。商人们都渴望变成乡绅。而且，在他们变成了乡绅的时候，他们往往最能改良土地”。三是“农村居民一向处在与其邻人的战争和对其上司的依附状态中。但工商业的发达，却逐渐使他们有秩序，有好政府，有个人的安全和自由”①。德国历史学派的先驱人物弗里德里希·李斯特（2013）早在1841年就指出，农业只有在对外贸易增加或国内工业发展的条件下才能够获得发展，据此首先强调国家对本国“幼稚工业”的扶持和保护，以此来推动国内工业化进程和农业发展。

在这些思想的影响下，许多发展中国家致力于发展工业，“其中大部分国家在实现工业化时并没有采取相应的措施来增加农业生产。某些国家以损害农业来实现工业化”②。张培刚认为，“农业可以通过输出农产品，帮助发动工业化”，但是“工业化的激发力量必须在农业以外的来源中去寻找。这就是说，在未来经济大转变过程中，农业只能扮演一个重要但比较被动的角色”③。刘易斯（1989）提出，农业中有相当一部分劳动力是过剩的④，可以为工业化提供所需的资本和无限的劳动力。舒尔茨（1987）提出，要克服传统农业的停滞状态，就需要政府加大人力资本投资，改造传统农业。他认为，没有向农民的教育投资，丹麦就不会在1870—1900年实现传统农业改造；日本1880—1938年的乡村教育和农业投资，每年带来了35%的收益率；20世纪50年代，以色列农业部门的高增长得益于从业者的高技能和知识水平。Rosenzweig和Binswanger（1993）、Rosenzweig（1986）提出了国家干预促进农

① ［英］斯密．国民财富的性质和原因的研究：上［M］．郭大力，王亚南，译．北京：商务印书馆，1983：370-371.

② ［美］舒尔茨．改造传统农业［M］．梁小民，译．北京：商务印书馆，2006：5.

③ 张培刚．农业与工业化［M］．武汉：华中科技大学出版社，2009：95，226-227.

④ 中国人口众多，土地规模较小，在农业上采用机器的技术可行性和经济价值如何，在特定时期充满了不确定性，因此是否存在隐蔽失业也未可知。这可能解释了计划经济时期的农业机械化效果不佳。

业增长的可能途径。

新古典主义却认为，国家干预农业是错误的、有害的（蒂默，2008），任何政府都不可能比市场做得更好（Stiglitz，1998），国家难以弥补市场失灵造成的损失，尤其是土地市场和农村信用市场（Stiglitz，1987）。例如，1973—1976年坦桑尼亚的乌贾玛村庄化运动给农业带来了巨大危害（斯科特，2019）。20世纪80年代早期，莫桑比克解放阵线（Frelimo）的农业计划政策及其实施缺陷是其农业危机的最关键原因（Munslow，1984）。肯尼亚的农业政策更为有害，国家通过鼓励外国资本与国内中产阶级联合，阻碍了国内农业部门与非农业部门之间的贸易（Bradshaw，1990）。

他们认为，农业生产者总是能够作出最优选择（艾利斯，2006），剩余控制权的分配会直接影响人们的经济行为（Grossman and Hart，1986），只有土地所有者能有效使用土地（Stiglitz，1974，1998）。实践中，20世纪50—60年代全球范围内出现了土地私有化浪潮，如菲律宾的佃权合法化改革、一些拉美国家的“去大农场化”改革、非洲的土地个人所有制改革和印度的“土地分蘖方案”（McCay and Jentoft，1998）。20世纪70年代后，尼加拉瓜和萨尔瓦多等国把大量国有的闲置土地和国营农场的土地无偿分配给无地农民，巴西、哥伦比亚和危地马拉则根据新自由主义经济原则采取了“市场改革”（Market-Assisted Reforms）（孙亮，2006）。苏联和东欧国家展开了大规模的土地私有化改革（Brooks and Lerman，1993），越南消灭了农民土地集体所有制（李昌平，2010）。

然而，土地改革既没有带来农业生产率的显著提升，也没有促成实质公正的结果，却造成了农民的半无产阶级化和农业的二元发展。如果把土地私有权绝对化，可能会妨碍公益建设和国土整治（秦晖，2007）。Ostrom引入了一个新的框架，即私有产权和公有产权同时发挥作用，替代了私有产权或公有产权那样泾渭分明的方案（Axelrod，2010）。

事实上，新古典主义既没有认识到发展中国家在推动土地私有化改革时面临的严峻社会经济条件，如制度化的极度不平等、落后的技术水平、农村人口、土地规模、资本短缺等，也没有认识到发达国家政府在推动农业走出发展“瓶颈”中的作用，如直接投资、信贷补贴等方式（Shapiro and Taylor，1990）。塞宾顿-斯蒂格利茨私有化基本定理认为，让一个仁慈的、有效率的政府经营企业要比对其进行私有化更为可取。例如，20 世纪 30—60 年代，芬兰对其农业的干预从未停止过，变化的只是干预范围（Granberg，1986）。美国的水果和蔬菜销售订单（marketing orders）（即农产品价格支持计划）支持了水果和蔬菜生产的集中化（Anderson，1982）。没有国家投资，非洲农业科学研究、技术推广和农场管理等方面所需的公共投资就不可能发生（Oleson，1997）。发展中国家除非存在农业保护，否则不具备自生能力的小农经济难以在开放的全球市场竞争中生存下来（林毅夫，2002）。

对新古典主义国家理论的批评主要来自结构主义发展经济学家（谭崇台，2008）。Lewis（1984）认为，发展中国家的市场更加无效率，更需要国家来纠正市场错误和社会不平等。政治因素而非价格机制才是农村公共投资不足的主导原因（Rao，1998）。新古典主义实则把国家看作各个利益集团互相竞争的角斗场，而不是利益相关者（Bardhan，2005）。这种掠夺性国家理论适用于一些极端情形，如蒙博托政权下的扎伊尔（Mobutu's Zaire）、马科斯统治下的菲律宾（the Philippines under Marcos）、杜瓦利埃统治下的海地（Haiti under the Duvaliers）和索莫查家族统治下的尼加拉瓜（Nicaragua under Somoza）等，但不适用于那些在追求集体目标方面具有体制连贯性的发展中国家（Bardhan，1990）。Streeton（1993）从三个方面批评了新古典主义国家理论：一是把最小化政府权力看作减少寻租的唯一方法；二是混淆公共动机和私人动机之间的重要差异；三是小政府主张不具有现实普遍性。

不同于把国家视为最大化公共利益的代理者模型，也有别于发展经济学的“部门模型”（sectoral models）和“阶层”或“精英”理论（“class” or “elite” based theories），新政治经济学认为特殊利益驱使了公共政策的出现，并引致了很多发展中国家的农业歧视政策（Bates and Rogerson，1980）。1919—1947 年印度各级政府对村庄发展、村务委员会（panchayat）建设、金融支持、农民积极性调动和当地人自治等的忽视，在很大程度上解释了印度村务委员会的失败（Srinivasan，1956）。印度南部种植业出现的危机，根源于农业改革在这一地区造成的独特结构，承包经营户（contract farming）以及政府扶持则是走出结构性缺陷的可行出路（Hayami and Damodaran，2004）。

归纳起来，农业发展离不开国家扶持，国家的作用不可替代，但也出现失灵，部分行动甚至会危害农业发展。这种不确定性将国家的作用置于一种非此即彼的状态：支持者高估国家的积极作用，反对者则夸大国家的危害性。例如，无政府主义者巴枯宁反对一切形式的国家，认为“国家政权无力改变人民的经济状况；它可以为人民做的唯一事情，就是自行废除，自行消亡，因为它的存在是同人民的幸福不相容的。人民的幸福只能由人民自己去创造”①。这种非此即彼的状态赋予国家任意扩大或缩小其干预边界的权力。在此意义上，可以用国家干预来解释农业组织的跳跃式、激进式调整。不过，由于无法确定国家干预边界，因此和交易成本框架类似，几乎所有事情可以通过引入国家行为而使之合理化，这样就很难说明国家对农业组织的可验证影响。

现在可以总结这些研究的贡献和不足。农业组织演变是内因和外因共同作用的产物。前者主要包括农户行为（如投资、谈判、心理预期、“搭便车”、偷懒等）、地权制度、土地规模、计酬方式、交易成本、监督成本和契约形式等；后者主要包括国家行为（如目标偏好、政策措施、保护力度等）、工业化进程、城市化水平、农村治理体系、市场化程度、技术水平和乡村文化氛围等。但是，当前的研究没有把这些因素统摄起来，而是专注并放大了某些因素与农业组织演变之间的联系，如规模经济效应、交易成本节约、产权激励和国家战略等。尽管这可以解释某一时期或某一类型的农业组织存在性问题，却不能在一致性行为假设下很好地解释不同农业组织之间的替代性问题，尤其是跳跃式替代问题，因而削弱了理论的解释力和应用性。

---

① ［俄］巴枯宁．国家制度与无政府状态［M］．马骧聪，任允正，韩延龙，译．北京：商务印书馆，1982：217.

1.3 概念界定

本书探讨新中国成立以来的农业组织演变动因及其逻辑。第一，对于农业组织的界定比较宽泛，涉及生产、分配、交换、消费和金融等多个领域，囊括了1949年以来的各类农业合作社、家庭经营和农业产业化经营企业，有些甚至集农产品生产、加工、销售于一体。具体包括劳动互助、人畜换工、合伙种地、耕田队、劳动互助社、犁牛合作社、季节性互助、常年性互助、互助大队、消费合作社、信用合作社、高级社、人民公社、农户家庭经营、家庭农场、专业大户、农民专业合作社和农业产业化龙头企业等。

第二，农村基层政权组织在农业组织演变中发挥着桥梁作用，但是其名称、内涵、形式、结构、职责和管辖范围是因时代变迁而动态调整的。例如，新中国成立后，废除了保甲制度，一些地区设立了农村基层政权，另一些地区不设立农村基层政权，但一般以自然村或选区为单位划分村民小组。农村合作化和人民公社时期，生产大队是农村基层政权组织，管理着本大队范围内的生产工作和行政工作，执行公社的指令。1962年，中央对公社、生产大队、生产队之间的关系进行了调整，建立了生产队体制。随着家庭联产承包责任制的全面铺开，村民委员会取代生产队承担起农村基层政权的职能，并逐步稳定下来。

尽管农村基层政权组织的形态不稳定性增加了分析难度，但是作为国家和村民之间的主要协调机制，其基本职能是确定的，即一方面执行国家制定的有关方针、政策，完成国家下达的各项任务；另一方面组织村民对农村事务进行民主管理，维护农村社会及农民的利益。因此，为了减少不同时期概念差异引起的混乱，本书将统一使用“农村基层政权组织”的概念。

第三，国家与风尚、惯例、习俗、道德、舆论和规范等自发性秩序类似，都是社会正常运行的秩序基础。由此引申出了国家发挥作用的条件：在国家职能有效运行的条件下，国家干预边界取决于自我实施机制和非强制性第三方实施机制的边界。在后者失灵的条件下，国家干预就是一种帕累托改进。

由此推论，国家失灵集中体现在两个层面：一是公共权力部门职能失效，无力纠正社会不公正和经济低效率现象；二是国家的利益函数和效用函数与社会公众的不一致，国家寻求特殊利益。

这并不是说国家和其他实施机制处于同等地位。事实上，在一些场合，国家是一些规则或实施机制的制定者，如制定宪法、法律和明确财产权利等；在另一些场合，国家性质及其政府行为塑造着一个社会的风尚、道德、价值观、企业规范和舆论环境等。但是，这并不意味着国家的影响力是单向的、绝对的，一个疆域内长期以来形成的社会风尚、惯例、习俗、道德和舆论等自发性秩序，同样塑造着集体行为、选择及其国家性质①。

正是在这里，我们看到了社会经济发展的先决条件：国家有序且有追求公共福祉的动机和能力。除非存在极端情形，即国家是否存在无关紧要或其他实施机制完全有效，否则国家失序就会不同程度地导致社会经济无法良好运行。而在新中国成立之前，不仅国家失序，其他实施机制也不同程度地失灵了。在这种条件下，重建国家秩序就是首要任务，而这种秩序重建过程不仅塑造着土地制度和农业组织的性质及其发展方向，还让我们得以观察到国家作为政策制定者、经济活动参与者和社会秩序守护者的价值所在。

1.4 研究方法

制度成本分析贯穿全书始终，其哲学基础是唯物史观——“一切历史冲突都根源于生产力和交往形式之间的矛盾”②。按照这一方法论，“受分工制约的不同个人的共同活动产生了一种社会力量，即成倍增长的生产力。因为

---

① 强制性力量未必需要任何大权在握的正式机构，“有些惯例一旦形成并达到一定的规模也是自我强制执行的”，社会舆论同样可以起到强制性力量的作用。例如，“受害于契约的受约人得到了中立的旁观者们的同情，并有可能求得他们的帮助。违约的立约人有理由害怕旁观者们的敌视，他害怕他们将来不愿同他交道，害怕他们要求他给受害者以赔偿”。参见［英］雅赛．重申自由主义——选择、契约、协议［M］．陈茅，徐力源，刘春瑞，等，译．北京：中国社会科学出版社，1997：85，104.

② 马克思恩格斯文集：第一卷［M］．北京：人民出版社，2009：567-568.

共同活动本身不是自愿的而是自然形成的，所以这种社会力量在这些个人看来就不是他们自身的联合力量，而是某种异己的、在他们之外的强制力量”。于是，“我们本身的产物聚合为一种统治我们、不受我们控制、使我们的愿望不能实现并使我们的打算落空的物质力量”①。农业发展及其运动形式是不同经济主体的联合力量的产物，共同塑造了各种农业组织的制度成本、效率及其演变，因而是一种不受任何一方控制或主导的自然历史过程。

具体而言，制度成本包括组织成本和交易成本，前者指“团队生产”中的劳动监督、工作协调和信息交流成本，后者指市场中的谈判、缔约、监督和实施成本。由于组织成本和交易成本涉及经济社会的核心问题，即制度安排问题，因此两种成本的比较也可以看作不同经济组织的制度成本的比较。与此对应地，农业组织选择归根结底是组织成本和交易成本的权衡问题。

具体而言，制度成本分析在本书中涉及以下三个层面。

宏观层面，重建社会秩序，包括国家、风尚、惯例、习俗、道德、舆论、规范、法律和财产权利等，就是一个降低制度成本的过程。例如，新中国成立前，国家不能有效维护和发展它在国内及国际上的职能，造成一些经济效益良好的领域管理过度、寻租活动盛行，而另一些需要国家财政支持的领域管理缺位、无人问津。与这种失控的治理现象相伴的还有公共权力部门的膨胀和传统秩序的坍塌，它们加剧了社会治理效能下降态势。新中国则在主权独立、和平守护、财产保护方面取得了史无前例的成功，极大地降低了人们从事经济活动的组织成本和交易成本。鉴于此，本书首先在组织成本和交易成本框架下，抽象地考察了国家与风尚、惯例、习俗、道德、舆论、规范等自发性秩序的关系，并把秩序失灵及其重建作为农业组织演变的逻辑起点和现实起点。

中观层面，农村基层政权组织也面临交易成本问题。随着农户数量及其规模、农村交通网络、不确定性和机会主义行为等的变化，农村基层政权的交易成本及其效率也会发生变化。由此，在各种农业组织的竞争中，农村基

① 马克思恩格斯文集：第一卷［M］．北京：人民出版社，2009：537-538.

层政权更偏好扶持那些能够降低其交易成本的农业组织。

微观层面，农业组织选择问题是不同农业组织的制度成本比较问题。例如，在农村土地改革之后，耕畜、土地和劳动力的比例关系激进式改变，打破了原来的生产均衡。在新的土地制度下，农业生产资料短缺衍生出劳动力联合，这种联合的边界和范围取决于组织成本和交易成本的比较。当联合的边际组织成本和边际交易成本相等时，联合就会停止，此时劳动力联合就会达到私人层面的最优规模。农业集体经济经过 20 多年的发展，有效地缓解了合作化之初的物质资本短缺问题，但是人民公社的超级规模造成了高昂的组织成本，削弱了合作经济的基础，而且农村人口数量和结构发生了重大转变，对生产队体制的稳定性构成了威胁。自家庭联产承包责任制实行以来，人地关系逆转，土地兜底保障功能弱化，联合的组织成本下降，新型农业组织涌现。

2　集体行动与社会秩序

在农业发展中，国家发挥着重要作用。例如，国家通过土地制度、财产权保护、行业规范、市场秩序、基础设施、生产补贴、价格保护、低息或免息贷款等，直接或间接地决定着农业生产分配结构。不过，古今中外的历史表明，这种作用的发挥并非易事，而是建立在国家职能有效运行的基础之上。这并不是说，在国家职能失灵的条件下，经济活动将无法运行，因为诸如风尚、惯例、习俗、道德、舆论和行业规范等自发性秩序还能勉力维持社会运转。由此引申出一些重要的理论问题：社会秩序如何产生？国家与自发性秩序有何关系？社会从失序转向有序的过程中，个人在其中发挥什么作用？在分析新中国成立以来的农业组织演变之前，这种抽象分析之所以必要，是因为它们规定着农业组织演变的秩序框架、现实起点和人们的行为方式。

2.1　稀缺性冲突与国家制度创设

“人们为了能够‘创造历史’，必须能够生活。但是为了生活，首先就需要吃喝住穿以及其他一些东西。”① 困难在于，人们的需要无限，而满足需要的资源有限②，于是就出现了不同的解决思路：“一派是偏重在社会冲突的一方面，另一派是偏重在社会合作的一方面。”③ 事实上，冲突和合作是矛盾的

---

① 马克思恩格斯文集：第一卷［M］．北京：人民出版社，2009：531.

② 马尔萨斯在《人口原理》一书中说明了人口增加快于自然和劳动的生产力增加，并且提出了“稀少性”这一经济学中的基本原理。达尔文的《物种起源》将稀缺性应用到了所有生物上，说明生物进化。

③ 费孝通．乡土中国［M］．北京：人民出版社，2008：73.

一体两面，正如康芒斯所说，“从稀少性中不仅产生冲突，而且产生因为相互依存而建立秩序的集体行动”①。国家就是从稀缺性冲突中产生的集体行动的产物②。

2.1.1 国家与交易成本节约

“远古的神秘历史碎片揭示出，人类社会无可救药地充满着变化和冲突。”③ 霍布斯认为，人类的天性中存在三种产生冲突的原因——竞争、猜疑和荣誉，而“在没有一个共同权力使大家慑服的时候，人们便处在所谓的战争状态之下”④，“在这种状况下，产业是无法存在的，因为其成果不稳定”⑤。康德推断，“人在社会中倾向于群居，同时又不断地抵制社会，随时有可能导致社会的分裂”⑥。例如，建立近代国家的那些民族，“在很长的一段时期内，四杀混战，是他们生活的主题”⑦。在混战导致的废墟之上，人与人之间的关系异常艰难。

但是，在人的理性驱使下，人们要求摆脱互相斗争、恐惧不安的自然状态，寻求有组织的和平生活，“并由此而保全自己的生命，因而制造了一个人为的人，这就是我们所谓的国家”⑧。国家“几乎完全是一个社会机构，胜利的人群为了达到唯一的目的——实行对战败人群的统治，防止内部暴乱和外

---

① ［美］康芒斯．制度经济学：上册［M］．于树生，译．北京：商务印书馆，1962：12-13.

② 辜鸿铭认为，孔子在《春秋》一书中，“勾勒出一种社会和文明处于错乱和衰败状态的历史概貌，追溯了此种错乱和衰败的社会与文明各种苦难与不幸的真正根源，他指出这一问题的根源正在于，人们缺乏一种真正的国家观念，对归诸国家、国家首脑、统治者和君王的责任之真正的本质缺乏正确的了解”。孔子用“君子之道”的哲学和道德体系，给中国人塑造了一个国家观念，从而给中国人一种安全感。这一论述表明，稀缺性冲突或社会失序与国家起源之间的关系具有一般性和普遍性。参见辜鸿铭．中国人的精神［M］．黄兴涛，宋小庆，译．北京：人民出版社，2010：24.

③ ［美］基辛格．世界秩序［M］．胡利平，等，译．北京：中信出版社，2015：490.

④ ［德］柯武刚，史漫飞．制度经济学：社会秩序与公共政策［M］．韩朝华，译．北京：商务印书馆，2000：145.

⑤ ［英］霍布斯．利维坦［M］．黎思复，黎廷弼，译．北京：商务印书馆，1985：94.

⑥ ［美］基辛格．世界秩序［M］．胡利平，等，译．北京：中信出版社，2015：38-39.

⑦ ［法］托克维尔．旧制度与大革命［M］．傅国强，译．北京：中国画报出版社，2013：30，50.

⑧ ［英］霍布斯．利维坦［M］．黎思复，黎廷弼，译．北京：商务印书馆，1985：164.

来进攻——而把这个社会机构强加于战败的人群"①。按照霍布斯的观点，没有国家的地方，自然状态的威胁随时存在。不过，在蒙昧时代和野蛮时代，人类没有因为国家缺失而陷入自然状态②。也就是说，霍布斯的国家理论建立在人性观和自然法学的基础之上，发挥作用的前提是稀缺性。

卢梭发展了霍布斯的理性法则③："人性的首要原则，是要维护自身的生存，人性的首要关怀，是对于其自身所应有的关怀；而且，一个人一旦达到有理智的年龄，可以自行判断维护自己生存的适当方法时，他就从这时候起成为自己的主人。"④ 基于这一法则，他把国家归结为一种社会契约："每个人都以其自身及其全部的力量共同置于公意的最高指导之下，并且我们在共同体中接纳每一个成员作为全体之不可分割的一部分。"⑤ 卢梭不认同霍布斯的"自然状态"，他认为"个人之间的殴斗、决斗或者冲突，这些行为根本不能构成一种状态"，"战争绝不是人与人的一种关系，而是国与国的一种关系"⑥。

卢梭和霍布斯的分歧源自理论假设差异。虽然二者的落脚点都是保障个人安全和财富，但是霍布斯把冲突归结为人类的天性，卢梭则把冲突归结为外部条件，并认为"人类如果不改变其生存方式，就会消灭"⑦。因此，霍布斯认为个别利益对立催生了国家，而卢梭把国家起源归于追求公共幸福或个别利益一致。赫拉利（2017）把这种共同利益归结为一种虚构："无论是现代国家、中世纪的教堂、古老的城市，还是古老的部落，任何大规模人类合作的根基，都在于某种只存在于集体想象中的虚构故事。"⑧ 国家"是由创造的

① [德] 奥本海．论国家 [M]．沈蕴防，王燕生，译．北京：商务印书馆，1999：7，9.

② 恩格斯指出，"氏族制度是从那种没有任何内部对立的社会中生长出来的"。参见马克思恩格斯文选：第四卷 [M]．北京：人民出版社，2009：188.

③ 霍布斯认为，理性的戒条或一般法则是："每一个人只要有获得和平的希望时，就应当力求和平；在不能得到和平时，他就可以寻求并利用战争的一切有利条件和助力。"参见霍布斯．利维坦 [M]．黎思复，黎廷弼，译．北京：商务印书馆，1985：98.

④ [法] 卢梭．社会契约论 [M]．何兆武，译．北京：商务印书馆，2003：5.

⑤ [法] 卢梭．社会契约论 [M]．何兆武，译．北京：商务印书馆，2003：20.

⑥ [法] 卢梭．社会契约论 [M]．何兆武，译．北京：商务印书馆，2003：13，14.

⑦ [法] 卢梭．社会契约论 [M]．何兆武，译．北京：商务印书馆，2003：18.

⑧ [以色列] 赫拉利．人类简史 [M]．林俊宏，译．北京：中信出版社，2017：26.

传统、想象的共同体以及其他符号的混合体创造出来的”①。构成虚构故事的素材包括但不限于关于血缘、土壤、超越阶级和政治的共同纽带的神话（斯普拉克伦，2022）。

共同利益理论受到了古斯塔夫·勒庞的挑战。他认为，环境、种族间的通婚和共同生活，推动了不同的小群体融合，形成拥有共同特征、感情和理想的民族，并在遗传作用下日益稳固。由于个人的个性和智力会增长，而群体的理想会消亡，因此群体最终会变成一群缺乏凝聚力的个人。这样，“被个人利益和愿望搞得四分五裂的人，已失去了治理自己的能力，因此在最微不足道的事情上也需要领导，于是国家开始发挥引人注目的影响”②。据此推论，当群体拥有共同利益或理想时，人们未必需要国家；当群体理想或利益消失后，个人利益取代集体利益，反而需要国家。显然，这种观点更加接近霍布斯的人性观或稀缺性冲突理论，而偏离了卢梭的共同利益理论，同时在一定程度上体现出恩格斯的国家演化理论的成分。

无论是霍布斯的稀缺性冲突说，还是卢梭的共同利益说，归根结底是一种契约理论③，而它在20世纪获得了新发展。新制度经济学认为，由于信息不对称、利益分歧和敲竹杠行为，不同群体之间谈判、签约和实施协议的费用十分高昂，难以就一些社会问题的解决策略和路线图等达成共识，从而提高了自然状态的风险。但是，国家作为一种特殊的组织形态（奥尔森，1995），是对市场的替代，有助于降低交易成本，突破集体行动困境。按照交易成本理论，只要谈判和实施协议的交易成本足够低，人们就能够达成协议，这样就不会出现霍布斯所说的自然状态，也就不需要国家出面来缓和冲突了。

---

① ［英］斯普拉克伦．哈贝马斯与现代性终末处的休闲［M］．陈献，译．杭州：浙江大学出版社，2022：140.

② ［法］勒庞．乌合之众［M］．冯克利，译．北京：中央编译出版社，2014：171.

③ 哈贝马斯认为，社会契约论遭到了两方面质疑。“一方面，它把道德问题与法人联合体的政治正义问题混淆起来，因而暴露出了其缺点：在平等尊重每个人的基础上，无法论证一种普遍主义的道德。只有那些有兴趣参与正当的互动过程的人，他们相互承担义务才是合理的。因此，只有那些希望或必须相互合作的人，才有资格进入社会契约过程，因为他们必须相互作出贡献。另一方面，霍布斯主义始终无法解决‘免费搭车’这样一个众所周知的问题。”参见哈贝马斯．包容他者［M］．曹卫东，译．上海：上海人民出版社，2002：16.

不同于契约理论，恩格斯指出，“国家并不是从来就有的。曾经有过不需要国家，而且根本不知国家和国家权力为何物的社会”①，“国家是社会在一定发展阶段上的产物”②。具体而言，它是社会分工、社会大分裂、财富增长和原始土地制度等发展的产物。实际上，恩格斯把霍布斯的“每一个人对每个人的战争”发展为阶级矛盾，认为国家是从控制阶级冲突的需要中产生的：“为了使这些对立面，这些经济利益互相冲突的阶级，不致在无谓的斗争中把自己和社会消灭，就需要有一种表面上凌驾于社会之上的力量，这种力量应当缓和冲突，把冲突保持在‘秩序’的范围以内；这种从社会中产生但又自居于社会之上并且日益同社会相异化的力量，就是国家。”③ 列宁指出：“国家是阶级矛盾不可调和的产物和表现。在阶级矛盾客观上不能调和的地方、时候和条件下，便产生国家。反过来说，国家的存在证明阶级矛盾不可调和。”④

这一发展扩大了恩格斯与卢梭之间的差异。卢梭着眼于公共利益，认为“唯有公意才能够按照国家创制的目的，即公共幸福，来指导国家的各种力量”⑤。恩格斯则着眼于阶级利益，认为“它照例是最强大的、在经济上占统治地位的阶级的国家，这个阶级借助国家而在政治上也成为占统治地位的阶级，因而获得了镇压和剥削被压迫阶级的新手段”⑥。不过，恩格斯也指出，“每个集团都有好多新的共同的利益，这种利益在氏族或胞族内是没有存在的余地的，因而就需要创设新的公职来处理这种利益”⑦。

不管是霍布斯的稀缺性冲突说，还是卢梭的公共利益说，国家守护的公共利益是“全体利益”。卢梭提出：“公意永远是公正的，而且永远以公共利

---

① 马克思恩格斯文集：第四卷［M］. 北京：人民出版社，2009：193.

② 马克思恩格斯文集：第四卷［M］. 北京：人民出版社，2009：189.

③ 马克思恩格斯文集：第四卷［M］. 北京：人民出版社，2009：189.

④ 列宁全集：第三十一卷［M］. 北京：人民出版社，1985：6.

⑤ ［法］卢梭. 社会契约论［M］. 何兆武，译. 北京：商务印书馆，2003：31. 卢梭认为，“公意只着眼于公共的利益，而众意则着眼于私人的利益，众意只是个别意志的总和”（p. 35）。

⑥ 马克思恩格斯文集：第四卷［M］. 北京：人民出版社，2009：191.

⑦ 马克思恩格斯文集：第四卷［M］. 北京：人民出版社，2009：131.

益为依归。"① 国家代表着全社会的利益，国家利益与社会公众利益一致。这样，"凡对统治阶级是好的，对整个社会也应该是好的，因为统治阶级把自己与整个社会等同起来了"。甚至衍生出一种极端论调："剥削阶级对被压迫阶级进行剥削，完全是为了被剥削阶级本身的利益；如果被剥削阶级不懂得这一点，甚至想要造反，那就是对行善的人即对剥削者的一种最卑劣的忘恩负义行为。"② 但是，在恩格斯的国家理论中，共同利益是统治阶级的利益，不是个人利益或全体利益。由于这种共同利益采取了虚幻的共同体形式或国家形式，因此表现为一种特殊的"普遍"利益或全体利益。

之所以出现这种理论分歧，主要是因为卢梭提供了一种理想模型，而恩格斯剔除了一些约束条件，使其更加接近现实，二者就像完全竞争市场与寡头市场和垄断市场的关系那样。因此，卢梭和恩格斯关于国家起源的理论也有共同点：集团内部有共同利益，而集团之间有利益冲突。不同点在于卢梭追求公共幸福，强调共同利益；恩格斯注重社会平等，强调集团之间的冲突——始终建立在集团的共同利益基础之上。这种冲突的极端情形是霍布斯所说的"每一个人对每个人的战争"，此时个人之间的利益冲突取代了集团之间的利益冲突。就此而言，霍布斯是从微观层面考察人与人之间的冲突，恩格斯则是从宏观层面考察不同集团之间的利益冲突。当然，恩格斯并不否认个人之间的冲突，但是这种冲突与阶级冲突相比就是小巫见大巫，且受制于阶级冲突。

综上所述，在一个社会中，人们总有不同的利益诉求，由此形成了不同的利益群体，这些利益群体继而结成更庞大的群体，又形成更大范围内的共同利益，以此类推。据此推论，群体数量越多，彼此达成共识的难度就越大，冲突就越多，极端情形是霍布斯的"自然状态"。反之，极端情形是群体囊括了每一个人，群体的特殊利益就是全体利益。通常情形介于二者之间：社会中存在许多不同类型的利益群体，但少数群体战胜了其他群体，成为"最强

---

① ［法］卢梭．社会契约论［M］．何兆武，译．北京：商务印书馆，2003：35.

② 马克思恩格斯文集：第一卷［M］．北京：人民出版社，2009：197.

大的、在经济上占统治地位的阶级”，并以自己的共同利益来代表全体利益。

无论何种情形，创设国家都带来了两项全体利益：一是社会从失序走向有序的国家创设过程，避免了在无谓的斗争中把自己和社会消灭的风险①，因而是一个降低内耗和交易成本的过程；二是国家作为社会秩序守护者、政策制定者和经济活动参与者，直接或间接地约束冲突，促进合作，从而降低了制度成本。

2.1.2 公共权力与组织成本

“信约本身只是空洞的言辞”②，“必须有一种普遍的强制性的力量，以便按照最有利于全体的方式来推动并安排各个部分”③。事实上，“国家是以一种与全体固定成员相脱离的特殊的公共权力为前提的”④，“构成这种权力的，不仅有武装的人，而且还有物质的附属物，如监狱和各种强制设施”⑤。“在历史上，统治者采用了以下组织形式，包括组织宽松的、由地方州长及其官僚构成的联邦结构；直接服务于统治者的、由中央集权的官僚制度；执政官制度；包税制度。”⑥ 这样，就产生了一系列与公共权力运行相关的组织成本。

一是税收支出减少了全体利益。公共权力实施主体包括行政、立法、司法、检察、常备军、警察、海关、外事部门、监狱和税务部门等，它们具有不同的职能和权力领域，如行政部门主要进行日常事务管理，检察、法院主要处理司法问题，警察主要惩治国内不法分子，军队则用以威慑或者抵御国外的敌对势力。这些部门若要有效履行职能，就需要充足的财力支持。但是，它们是非生产部门，不创造财富，只能从民众那里索取税收和劳动服务等。

① 雅赛认为，“国家的作用并不产生于契约的性质，而产生于垄断契约的强制执行有可能带来丰厚的收益”。参见［英］雅赛．重申自由主义——选择、契约、协议［M］．陈茅，徐力源，刘春瑞，等，译．北京：中国社会科学出版社，1997：86.

② ［英］霍布斯．利维坦［M］．黎思复，黎廷弼，译．北京：商务印书馆，1985：131.

③ ［法］卢梭．社会契约论［M］．何兆武，译．北京：商务印书馆，2003：37.

④ 马克思恩格斯文集：第四卷［M］．北京：人民出版社，2009：110.

⑤ 马克思恩格斯文集：第四卷［M］．北京：人民出版社，2009：190.

⑥ ［美］诺斯．经济史上的结构和变革［M］．厉以平，译．北京：商务印书馆，1999：27.

这种索取不仅直接减少人们的收入，降低消费，还对投资构成挤出效应，减少了总产出。

二是税收楔子造成了无谓损失。税收无非是对要素和产品征税，而这会直接或间接地改变价格水平，影响市场主体的生产和消费行为。具体而言，在产品市场，征税会提高买者支付的价格，降低卖者得到的价格，从而抑制产品消费和生产，使市场规模缩小到最优规模之下，一些潜在的贸易好处无法实现，以致产生无谓损失。同理，征税的这一影响适用于劳动、资本、土地和技术等要素市场。因此，从最大化全体利益的角度来看，无谓损失越小越好，而要减少无谓损失，就要求下调税率，或者直接免税。

但是只要国家存在，征税及其无谓损失就难以避免。因为无谓损失与供求价格弹性相关，而市场中鲜有缺乏弹性的产品和生产要素，所以征税始终会造成无谓损失。而且，生产者和消费者对价格变动越敏感，均衡数量缩小越多，税收的无谓损失就越大。当然，如果一国是贸易大国和价格制定者，那么对进口产品征税就会引起贸易产品价格下降，从而对冲了征税引起的产品价格上涨。由于这种情形无法应用到贸易小国，因此征税的利益仍然充满了不确定性。

三是寻租活动降低了资源配置效率。在国家创制的理想模型中，实现全体利益的过程也是实现个人利益和共同利益的过程，因而特殊利益与全体利益实现了兼容。正如卢梭所说，“在履行这些约定时，人们不可能只是为别人效劳而不是同时也为自己效劳”①。但在现实中，国家越来越成为个人和集团争夺资源的场所，每一方都希望运用公共权力，谋求特权地位，获得对自己有利的收入再分配方案，而不管他人能否从他的行为中获益（巴泽尔，2006）。霍布斯指出，公职人员“在政治身份方面虽然留意谋求公共福利，但他会同样或更多地留意谋求他自己以及他的家属和亲友的私人利益。在大多数情形下，当公私利益冲突的时候，他就会先顾个人的利益，因为人们的感情的力量一般说来比理智更为强大”②。一些人甚至下令做无关全体利益的事

① ［法］卢梭．社会契约论［M］．何兆武，译．北京：商务印书馆，2003：38.

② ［英］霍布斯．利维坦［M］．黎思复，黎廷弼，译．北京：商务印书馆，1985：144.

情。这种寻租活动一方面把大量人力、物力和财力消耗在非生产性活动上，造成了资源浪费；另一方面直接扭曲了经济活动，妨碍了市场竞争，降低了资源配置效率。

寻租活动甚至造成了不平等的收入再分配方案——偏向强势群体，而偏离弱势群体。这样，在自然造成的人与人之间不平等的基础上，又叠加了人为的制度性不平等。这种制度性不平等促使更多的人争取成为少数群体中的一员，并依附公共权力从事寻租活动，获取自身利益，而不是通过生产性活动，或者寻求制度变革来维护自身利益。若任其无节制地发展，那么制度性不平等就会越发严重，寻租活动就会越多，对社会生产力和全体利益的伤害就会越大。

四是公共权力扩张与要素流失。利益争夺和国际竞争加剧倾向于促使公共权力扩张，进而引起公职人员增多。正如恩格斯所说，“在阶级对立还没有发展起来的社会和偏远的地区，这种公共权力可能极其微小，几乎是若有若无的……但是，随着国内阶级对立的尖锐化，随着彼此相邻的各国的扩大和它们人口的增加，公共权力就会日益加强”①。这些公职人员与大众不同，他们“必须表现出私人所没有的主动性、首创性和指导精神。这迫使他们要承担一切、领导一切，把一切都纳入自己的保护之下”②。

在税收不变的条件下，公共权力扩张会造成财政赤字。由于税收主要花费在公共权力部门，公共权力部门又掌握着征税权，因此公共权力部门倾向于“开源”或提高税收而不是“节流”或削减开支来实现财政平衡，从而加重了民众的税负。但是，“个人为了保持只是在祖国居住的特权而甘愿支付的以长期赋税为形式的代价却肯定是有限度的”。一旦税负超过了人们的承受限度，他们“携资外迁、另觅可以免除这种负担的国家的念头变得难于抗拒，并胜过每一个人离井背乡时都会感到的勉强之情”③。由于携资外迁的人通常

---

① 马克思恩格斯文集：第四卷［M］．北京：人民出版社，2009：190.

② ［法］勒庞．乌合之众［M］．冯克利，译．北京：中央编译出版社，2014：169.

③ ［英］斯拉法．李嘉图著作和通信集（第一卷）——政治经济学及赋税原理［M］．郭大力，王亚南，译．北京：商务印书馆，1962：209.

是拥有一技之长或者其他资源的人，因此这种人口流失的伤害是双重的：人财两空①。

公共权力扩张还会造成政府失灵。第一，“行政官的人数越多，则政府也就越弱”②。第二，权力部门增多容易造成权力重叠和权力真空并存问题。第三，公职人员的权责利失衡问题，他们拥有更大的权力，却不承担相应的责任③。

显而易见，财政赤字、税收及其无谓损失、寻租活动、部门权力错配及其权责利失衡等问题都会抵消国家创制带来的利益。一旦前者大于后者，国家机器就无法有效运转，信约或集体行动就会成为空洞的言辞，内耗加剧，社会就会部分地处于失序状态。由此就可以得出国家有效运行的理论条件：公共权力运行的组织成本小于或等于国家创设引起的交易成本节约。

2.2 社会秩序与国家干预边界

任何社会都是多元化的，生活于其中的人们有不同的利益诉求，并引起了不同范围的竞争及其利益冲突。针对这些不同范围、不同层次的争端，演化出了相应的行为约束规范，它们与国家一道构成了社会秩序的基础。

2.2.1 自发性秩序

人与人之间有远近亲疏，由己向外推形成一层层关系，呈现出以自己为中心的“差序格局”（费孝通，2008）④。在“差序格局”中，关系越近，利益交织越多，出现冲突的可能性越高。不过，这些人拥有血缘关系，长期居

① 例如，“历史学家告诉我们，罗马帝国覆灭的一个主要原因是君士坦丁在财政上所实行的变革……各省的人民受尽了收税人的压榨，宁肯躲避在野蛮民族武装征服的卵翼下；他们认为，野蛮民族需索较少，虽说异族统治，还是比罗马人过分苛刻的暴政为好”。参见［英］休谟．休谟经济论文选［M］．陈玮，译．北京：商务印书馆，2021：80-81.

② ［法］卢梭．社会契约论［M］．何兆武，译．北京：商务印书馆，2003：78.

③ ［法］勒庞．乌合之众［M］．冯克利，译．北京：中央编译出版社，2014：168.

④ 费孝通将西方的社会结构命名为“团体格局”，由其衍生出来的宗教，实质和“差序格局”类似，都是非正式的利益冲突协调机制。

住在共同体内，更容易达成共识和解决措施。正如基辛格所说，“地理范围越小，该地域的文化观念越一致，达成可行的共识也就越容易”①。久而久之，这些偶然的共识和措施被周围人模仿和采纳，成为越来越多的人处理事务的规范，并内化为人们的道德、习惯、风尚和习俗等②。比如，孝和悌是与亲子和同胞相配的道德要素，规定着传统社会中人际关系的自律性伦理，构成了家族伦理秩序的基石，也是超越家族而在更大范围内处理事务的秩序基础。在这种环境中，人们“只有遵守反复的和重复的惯例才能获得生命、自由和财产，顺利地、安全地并且得到大家的同意”③。由于遵守风尚、惯例、习俗等的交易成本下降，报酬不断递增，因此它们逐渐成为熟人社会中的行为规范。

康芒斯（1962）认为，一切经济机构的运行法则都是惯例、习俗等的混合和连续发展。即使在最发达的经济体中，起支配作用的也主要是风尚、惯例、习俗、舆论等自发性规范（诺斯，2008），甚至“其他一切方面的成功全都有系于此……唯有慢慢诞生的风尚才最后构成那个穹隆顶上不可动摇的拱心石”④。研究表明，“控制或限制冲突的有效力量，或者迫使违法者令他伤害的人获得满意的组织仅仅是公众舆论，或更为确切地说，叫公众情绪”，“强大的公众情绪，足以迫使冲突双方以直接的或者通过中间人的方式通过谈判解决问题”⑤。

然而，社会发展从根本上决定了利益关系的层出不穷和错综复杂，因而要求及时的、灵活的、动态的约束机制，而这正是自发性秩序所欠缺的。第一，随着人口增长、生产活动和交往范围的扩大，小范围内的自发性秩序在更大范围的群体中未必产生共鸣和认同，无法协调处在“差序格局”外层的

---

① ［美］基辛格．世界秩序［M］．胡利平，等，译．北京：中信出版社，2015：XIX.

② 哈耶克（1945）指出，我们经常使用我们不理解其含义的公式、符号和规则，并通过使用它们，我们获得了我们个人所不具备的知识的帮助；我们在已经证明是成功的习惯和制度的基础上发展了一些习俗和制度，它们反过来又成为我们所建立的文明的基础。

③ ［美］康芒斯．制度经济学：上册［M］．于树生，译．北京：商务印书馆，1962：58. 这种同意主要归功于非正式制度的报酬递增效应。

④ ［法］卢梭．社会契约论［M］．何兆武，译．北京：商务印书馆，2003：70.

⑤ ［英］福蒂斯，埃文思-普理查德．非洲的政治制度［M］．刘真，译．北京：商务印书馆，2018：11.

利益纠葛，在一些情形下甚至适得其反。第二，自发性秩序具有相对稳定性，例如，“当风俗一旦确立，偏见一旦生根，再想加以改造就是一件危险而徒劳的事情了，人民甚至于不能容忍别人为了要消灭缺点而碰一碰自己的缺点”①。同样，“观念、感情和习俗并不会随着改写法典而被一并改写”②。这种稳定性有助于人们处理重复、相似的利益纠葛，却无力应对变幻莫测的新问题。

简言之，在利益关系相对简单的条件下，风尚、惯例、习俗、道德和舆论等在自发性秩序中发挥着重要作用③，成为防止社会落入“自然状态”的稳定器。即使在利益关系日益错综复杂的条件下，它们的作用也丝毫未减，甚至在一些方面愈显重要。但是，这种重要性并不意味着自发性秩序是万能的。

2.2.2 创设性秩序

有一种观点认为，“秩序是自发形成的。在调整中产生出秩序的各种规则，它们的出现并不是因为人们对其作用有了更好的理解，而是因为那些繁荣兴旺的群体恰好以一种增强了他们适应力的方式对规则进行了改进”④。这种观点显然夸大了秩序的自发性，而低估了人在制度创设和变迁中的能动性⑤。首先，任何制度都是人创设的，即使制度产生于人们的经验、观念和感

---

① ［法］卢梭．社会契约论［M］．何兆武，译．北京：商务印书馆，2003：61.

② ［法］勒庞．乌合之众［M］．冯克利，译．北京：中央编译出版社，2014：61.

③ 例如，在东汉末年至魏晋，形成了由乡论（舆论）环节重层构成的清议世界，其中，在县、乡基层乡村社会中形成了第一层次乡论，向外延伸，产生了具有郡规模的更高层次的乡论网络，郡与郡之间的联合，组成了全国规模的第三层次乡论。乡论通过认定贤者、有德者的人物评价，成为九品中正制的前提，缓和了豪族领主化倾向与士大夫和农民之间的冲突，抑制了豪族的领主化，促成了魏晋的贵族制社会。参见［日］川胜义雄．六朝贵族制社会研究［M］．李济沧，徐谷芃，译．上海：上海古籍出版社，2018.

④ ［英］哈耶克．致命的自负［M］．冯克利，胡晋华，等，译．北京：中国社会科学出版社，2000：17-18.

⑤ 康芒斯把自发式制度变迁称为“过程论”，注意变动以及从极微小的但是无意的或是偶然的变动中产生的进化；把创设式制度变迁称为“制度论”，注意的是有意的和有目的的变动，是一种管理的平衡而不是自动的平衡。参见［美］康芒斯．制度经济学：上册［M］．于树生，译．北京：商务印书馆，1962：147.

情等，也不等于说人们对自己所追求的目标完全是自发的、无意识的。其次，不管制度形态如何，“人们总是通过每一个人追求他自己的、自觉预期的目的来创造他们的历史”①，他们的合力形成特定时期、特定条件下的制度及其组织机构②。

因此，承认制度的自发性不意味着要否认人在其中的创造性作用；同理，承认人的创造性作用也不意味着要否认自发性秩序演化的持久性。正如马克思和恩格斯所说，“感性世界决不是某种开天辟地以来就直接存在的、始终如一的东西，而是工业和社会状况的产物，是历史的产物，是世世代代活动的结果，其中每一代都立足于前一代所奠定的基础上，继续发展前一代的工业和交往，并随着需要的改变而改变他们的社会制度”③。

主观上，人性中潜藏的强烈好奇心、求知欲和冒险精神，造就了人类独特的行为习惯或模式：事先主动地去发现社会中的各类潜在冲突，并及时探索缓和冲突的措施，从而把冲突控制在秩序范围之内，而不是等到各种微不足道的冲突汇聚成一股不可阻挡的力量之后才寻求出路。也就是说，“人脑有一种特殊的、进化了的、负责解决‘囚徒困境’这类社会合作问题的功能”④。

客观上，随着人们与远隔万里且毫无血缘或宗亲关系的人的交往增多，陌生人社会逐渐取代熟人社会。而在陌生人社会中，风尚、道德和舆论等的约束力下降乃至消失，人们就会采取误导、歪曲、掩盖、搅乱或混淆信息、欺诈、威胁等机会主义行为，以谋求个人利益。此时，对于一些群体而言，创设一些适用范围更广和约束力更强的机制是有利可图的。如马尔库塞所说，“一个社会用以组织其成员生活的方式，涉及在由物质文化和精神文化的固有水平所决定的种种历史替代性选择之间进行一种初始选择的问题。这种选择

---

① 马克思恩格斯文集：第四卷［M］. 北京：人民出版社，2009：302.

② 乌合之众既是问题所在，也是推动历史进步的力量。

③ 马克思恩格斯文集：第四卷［M］. 北京：人民出版社，2009：528.

④ ［美］福山. 大分裂：人类本性与社会秩序的重建［M］. 刘榜离，译. 北京：中国社会科学出版社，2002：229.

本身是占支配地位的利益发生作用的结果"①。这些机制既能够鼓励人们信守承诺，又能够惩治违约之人；既可以缓和矛盾，又可以增进利益②。

在各类组织推动、人为设计且是非偶然创设的秩序中，有一些依赖传统经验。如"商业习惯法"是从商人的习俗中演化而来，商事仲裁和劳动仲裁是从家庭、工会和商业机构的前例和习惯中演化而来，其他一些法律也大抵如此，"都是一点一滴地在习惯假设的指导下，通过参考习俗和前例的程序，从争执的判决中发展起来的"③。还有一些在历史上无迹可寻，只是基于现实挑战、理论指导和主观判断的秩序，如行业、企业、政府以及政党建立的各种通行于内部的规章制度，法院判决和世界贸易组织仲裁等④。当然，其中一些机制无须诉诸第三方力量，具有自我实施能力，如行业规范、企业规范，可称为自我实施机制；另一些不得不诉诸利益中立方或第三方力量的，如法院判决和各种仲裁，可称为第三方实施机制。

如果说风尚、道德、习俗和舆论等自我实施机制的出现是无数人集体行动的产物，具有自发性，那么第三方实施机制的创设则建立在有意识的、有预期的成本收益分析基础之上。正是这一点彰显了人在制度创设和改革中的主观能动性。不过，由常规、习俗、道德、传统或惯例等构成的自发性秩序与由法律、产权等构成的创设性秩序之间存在复杂的互动结构（诺斯，2008），彼此并不是孤立的、割裂的。因此，这种创设不能脱离社会习俗、道德和文化传统等，否则就会遭受失败风险，进而加剧问题。

---

① ［美］马尔库塞．单向度的人：发达工业社会意识形态研究［M］．刘继，译．上海：上海译文出版社，2008：6.

② 马尔库塞提出了社会冲突缓解或对立同化的观点：技术进步已经拓展到公共生活和私人生活中，人们的态度、习惯、情绪和思想等意识形态已经包含在生产过程之中，与整个社会融为一体。例如，蓝领工人和白领工人、企业中的管理层和劳工、工党和保守党、工会和公司等，他们之间的冲突都得到缓解，表现出了前所未有的联合和团结。参见［美］马尔库塞．单向度的人：发达工业社会意识形态研究［M］．刘继，译．上海：上海译文出版社，2008.

③ ［美］康芒斯．制度经济学：下册［M］．于树生，译．北京：商务印书馆，1962：374.

④ 就制度的供给和需求而言，更像是需求创造供给，而不像是供给创造需求。即使存在大量的类似宣传新产品的制度宣传"广告"，没有市场需求的制度供给最终也难以成功，因为它无法经受住制度消费者的各种严酷检验。这已经被国内外各种失败的社会改造工程证实。

2.2.3 国家干预条件及边界

自发性秩序和创设性秩序的紧密协作，共同支撑和保护着社会稳定及其有效运行。其中，创设性秩序包括自我实施机制和第三方实施机制，后者又细分为非强制性机制和强制性机制，而国家就是一种强制性第三方实施机制。沿着这一逻辑发现，自我实施机制和非强制性第三方实施机制触角越少，或者越是无力调和冲突，人们落入“自然状态”或者“在无谓的斗争中把自己和社会消灭”的风险就越高，因而对国家的需求就越强烈。就此而言，国家是其他实施机制缺位或失灵的产物。正如威廉·冯·洪堡所说，“愈是赋予宪法本身更多的或更少的权力，就愈是更多或更少需要其他支柱”①；反之亦然②。

据此推论，国家职能发挥作用是有条件的。在利益相同的条件下，如果人们通过其他机制解决冲突的成本小于国家，那么人们就会采用或建立自我实施机制和非强制性第三方实施机制，如风尚、道德、习俗、舆论、票号、钱庄、诉讼调解和第三方担保等。反之，人们就会引入国家力量，如法院判决、贸易仲裁、义务教育、交强险、最低工资等。这一条件表明，国家干预领域及边界不是封闭的、恒久稳定的，而是动态调整、双向变化的：既有扩张，也有收缩。

具体而言，国家干预边界取决于三类因素。一是其他机制的有效性及其边界。如果其他机制完全有效，能够缓和冲突，那么它们就能够囊括整个社会事务，无须国家；如果它们完全无效，无力处理那些即使非常微小的利益冲突，那么国家就会包揽大大小小各项事务，不给其他机制留下任何施展拳

① ［德］洪堡．论国家的作用［M］．林荣远，冯兴元，译．北京：商务印书馆，1998：25-26.

② “西方在16世纪左右开始‘国家建构’的时候，他们的中央权力已经深深嵌入到了一个相互制衡的权力网络中，除了王权，还有强大的教权、高度自治的城市、崛起的商贸阶层，以及势力更加强大的贵族权力，所有这些‘其他势力’都像缰绳一样约束了‘国家建构’这匹马狂奔的速度。而中国在两千年前开始这一进程时，没有那么多元的政治权力，也还没有发展出非常复杂的社会和经济结构，结果就是国家建构如同脱缰之马，一路狂奔到了大一统。”参见刘瑜．可能性的艺术：比较政治学30讲［M］．广西：广西师范大学出版社，2022：157.

脚的空间。现实情形不会如此极端，而是国家和其他机制各有所长，分别在不同领域发挥作用。正如基辛格所说，“国家治理反映了统治者的意志，同时统治者也受到习俗的制约，从而限制了一国在国内或国外采取行动时所能动用的资源”①。

二是国家干预的有效性及其边界。当既有的公共权力部门能够高效地解决新旧矛盾时，就无须创设更多职能机构，从而不会出现公共权力部门及其边界扩张。反之，国家就会对各项制度“打补丁”，不断调整和创设机构，从而导致干预的事务越来越多，乃至扩张到自发性秩序范围之内。更为严重的是，国家拥有强制征税权，可以动用全社会的资源，因此在与其他机制的博弈和竞争中处于绝对优势地位。结果是，即使国家已经处于低效率状态，它仍倾向于扩张。可见，这里存在一个“国家悖论”：国家实现秩序越是有效，干预就越少，边界就越稳定；国家失灵越严重，干预范围就越广，边界就越膨胀。

三是国家财政状况。凡事有限度，国家干预范围也不例外。一旦边界突破了临界值，负担超出了经济发展或民众的承受范围，人们就会寻求替代机制，从而阻止公共权力扩张。同时，在其他机制失灵和财政赤字高企的条件下，即使国家干预有效，公共权力也不得不退出一些领域，从而出现权力收缩或下放现象。此时，轻则一些领域出现无政府状态，重则出现社会不稳定现象。

这一认识挑战了古典学派的国家理论。亚当·斯密提出，国家的义务“首在保护本国社会的安全，使之不受其他独立社会的暴行与侵略。而此种义务的完成，又只有借助于兵力”②。其次，“为保护人民不使社会中任何人受其他人的欺侮和压迫，换言之，就是设立一个严正的司法行政机构”③。最后，建立并维持某些公共机关和公共工程，包括国防和司法行政两方面必需

---

① ［美］基辛格．世界秩序［M］．胡利平，等，译．北京：中信出版社，2015：15.

② ［英］斯密．国民财富的性质和原因的研究：下［M］．郭大力，王亚南，译．北京：商务印书馆，1983：254.

③ ［英］斯密．国民财富的性质和原因的研究：下［M］．郭大力，王亚南，译．北京：商务印书馆，1983：272.

的公共设施和公共工程，主要为便利社会商业、促进人民教育的公共设施和工程等。严复依据古典学派的理论，认为国家的活动仅限于以下三个方面："一、其事以民之力为之而费，以官为之则廉，此邮政、电报是也；二、所利于群者大，而民以顾私而莫为，此如学校之廪田，制造之奖励是也；三、民不知合群而群力犹弱，非在上者为之先导，则相顾趑趄。"① 按照这种认识，国家就会被限制在某些具体领域，边界是绝对的、清晰的和确定的。

事实上，那些被规定为国家义务的领域在不断地发生变化。比如，在亚当·斯密时代是便利社会商业、促进人民教育的公共设施与工程需求，在马克思时代变为缩小收入差距和促进社会公平的需求，而在21世纪则是减少环境污染和实现人类可持续发展的需求。由此带来了两方面挑战：一方面，按照科斯定理，只要产权清晰，交易成本足够低，自发性秩序就能够承担某些国家义务。问题在于，国家没有适时退出，与自发性秩序重叠，造成互相推诿和治理失灵现象。另一方面，对于自发性秩序无力解决的新问题，国家本该出面解决，却受制于传统理论而束手束脚，在一定程度上丧失功能，造成自发性秩序和国家的双重缺位，这也是一些国家的发展难以步入正轨的制度原因。

这种动态性特征为凯恩斯主义的"相机决策"规则提供了理论基础，却也蕴含着国家失灵的风险：为那些实施国家意志的执行者任意扩张或收缩公共权力打开了方便之门。他们既可以打着"法无禁止即可为"的旗号扩张公共权力，谋取私利；也可以拿着"法无授权即禁止"的挡箭牌退出干预，无所作为。

一言以蔽之，国家与风尚、惯例、习俗、道德、舆论、规范等自发性秩序一样，都是社会正常运行的秩序基础。但是它们的地位又不完全对等，国家实际上处于一种垄断地位，正如马克斯·韦伯所说，国家是"这样一个人类团体，它在一定疆域之内（成功地）宣布了对正当使用暴力的垄断权"②，

① 韦苇．中国经济思想与当代经济发展［M］．北京：社会科学文献出版社，2011：176.

② ［德］韦伯．学术与政治［M］．冯克利，译．北京：生活·读书·新知三联书店，2005：55.

而其他机制的权利仅限于国家允许的范围之内。在此意义上，国家创造了“一般的生产条件”，提供了法律框架和基础设施（哈贝马斯，2002）。

这表明，一些社会经济问题并非国家所为，而是其他机制缺位或失灵所致。同时，国家不总是比其他机制做得更好。因此，最优的社会秩序是：在其他机制失灵时，国家果断干预；在其他机制有效时，国家及时退出。毫无疑问，要构建这种理想的社会秩序，创设者及其执行者必须是理性人！

2.3 认知结构与行为方式

无论是自发性秩序还是创设性秩序，其产生都蕴含着一个前提条件：社会成员是理性人，总是能够按照利益最大化目标采取集体行动，创设行为规范，其中国家就是人们理性选择的产物。也就是说，截至目前的逻辑链条是理性人→节约制度成本的集体行动→自发性秩序和国家→社会井然有序→经济发展。问题在于，社会成员及其群体是否理性？

2.3.1 无意识与理性

笛卡尔以“我思”为起点，用怀疑主义开创了近代理性主义。康德在《纯粹理性批判》中，却对人类理性做了一个悲观注解，他认为，人类永远无法确知事物的真正面貌，人类的理性只能认识被我们认识的现象世界。弗洛伊德认为，人类不是由自我控制的，而是由无意识的本我控制的，人类不可能有纯粹的清醒的意识。勒庞认为，即使存在理性，文明的动力也不是理性，而是各种感情，比如尊严、自我牺牲、宗教信仰、爱国主义以及对荣誉的爱。他断言：“无意识在我们的所有行为中作用巨大，而理性的作用无几。”① 米歇尔·渥克发现，“各种违背常理的认识和情绪，甚至是不理性的动机，在我们的思想中根深蒂固，某种程度上促使我们做出了种种错误的决定”②。比如，急功近利、目光短浅、得过且过、习惯性行为模式、侥

① ［法］勒庞．乌合之众［M］．冯克利，译．北京：中央编译出版社，2014：5.
② ［美］渥克．灰犀牛［M］．王丽云，译．北京：中信出版社，2018：6.

幸心理、缺乏责任感、乐观倾向因而低估甚至误判风险，希望看到一切井然有序，力求维护现状以及对未来的美好预期，等等。“许多人为了获得片刻的兴奋，主要把他们在事件中的作为当成了一种情感体验。”“共识的达成，越来越不是靠思想的交流，而是靠情绪的分享。”① 按照这些观点，观念、道德、风尚、习俗、思想、制度和国家都是欲望、情绪等本能驱动或无意识的结果，不是理性的产物。

这些认识不仅悲观，而且过于武断。丹尼尔·卡尼曼提供了一种认识无意识和理性作用及其关系的现代方法。他把人类大脑结构理解为两种系统：“系统 1 的运行是无意识且快速的，不怎么费脑力，没有感觉，完全处于自主控制状态；系统 2 将注意力转移到需要费脑力的大脑活动上，如复杂的运算。”② 其中，系统 1 为系统 2 提供印象、直觉、意向和感觉等信息，系统 2 则将这些信息转变为信念及其行为。也就是说，在大脑的认知结构中，无意识和理性彼此分工，各自处理、解决不同的问题，在不同场合发挥不同的作用。

但是，无意识和理性之间的关系非常复杂，边界也不够清晰、明确。有些看似是无意识的行为，却可能是人们长期进行复杂运算并内化为一种行为习惯的产物，正如康芒斯所说，“理智本身是行动、记忆和预期的反复重现；也是我们赖以获得生命、自由和财产的那些人的行为、思想和预期的摹仿”③。有些看似是人们反复权衡利弊、计算得失的理性行为，却可能掺杂着冲动、愚钝、激情、怪想等感情因素。梁漱溟对此指出，“人类的特征在理性”④，即求正确、作主张之心，但它是以无私的感情为基础的。这样，即使一些情形下的理性行为，也未必可靠。特别地，思虑、推理、计算等理性范畴需要内化或外在的参照系、逻辑推理能力和理想目标，都是因人因时因地而异，甚至完全是未知的，这进一步限制了理性的作用。由于无意识对人的

---

① ［美］基辛格．世界秩序［M］．胡利平，等，译．北京：中信出版社，2015：469-470.

② ［美］卡尼曼．思考，快与慢［M］．胡晓娇，李爱民，何梦莹，译．北京：中信出版社，2012：5.

③ ［美］康芒斯．制度经济学：上册［M］．于树生，译．北京：商务印书馆，1962：59.

④ 梁漱溟．中国文化要义［M］．上海：上海世纪出版集团，2005：112.

判断和决策发挥着重大作用，理性直接受好恶等无意识因素左右，因此我们采用赫伯特·西蒙的有限理性概念来描述人类认知，即“人脑的信息处理能力是有限的，在行动之前，人们只能对有限的领域进行仔细计算，其余领域则由习惯、经验和标准程序所控制”①。一言以蔽之，人的理性是有限的，不是无所不能的。

如果个人是有限理性的，其行为就更像是无意识和理性双重作用下的“随机游走”，那么由他们结成的群体无意识和非理性就更为严重。第一，孤立的个人具有的无意识行为，在集体行动中只增不减。任何集体行动都是成员长期博弈妥协的结果，而这种博弈过程夹杂着每一个人的冲动、激情、动机、憎恶、意向和感觉等，它们相互作用，又衍生出新的因素，因此，集体行动中的无用或错误信息会呈几何级数地增长。第二，集体缺乏像个人一样的推理能力。集体行动往往走向两个极端：要么出现群龙无首的集体行动困境，要么形成羊群效应或领导—追随型的行为模式。在后一种情形下，追随者只是盲目顺从领导者的决策，依赖无意识或感觉行动，而不是讨论、分析和深思熟虑，从而牺牲了独立辨别真伪或作出判断的理性思维能力。第三，多数人的无意识行为会反作用于领导者的无意识决策。为了实现目标，领导者会迎合追随者的冲动、激情和感觉等无意识行为，而这些因素又稍纵即逝，因此领导者提出的理念、采取的行动也会实时地调整、变化，从而表现出短视特征。

集体无意识和有限理性直接促成了恩格斯的“历史合力”②，而非哈耶克的自发秩序。恩格斯承认个体的有限理性，却不否认集体无意识的作用。他对此进行了精彩论述：“无论历史的结局如何，人们总是通过每一个人追求他自己的、自觉预期的目的来创造他们的历史，而这许多按不同方向活动的愿望及其对外部世界的各种各样作用的合力，就是历史。因此，问题也在于，

---

① ［美］斯密德．冲突与合作：制度与行为经济学［M］．刘璨，吴水荣，译．上海：格致出版社，上海人民出版社，2018：20.

② 根据大数定律，个体行为体现出随机性，不可预测，但大量随机的群体行为，却是精确可知的，在个体偶然中隐含着集体必然。随机性造成了低尺度下的差异性，但在高尺度下又表现为共同特征的相似性。

这许多单个的人所预期的是什么。愿望是由激情或思虑来决定的。而直接决定激情或思虑的杠杆是各式各样的。有的可能是外界的事物，有的可能是精神方面的动机，如功名心、‘对真理和正义的热忱’、个人的憎恶，或者甚至是各种纯粹个人的怪想。但是，我们已经看到，在历史上活动的许多单个愿望在大多数场合下所得到的完全不是预期的结果，往往是恰恰相反的结果。”①

与此不同，哈耶克低估了个体理性，却夸大了集体无意识在制度创设、规则传播和延续中的作用。他指出：“在自发秩序中，为了让人们各得其所，不需要任何人对应当追求的一切目标以及采用的一切手段了解得一清二楚。这种秩序是自发形成的。在调整中产生出秩序的各种规则，它们的出现并不是因为人们对其作用有了更好的理解，而是因为那些繁荣兴旺的群体恰好以一种增强了他们适应力的方式对规则进行了改进。”②

起源于集体有限理性的自发秩序和国家制度等一经稳定下来，又会以外部环境因素时刻约束个人行为习惯，强化人们头脑中已经形成的无意识部分，并把这些外部的有限理性产物内化为人们日常行为习惯和集体行动中的一部分，最终在人的头脑中生根发芽、传承和延续。在此意义上，“人民的意志便不会是政治过程的动力，而只能是它的产物”③。久而久之，社会就有可能出现一种普遍倾向：单向度的思维和行为模式（马尔库塞，2008）。在这种模式中，凡是其内容超越了现有风尚、惯例、习俗、道德和制度等的任何观念、愿望和目标，不是受到排斥就是被纳入现有体系。

2.3.2 行为方式假设

基于上述分析，现在对个人、群体或组织、国家行为作出以下限定，并把它们作为农业组织演变的行为基础。

① 马克思恩格斯文选：第四卷［M］. 北京：人民出版社，2009：302-303.

② ［英］哈耶克. 致命的自负［M］. 冯克利，胡晋华，等，译. 北京：中国社会科学出版社，2000：17-18.

③ ［美］熊彼特. 资本主义、社会主义与民主［M］. 吴良健，译. 北京：商务印书馆，1999：388.

第一，人是有限理性。人时而懒惰、冲动、短视，凭直觉和无意识行动；时而理性，具备推理能力，思维缜密，判断谨慎。因此，人是有限理性，而不是完全理性的。由于理性依赖于大脑的分析、计算、假设、推理等，而这些需要花费大量的时间进行相关知识的学习、积累和实践的反复检验，因此不是与生俱来的，而是通过辛勤学习和实践得来的。人类之所以能够进化出这项能力，是因为周围的资源有限，仅仅依靠无意识或本能的方法已经无法生存，不得不依靠后天的努力想办法，求生存之道。也就是说，理性或者人的主观能动性是在资源稀缺和需求无限的矛盾运动之下逐渐发展起来的。

更进一步，由众多成员结成的群体或组织也是无意识和理性的结合体，而且与个体的有限理性相比，集体的有限理性更为飘忽不定，会随着群体或组织内部的知识扩展而增强，也会随着存续时间延长和实践经验丰富而成熟稳定，却会随着人口规模扩张和约束力下降而减弱。据此推测，暂时性的大型松散型组织，无意识权重高些；永久性的小型紧凑型组织，理性权重高些。

第二，集体行动是人类应对重大风险挑战的自觉反应①。主观方面，人性中既有独立、自由生活的愿望，也有融入群体、合作共赢的倾向。客观方面，孤立的个人无法应对流行病、飓风、龙卷风、海啸、粮食短缺、战争、大型工程建设等挑战，唯有采取集体行动才能走出困境。与集体行动对应，出现了各种永久性或暂时性的组织及其制度安排。正如霍布斯所说，“任何人要是没有联盟的帮助便都难望依靠自己的力量或智慧防卫本身，免于毁灭之祸；在这种联盟中，每一个人都和别人一样指望通过联合得到相同的防卫”②。

第三，国家是与风尚、惯例、习俗、道德、舆论、规范等自发性秩序类

---

① 雅赛认为，“集体选择也一定是个人选择的结果，尽管是间接的个人选择”。参见［英］雅赛．重申自由主义——选择、契约、协议［M］．陈茅，徐力源，刘春瑞，等，译．北京：中国社会科学出版社，1997：77.

② ［英］霍布斯．利维坦［M］．黎思复，黎廷弼，译．北京：商务印书馆，1985：111.

似的一种降低制度成本和促进社会成员合作的实施机制或组织①。稀缺性、利己行为和私有产权把世界分解为原子式的相互竞争的个人的世界，而人们就稀缺性资源进行谈判、签约和实施协议的制度成本随着利益多寡及其成员亲疏而不同，从而导致风尚、惯例、习俗、道德和舆论等自发性秩序时而有效、时而失灵。在自发性秩序失灵的情形下，国家创设暂时性或永久性的组织或制度，就可以直接抑制交易成本高企所引起的集体行动困境。

① 在起源上，国家与风尚、惯例、习俗、道德、舆论、规范等自发性秩序类似，都是人们降低制度成本和促进合作的集体行动的产物，构成了社会秩序的基础。但是，在运行方式上，自发性秩序只是一种行为规范或实施机制，而国家还创设了一些制度、法律框架和基础设施，发挥着组织的作用。

3 社会秩序失灵及其重建

在回答了集体行动的隐含前提——人是无意识和理性的结合体之后，我们得以完整地提出和拓展本书的逻辑框架：有限理性→节约制度成本的集体行动→自发性秩序和国家制度→社会井然有序→新中国成立以来的农业组织演变→农民增收、农业发展和乡村振兴的潜在路径。但是，新中国成立之前，社会习俗、道德、舆论、惯例、风尚、规范和国家制度等社会秩序总体上处于缺位或失灵状态。这种社会秩序失灵正是新中国农业组织演变的历史起点和逻辑起点，决定着国家和自发性秩序的比较优势及农业组织演变方向。

3.1 新中国成立前的社会失序

道格拉斯·诺斯认为，制度变迁存在着“路径依赖”现象，即人们过去的选择、风尚、惯例、习俗、舆论、法律、社会体制、经济基础和社会矛盾等，在一定程度上影响着未来的选择。循着这一逻辑发现，新中国成立初期的社会经济条件不是瞬时出现和形成的，而是中国社会长期演化的结果。尤其是近代以来，中国传统的社会治理机制、市场体系和国家制度等遭受了帝国主义、封建主义和官僚资本主义的冲击和破坏①，基本上处于系统性的失序状态，由此改变了社会经济条件，打断了发展进程。

---

① 康芒斯认为，“研究者所采取的观点决定于当时认为最突出的冲突，以及研究者对冲突的各种利益的态度”。参见［美］康芒斯．制度经济学：上册［M］．于树生，译．北京：商务印书馆，1962：134-135.

3.1.1 半殖民地与国家职能失控

国家的首要职能是“对内谋求和平，对外互相帮助抵御外敌”①。正如李斯特所说，“国家是一个独立自主的政治实体。其使命是努力保护和维持自己的独立。其职责是维护和发展国家的繁荣、文化、民族性、语言和自由——一言以蔽之，维护和发展它在世界上的整个社会政治地位”②。但是，1840 年鸦片战争之后，中国看似保留着中央政权的统治，实则处于地方割据、军阀混战和外敌入侵的失控状态，在政治、经济、文化等各方面沦为帝国主义的附庸，成为半殖民地社会，国家丧失了基本功能，更遑论有效性了。

在半殖民地条件下，国家有三个关键特征。

一是不稳定的边界。按照理论分析，国家是一定疆域内的人们（少数或全体）基于共同信念而创设的一种强制性机制，旨在缓和日益扩大的陌生人之间的利益冲突，降低人们谈判的交易成本，促进人与人之间、不同群体或阶级之间的合作，并在与疆域外的群体进行竞争时采取一致性集体行动。按此定义，国家须具备以下条件：“一个个体，这些个体臣服于一个使用暴力执行合约的单一的终极的第三方；一个疆域，这是这些个体居住的地方，也是实施者权力所及的范围。”③ 但是，这两个条件在半殖民地的旧中国都不复存在。第一，帝国主义国家占领中国领土，开设租界，“例如日本占领了台湾和澎湖列岛，‘租借’了旅顺，英国占领了香港，法国‘租借’了广州湾”④。国家失去了对这些疆域的控制，并在 1931 年九一八事变以后，东北地区沦为日本的殖民地。第二，在可控的疆域内部，存在地方割据势力，它们在形式上或名义上臣服于中央政府，背后又有帝国主义的影子，因此疆域内的个体不是臣服于“单一的终极的第三方”，而是臣服于多个第三方。此外，这些疆域内的地方割据势力也不稳定，连年混战，疆域变化不定，以“你方唱罢我

① ［英］霍布斯. 利维坦［M］. 黎思复，黎廷弼，译. 北京：商务印书馆，1985：132.

② ［德］李斯特. 政治经济学的自然体系［M］. 杨春学，译. 北京：商务印书馆，1997：29.

③ ［美］巴泽尔. 国家理论——经济权利、法律权利与国家范围［M］. 钱勇，曾咏梅，译. 上海：上海财经大学出版社，2006：7.

④ 毛泽东选集：第二卷［M］. 北京：人民出版社，1966：591.

登场”的形式轮番管制当地，给人民带来了深重灾难。

由此衍生出了国家干预边界的不稳定性问题：时而能够干预一些领域，时而又无力干预。比如，在金融、财政和交通事业（海上的、路上的、内河的和空中的）领域，帝国主义国家扼住了中国的咽喉，中国不能按照自己的利益进行管控。此外，学校、报纸、医院和留学生等领域深受帝国主义国家的文化渗透，国家未必能完全掌控，从而损害了国家利益。帝国主义国家甚至控制了海关和对外贸易（毛泽东，1939），国家无法制定符合国内产业结构的关税政策、无力保护国内的幼稚产业等。但是，随着帝国主义国家力量的此消彼长，一些地方或行业几经转手，国家可能被迫放弃或择机收回一些特权。

二是低效率的公共权力体系。形式上，公共权力体系看似健全，实则不存在“一个使用暴力执行合约的单一的终极的第三方”，各个权力部门都出现了多重实施主体和多头管理：帝国主义国家与国内中央政权之间的权力争夺、中央政权与地方割据势力之间的利益冲突，以及不同权力部门之间的掣肘。由此带来的严重后果是：一些经济效益良好的领域管理过度，寻租活动盛行；另一些需要国家财政支持的领域管理缺位，无人问津。与这种失控的治理现象相伴的是公共权力机构不断膨胀，民众的税负越来越重，而国家治理效能不升反降，资源配置效率每况愈下。当人们彻底看不到未来的希望时，唯有“用脚投票”，带着技术和资本远走他国。

三是强制力削弱。在国家内部，警察是守护和平的强制力工具；在国家之间，军队是对外御敌的强制力工具。但是，帝国主义国家以完全不同的方式削弱了国家强制力工具的有效性。在中央政权层面，帝国主义国家的侵略战争直接导致了国家军队损失，使其无力处理内部的利益冲突，如各地之间的冲突，这是地方军阀混战的关键原因。在地方层面，军阀趁中央政权疲于应付帝国主义之际，大肆扩张军队，扩大地盘，导致地方割据势力的强制力增强。这种增强在一定程度上有助于维护当地和平，却直接削弱了中央政权的效力。同时，与中央政权强制力的重复性建设，造成了沉重的税负和青壮年劳动力减损，严重伤害了国家发展基础和中央财政能力，进一步削弱了国家的强制力。

在国家首要职能无法正常发挥作用的情形下，国家就无法建立稳定的、被全国人民普遍认可和接受的产权制度，国家职能失灵范围进一步扩大。诺斯（1999）指出，规定竞争和合作的所有权结构，有利于减少交易费用，促进社会产出最大化，从而增加税收，最大化统治者的所得租金。但是，在产权不清晰或不健全的条件下，地方保护主义泛滥，地区之间的贸易壁垒高企，商品和要素的跨地域流动受限。由此至少带来四个方面的冲击：一是企业无法获取规模经济效益，生产成本居高不下，在国际竞争中处于劣势地位，甚至不得不依附于国际垄断资本。二是打击企业的投资信心和生产积极性，不利于企业培育和成长，进而抑制经济增长。三是极端的不平衡，资源多、区位优势明显的地区经济发展好些，而资源短缺、区位差的地区经济发展差些。这种失衡进一步加剧了地区之间的利益冲突，也成为地方保护主义和地方割据的经济基础。四是缺乏竞争力的企业不足以支撑市场经济发展，也影响了商品市场、资本市场和劳动力市场等的建立，这是新中国成立之前市场机制失灵的微观原因。

也就是说，在经济落后的半殖民地的旧中国，不仅国家职能失控了，它的失控还扭曲了本不健全的市场机制，加剧了市场失灵。正是国家职能失控和市场失灵的互相纠缠和叠加，共同造成了新中国成立前的社会秩序失灵。

3.1.2 半封建性与传统秩序失效

半封建性首先集中体现在经济基础方面。在商品生产、货币经济、城市兴起和帝国主义国家侵入的多重冲击下，自给自足的自然经济基础被破坏了，出现了新的社会阶级和分配方式。一些商人、地主和官僚开始投资实业，如纺织业和面粉业等，促进了民族工业发展，产生了资产阶级。同时，农民获得了人身自由，不再被束缚于土地上，其中一部分人主动或被迫进入城市，成为雇佣工人，和城市手工业工人一起构成了无产阶级。人口流动及人口城乡分布格局调整带来了两个方面变化：一方面，城市人口不断增长，劳动力竞争加剧，产业工人工资下降，促进了工业发展，工业产品种类和数量都获得了增长；另一方面，农村相对人口下降，劳动力人均耕地面积增加，生产效率提升，农产品除了满足农民的自身需要之外，也出现了剩余。这样，在城乡之间就出现了工农产品交换的可能性和现实性——城市向农村供给工业产品，农村向城市供给农产品，由此改变了千百年来的城乡资源流动方式：皇帝、贵族和地主等封建统治者生活在城市，而农民等财富的主要创造者生活在农村，前者通过农业税、地租等形式，实现了对后者的财富占有。

但是，作为封建社会根基的土地制度依然保持着。如表 3-1 所示，在土地改革前，地主阶级仅占总人口的 4.75%，但是所占耕地达到了总耕地面积的 38.26%，户均占有耕地面积为 144.11 亩，人均占有耕地面积高达 26.32 亩。相比之下，贫雇农的耕地占有情况与其庞大的人口形成显著反差：他们占到总人口的 52.37%，但是耕地占有率不到 15%，户均耕地面积只有 3.55 亩，人均耕地面积仅为 0.89 亩。中农的情况比贫雇农稍微好些，33.13%的中农占有 30.94%的耕地面积，户均耕地面积和人均耕地面积分别为 15.12 亩和 3.05 亩。富农的情况介于地主和中农之间，户均耕地面积和人均耕地面积分别为 63.24 亩和 9.59 亩。

表 3-1 全国土地改革前各阶级占有耕地状况

阶级	人口		耕地			
	合计/万人	占比/%	合计/万亩	占比/%	户均/亩	人均/亩
贫雇农	24123	52.37	21503	14.28	3.55	0.89
中农	15260	33.13	46577	30.94	15.12	3.05
富农	2144	4.66	20566	13.66	63.24	9.59
地主	2188	4.75	57588	38.26	144.11	26.32
其他	2344	5.09	4300	2.86	6.27	1.83
合计	46059	100.00	150534	100.00	14.26	3.27

资料来源：吴承明，董志凯．中华人民共和国经济史（1949—1952）［M］．北京：社会科学文献出版社，2010：34.

其次体现在上层建筑方面。“皇帝和贵族的专制政权是被推翻了，代之而起的先是地主阶级的军阀官僚的统治，接着是地主阶级和大资产阶级联盟的专政。在沦陷区，则是日本帝国主义及其傀儡的统治。”① 与之相伴地，国家政权组织方式和设施也发生了变化，出现了政党政治；一定程度上实行立法、行政和司法分立，各负其责，权力过度集中现象减少；设立了一些新的权力机构，如警察、法庭等，避免了警政合一、军警不分乱象等。自由、民主、平等、法治、科学等思想传入中国，为越来越多的人所接受，等级观念、宗法观念、特权观念、重男轻女、家长制和个人迷信等封建思想观念渐渐失去人心，对人们的约束力减弱，从而使传统秩序失去了群众基础。

最后，千年来形成的思想、道德、艺术、宗教、哲学、风尚、惯例和习俗等，具有相对的独立性和历史继承性，没有随着生产力发展和国家政权更迭而迅速消失或变换，仍然扎根于人们内心深处，外化于人们的日常行为之中。正如托克维尔所说，大革命要消灭几个世纪以来的旧制度，建立一种新秩序，但是，“在新社会里，旧制度的机构经过转变，依然保留下来。与人们想象的相比，它们的数量要大得多”，“此外，一整套的思想、感情、习惯和道德，都是这些旧制度的附属物”②。这些从旧制度继承而来的情感、伦理、风尚、习俗等，与半殖民地上已经出现的自由、民主、平等、法治、科学等新思想碰撞、纠缠在一起，触发了人们关于中国革命性质和前途的争论，催生了各种主义和思潮，如改良主义、自由主义、社会达尔文主义、无政府主义、实用主义、民粹主义、工团主义等。这些理念和治国方略之间的差异及其竞争，进一步加剧了传统秩序的解体。

3.1.3 官僚买办资本与市场失衡

毛泽东在《中国革命和中国共产党》中指出，在半殖民地半封建的中国，“民族资本主义有了某些发展，并在中国政治的、文化的生活中起了颇大的作用；但是，它没有成为中国社会经济的主要形式，它的力量是很软弱的”③。造成民族资本软弱的因素众多，但是以下不利因素无疑起了重要作用。

① 毛泽东选集：第二卷［M］．北京：人民出版社，1966：594.
② ［法］托克维尔．旧制度与大革命［M］．傅国强，译．北京：中国画报出版社，2013：30，50.
③ 毛泽东选集：第二卷［M］．北京：人民出版社，1966：593.

一是外国资本与民族资本的竞争优势差异及其国际贸易利益的不对称分配。按照亚当·斯密、大卫·李嘉图等古典经济学家的自由贸易理论，贸易是互利的、对等的。但是，外国资本主义经过两次工业革命，技术得到极大提升，在工业产品的生产上获得了压倒性优势，成为全球范围内的工业中心，而中国仍然是农业主导的社会，技术落后，主要生产劳动密集型产品，在全球产业链分工中处于外围。在“中心—外围”的国际分工体系中，贸易利益分配是不对称的，其中，外国资本凭借有利的贸易条件获得了贸易的绝大部分利益，而民族资本只获得一些小利。这不仅导致民族资本很难完成资本的原始积累，难以扩大再生产和进行设备更新，还迫使民族资本通过压低工人工资和农产品价格来获取利润，造成城市工人和农民的极端贫困问题。

二是外国资本与民族资本之间的不平等权利。按照德国历史学派先驱弗里德里希·李斯特的幼稚产业保护理论，经济落后国家应实行贸易保护政策，以抵御外国竞争，促进国内生产力的增长。但是，帝国主义强迫中国签订了许多不平等条约，这些条约让外国资本在海关、进出口、金融、财政、交通等领域获得了很多特权，使它们在与民族资本的竞争中，绝对优势进一步巩固。也就是说，本该被保护的中国民族资本不但没有得到保护，反而成了被歧视的对象。结果就出现了一种奇观：即使在自由竞争条件下，中国的民族资本也无力与外国资本开展竞争，而现在，在这种“先天的”绝对劣势之上，人为地叠加了“后天的”不利因素，赋予了外国资本更多的特权。最终，民族资本被迫把越来越多的利益以贸易差价的形式让渡给外国资本。

三是官僚买办资本与民族资本的不公平竞争。外国资本享有的特权，不总是允许亲力亲为，加上他们也不完全了解中国的风土人情、官僚体系运作和市场需求等，所以他们需要中国人作为其特权或利益的执行者，由此产生了为外国资本服务的买办阶层。他们既掌握西方的先进管理经验，背靠实力雄厚的外国资本，又熟悉国内风土人情、市场行情，可谓左右逢源、游刃有余，在经济发展和国际贸易中积累了大量资本，业务和从业人员规模不断扩大，逐渐发展成为一股不可忽视的力量——买办资产阶级。由于他们从事的诸多业务与特权有关，而享有这些特权离不开官僚体系的配合和支持，因此买办资本与官僚体系完成了深度捆绑。这种捆绑为国内资本与官僚体系的结合提供了示范效应和必要性。而现实中，官员寻租和市场风险极大地刺激了国内资本对官僚体系的依赖，且国家职能失控及其财政困境急需资金纾解，于是两方面力量不谋而合，推动了官僚资本的出现。官僚资本凭借公共权力，很快掌控了国家的经济命脉，垄断了金融、进出口贸易和矿产资源等行业。

官僚资本不仅没有成为抗衡买办资本和发展民族工业的积极力量，反而通过举外债、包揽进出口贸易、购买武器等，加深了对外国资本的依赖，实际上加速了官僚资本与买办资本的结合，形成了官僚买办资本。官僚买办资本拥有的垄断力量，使其成为国内要素市场和产品市场的价格决定者，即劳动力工资、资本利息、土地租金和产品价格等不再按照市场供求机制来决定，而是由官僚买办资本的利润最大化目标来决定。作为扭曲的价格决定机制的产物，工资就会低于维持劳动者自己及其家属所需的生活资料的价值，地租和利率又远高于均衡价格，产品价格则取决于官僚买办资本的角色。如果他们是产品供给者，就提高价格；如果是产品需求者，就压低价格。

要素和产品价格扭曲带来了多重负面影响。第一，加重了个人贫困和两极分化，如工人工资低廉，农民破产，土地和资本所有者坐享其成。第二，资本利息和土地租金上涨最终传导到产品，引起成本推动型通货膨胀，加重了民众特别是固定收入者的生活负担。第三，对于民族工商业而言，有利的是劳动力工资下降了，不利的是资本利息、地租上涨了，而且产品价格被两头挤压，往往成为利益受损方。第四，通货膨胀导致价格信号失灵，使其不能成为要素和产品稀缺性的衡量指标，进而影响人们的消费、投资选择，导致资源错配、低效率和资源浪费。第五，货币失去了价值尺度、流通手段、贮藏手段、支付手段等功能，甚至被第三国货币取代，物物交换和黑市交易盛行。第六，高利率、资本外逃和高通货膨胀导致高利贷资本泛滥，资本市场失衡问题进一步凸显，民族工商业的融资难、融资贵问题越发严重。

官僚买办资本还借助国家干预，直接破坏市场供求秩序。例如，1946 年国民党政府与美国签订《中美友好通商航海条约》之后，美国在中国进行了大量的产品倾销，导致本来脆弱的民族工商业雪上加霜，加剧了中国的经济结构失衡现象：落后的农业占据主导地位，而工商业发展滞后。与此相适应地，农业依然是新中国成立初期最重要的生产部门，土地则是最主要的生产资料。

3.2 新中国成立初期的国内主要矛盾

新中国成立之后，尽管国际形势依旧不容乐观，国家尚未完全统一，但是与新中国成立之前的国家职能失控相比，国家在主权独立、和平守护、财产保护方面取得了史无前例的成功。在这样的大好局面下，建立先进的工业国的要求同落后的农业国的现实之间的矛盾上升为国内社会的主要矛盾。

3.2.1 重工业和轻工业、农业的关系

李斯特认为："如果没有工业的发展，国家独立赖以存在的基础就是极其不充分的。一个农业国家决不可能维持工业国家可以维持的那种军事力量——或保卫自己的人力和物质手段。一个农业国可能在需要保卫自己时找不到自己的农产品市场和得不到创建新工业的资本而处境艰难。""工业是科学、文学、艺术、启蒙、自由、有益的制度，以及国力和独立之母。"① 1956年，中央政治局在听取了中央工业、农业、运输业、商业、财政等34个部门的工作汇报后，毛泽东总结了社会主义建设和社会主义改造的十个问题。第一个问题就是重工业和轻工业、农业的关系，提出"重工业是我国建设的重点。必须优先发展生产资料的生产……但是决不可以因此忽视生活资料尤其是粮食的生产"②。其他一些问题或多或少也是围绕这个首要问题，如沿海工业和内地工业的关系，经济建设和国防建设的关系，国家、生产单位和生产者个人的关系，中国和外国的关系，足见这一问题的重要性、紧迫性。

首先，优先发展重工业是产业结构演变的内在要求。列宁在把技术进步和资本有机构成提高纳入马克思的再生产公式后发现，扩大再生产过程中

① ［德］李斯特．政治经济学的自然体系［M］．杨春学，译．北京：商务印书馆，1997：30，66.
② 毛泽东选集：第五卷［M］．北京：人民出版社，1977：268.

“增长最快的是制造生产资料的生产资料生产，其次是制造消费资料的生产资料生产，最慢的是消费资料生产”①。按照生产资料优先增长原理，一个社会中增长最快的是重工业，其次是轻工业②，农业增长最慢。因此，优先发展重工业既可以用有限的资源实现最快的经济增长，也有利于尽快建立工业体系，优化产业结构，摆脱“没有多少工业，农业也不发达”的落后局面③。

其次，重视轻工业和农业生产是实现扩大再生产的前提条件。按照马克思的扩大再生产理论，重工业与轻工业、农业之间必须保持合理的结构，这样才有利于实现第Ⅰ部类和第Ⅱ部类之间以及两大部类内部的产品交换。一旦三者结构失衡，两大部类之间的交换就无法顺利完成，扩大再生产也会终结。例如，当重工业增长较快而轻工业和农业增长较慢时，轻工业品和农产品即使价格保持不变，也会因供给赶不上迅速增长的重工业的需求而制约重工业的发展。在价格上涨的条件下，重工业既要面临投入供不应求的压力，也要承受原材料价格和劳动力工资上涨的压力，从而限制重工业发展，如造成积累资本损失、削减生产规模、价格上涨引起竞争力下降等。

在新中国成立初期的重工业、轻工业和农业之间的关系中，农业虽是主导产业，却不发达，主要依靠劳动力和土地进行粗放式生产，资本贡献很少。同时，劳动力和土地分布极不均衡，资源利用效率低，粮食短缺，很难满足工业扩张需求。具体而言，在胡焕庸线“以东的中国东半部面积约占全国面积的36%，而人口却占全国的96%；在这条线以西的西半部，面积约占全国的64%，而人口仅占全国的4%”。“根据1982年的人口普查数计算，在这条黑河—腾冲分界线以东的地区，居住着全国人口的94.4%；而西半部人口仅占全国人口的5.6%。”④ 如果把人均土地面积作为农业增长的关键要素，那

① 列宁全集：第一卷［M］．北京：人民出版社，1984：66.

② 《中国统计年鉴》把重工业定义为为国民经济各部门提供物质技术基础的主要生产资料的工业，而把轻工业定义为提供生活消费品和制作手工工具的工业。

③ 毛泽东选集：第五卷［M］．北京：人民出版社，1977：288.

④ 地理学家胡焕庸在1935年发表《中国人口之分布》时提出的地理人口分界线，即瑷珲—腾冲人口地理分界线。这条线的东北端起于当时黑龙江的瑷珲，从此向西南画一条线直达云南省的腾冲。参见胡崇庆．胡焕庸人口地理选集［M］．北京：中国财政经济出版社，1990：289-290.

么胡焕庸线西半部比东半部更具比较优势。例如，1986 年全国粮食播种面积共有 166398 万亩，西半部只有 14089 万亩，仅占全国播种面积的 8.5%，但是耕地比率略高于人口比率（胡崇庆，1990）。与此相对地，胡焕庸线东半部的耕地比率要低于人口比率。

农业发展不仅取决于人均土地面积，还取决于地貌形态、土壤肥沃程度、日照时间和降水量等，而这些因素在胡焕庸线西半部处于绝对劣势。例如，西北的黄土高原海拔在 1000 米以上，气候属于半干旱性质，水土流失严重；新疆和内蒙古海拔都在 1000~2000 米，属于干旱和半干旱气候，沙漠戈壁面积广大；整个西半部多高山、高原，海拔在 4000 米以上，其中半数还在 5000 米以上，气候常年寒冷，夏季还有霜冻。因此出现了这样一种局面：在胡焕庸线西半部，人均土地面积多，却不适宜发展农牧业，粮食产量远低于东半部。例如，1986 年全国粮食产量为 39151 万吨，西半部粮食产量为 1925 万吨，仅占全国的 4.9%，比人口比率还低。以农业产值为例，全国农业产值为 4913 亿元，西半部为 324 亿元，仅占全国农业总产值的 6.6%①。在胡焕庸线东半部，尽管适宜发展农业，却面临“过密性”或“内卷”问题，农业劳动生产率较低。

轻工业和重工业进入发展“快车道”，但新中国成立前工业底子太薄，在资本、技术和管理等方面存在明显劣势，而且这种劣势被石油等工业生产要素的不均衡分布和水路交通设施的落后进一步放大。胡焕庸线东半部的石油储量明显多于西半部，与此吻合的是，轻工业和重工业过去约 70%集中在辽宁、河北、北京、天津、河南东部、山东、安徽、江苏、上海、浙江、福建、广东、广西等沿海地区，内地只有 30%（毛泽东，1956）。

如果能够把工业地区的拖拉机、化肥、石油、重型机械等工业产品销往胡焕庸线西半部，那么既能够通过垦辟荒野、治沟造地扩大耕地面积，又能够通过兴修水利、使用化肥提高单位面积产量。这样，农业和工业之间就能够实现均衡发展：工业为农业提供生产资料，促进农业技术升级，提升劳动

① 胡崇庆．胡焕庸人口地理选集［M］．北京：中国财政经济出版社，1990：290-291.

生产率，增加粮食产量；农业为工业提供广阔市场、廉价的原材料和生活资料，助力工业规模化生产，并在边干边学中积累技术。但是，东西部之间的交通网络不够发达，运输成本高企，而东部地区也因西方国家的经济封锁，无法利用便利的海运开展对外贸易，国内外市场的这种割裂严重制约了工业发展。

农业和工业的非均衡发展衍生出了副产品：人口单向流动及资源配置低效率。按照配第-克拉克定律，由于工业能比农业获得更多收入，商业能比工业获得更多收入，因此劳动力会沿着农业—工业—服务业的路径来流动。但是，新中国成立初期，服务业在国民经济中的占比远低于农业和工业，可提供的就业机会少，而重工业是国家优先发展的领域，就业机会多，因此，从农业转移出来的劳动力主要进入工业比较发达的胡焕庸线东半部。劳动力从胡焕庸线西半部流向东半部，加剧了西半部的人口过少及农业不发展问题和东半部人口过多及“内卷”问题，继而降低了资源配置效率。

人口单向流动同时引起了胡焕庸线西半部的市场萎缩。消费需求方面，西北侧的人口本来就少，市场规模不大，随着人口的流出，销往该地区的轻工业产品成本上升，而且这种上升是非线性的。此时，企业就会主动放弃一些市场，由此带来的轻工业品销量减少可能超过流入东半部的人口增长带来的销量增长，总体上出现销量损失。这种损失既会由于运输成本节约而抵消，也会由于价格上涨赶不上销量下降而扩大。投资需求方面，人口增长会推动胡焕庸线东半部的投资增长和西半部的投资下降，但是，在东半部的人均土地面积低于西半部以及资本边际效率递减的双重约束下，东半部的投资增长赶不上西半部的投资下降，从而总体上造成重工业产品的投资需求下降。

由此可见，从农业社会向工业社会转型，实现重工业和轻工业、农业的平衡发展不是一蹴而就的。正如李嘉图所说，“长期和平以后开始战争或长期战争以后开始和平，一般都会在工商业上产生很大的困难。它会大大改变各国资本以前投入的行业的性质。这些资本在新环境使之成为最有利的投资场所中稳定下来以前，需要一段时间；在这一期间，很多固定资本将得不到使用，也许会完全损失，劳动者则不能充分就业”①。

3.2.2 土地改革与生产资料短缺

1950年6月30日，《中华人民共和国土地改革法》颁布实施，土地改革运动随之在全国广大地区红红火火地展开。截至1952年底，全国共有3亿多无地少地的农民分得了7亿亩土地，实现了千百年来农民“耕者有其田”的最高理想，彻底改变了农村的经济基础。如表3-1和表3-2所示，地主和富农的耕地占有大幅减少，前者的耕地占有从土地改革前的38.26%降到土地改革后的2.2%，后者的耕地占有从13.66%降到6.4%；中农的耕地占有也有所提高，从30.94%提高至44.3%；贫雇农的耕地占有大幅增长，从14.28%提高到47.1%。

土地制度的彻底变革为农业的迅速恢复和工业的大力发展创造了有利条件。第一，在农民土地所有制下，劳动产品中除去上缴国家的税收部分，剩余农产品都归农民所有，此时不会出现封建土地制度下的农民偷懒行为甚至破坏行为，他们只会努力劳作，认真保护和改良土地。这样，在土地规模和自然条件不变的条件下，追加劳动和资本不仅能够促进粮食增产，还能够增加对工业产品的需求。第二，土地财富增长及其带来的可预见的未来收入流，将改变农民的消费预期和消费偏好，刺激轻工业品消费增长，如家居家电、食品、五金、玻璃、陶瓷用品、洗涤剂、自行车、缝纫机等。第三，农民的边际消费倾向高于失去土地的地主，单纯的土地财富均等化促进消费增长和市场扩张，进而有助于企业获取规模经济效应，促进经济增长。

表3-2 全国土地改革结束时各阶级占有耕地状况

阶级	农村各阶级户数的比重/%	各阶级占有耕地的比重/%
贫雇农	52.2	47.1
中农	39.9	44.3

① ［英］斯拉法．李嘉图著作和通信集（第一卷）——政治经济学及赋税原理［M］．郭大力，王亚南，译．北京：商务印书馆，1962：223.

续表

阶级	农村各阶级户数的比重/%	各阶级占有耕地的比重/%
富农	5.3	6.4
地主	2.6	2.2
合计	100.0	100.0

资料来源：吴承明，董志凯．中华人民共和国经济史（1949—1952）［M］．北京：社会科学文献出版社，2010：178.

农业发展不仅需要劳动力和土地，还需要其他辅助性生产工具，如耕畜、犁和水车等，但是由于常年的战争破坏，这类生产性资本处于极度短缺状态。如表3-3所示，1949年的大牲畜年底头数仅为1935年的83.9%，损失了约1150万头，其中牛的绝对损失最为严重，减少了433.4万头，骡的相对损失最为严重，减少了约68.0%。大牲畜的这种严重损失导致各个阶级占有的耕畜极为有限，如表3-4所示，土地改革以后，地主户均占有耕畜仅为0.23头，贫雇农户均占有0.47头，与他们各自占有的耕地相比，耕畜数量是少之又少。相比之下，中农和富农户均占有耕畜情况相对好些，但是与其占有的耕地相比，仍然显得不足。不仅仅是耕畜供不应求，犁和水车也是供不应求，如每个阶级户均占有犁的数量不足1部，基本上是三户家庭占有1部犁。

表3-3　1935年、1949年大牲畜年底头数

指标	1935年/万头	1949年/万头	1949年与1935年之比/%
大牲畜年底头数	7151	6002.0	83.9
其中：牛	4827	4393.6	91.0
马	649	487.5	75.0
驴	1215	919.1	78.0
骡	460	147.1	32.0

资料来源：吴承明，董志凯．中华人民共和国经济史（1949—1952）［M］．北京：社会科学文献出版社，2010：50.

表 3-4 土地改革后各阶级户均占有耕地、耕畜、犁和水车状况

阶级	耕地/亩	耕畜/头	犁/部	水车/部
贫雇农	12.46	0.47	0.41	0.07
中农	19.01	0.91	0.74	0.13
富农	25.09	1.15	0.87	0.22
地主	12.16	0.23	0.23	0.04
其他	70.50	0.32	0.38	0.06

资料来源：苏星．我国农业的社会主义道路［M］．北京：人民出版社，1976.

在生产工具严重短缺的条件下，土地制度改革的部分利益被抵消。第一，耕畜不足降低了劳动生产率，导致单位土地上的劳动时间延长，而在农户土地规模一定的条件下，这势必会减少一些土地上的劳动时间，导致一些农作物杂草丛生，病虫害得不到及时治理，错过最佳灌溉时间，进而造成粮食产量下降。第二，水车等水利设施得不到有效保护和利用，甚至被闲置，由此引起的土地生产效率下降或许会超过土地改革带来的效率提升。第三，当农业种植遭遇一些极端恶劣天气冲击时，唯有依靠全村之力才能最大限度地降低损失，而农户的私人利益和全村的集体利益未必一致，“搭便车”的诱惑不小。在农民土地所有制条件下，这种激励机制不兼容问题尤为突出，村民通过劳动力联合来缓解生产工具短缺问题的难度上升。第四，道德风险和“公有地悲剧”现象在所难免，如垦辟土地会挤占乡间公共道路、破坏植被，治沟造地会改变地形地貌、水源流向，这种土地面积扩大带来的农业增产低于土壤、水源和环境破坏引起的产量减少是大概率事件。第五，土地的碎片化耕作极大地限制了规模化生产和大规模投资，进而抑制了对拖拉机、大型农具等重工业品的需求。

在这种情形下，理性和无意识出现应急反应，人们自觉地结成耕田队、犁牛队等互助组，“以群的联合力量和集体行动来弥补个体自卫能力的不足”①。由于耕田队、犁牛队的组建和有效运行依赖于成员之间的信任、默契和利益相关性，而在“差序格局”中，关系越近，协调冲突的成本越低；关

① 马克思恩格斯文集：第四卷［M］．北京：人民出版社，2009：45.

系越远，集体行动越难协调，成本越高①，因此，农民倾向于在家族成员内部组建耕田队和犁牛队，而不是在家族之外寻求互助合作。这样，建立在“差序格局”基础上的传统秩序在一定范围内复兴，并在一定程度上缓解了农业生产中的利益冲突。但是，自发性集体行动的作用有限，与彻底解决土地投资不足、提高农业劳动生产率、促进粮食增长、支持工业发展的需求相比还有不小差距。

3.3 新中国成立后的社会秩序重建

在旧秩序失灵和新矛盾上升的双重约束下，重建社会秩序、创设规则和恢复生产并非易事。特别是近代以来，自发性秩序遭遇了重创，而新中国成立后，支撑它们的部分微观基础也消失了，新的有利条件尚未完全巩固，甚至还产生了一些新的制约因素，此时指望依靠自发性秩序走出漫漫长夜是不现实的。

3.3.1 国家竞争优势

不同于其他组织和自我实施机制，国家的独立及稳定是常规、习俗、道德、传统、惯例、信仰、法律、产权和市场等秩序存在、运行和改进的前提条件，也是疆域内的人们运用自己的力量和资源维护生命健康、财产安全、经济繁荣和社会公平的制度保障。正如弗里德里希·李斯特所说，“个人主要依靠国家并在国家范围内获得文化、生产能力、安全以及繁荣；同样，只有各个国家的文明和发展才能设想人类文明成为可能”②。因此，国家是否独立以及有无足够力量守护和平是能否重建秩序的第一步。

新中国成立后，首先，对外，彻底废除了帝国主义列强强加给中国的不平等条约和在中国的一切特权，建立了强大的国防和军队，结束了不稳定的

① 在“差序格局”中，虽然关系越近，生产和交换越多，利益交织越多，出现冲突的可能性越大，但是，熟人社会的利益冲突协调起来更容易，成本更低。

② ［德］李斯特．政治经济学的国民体系［M］．邱伟立，译．北京：华夏出版社，2013：130.

边界，新中国成为疆域内“单一的终极的第三方”；对内，除去台湾和澎湖列岛等地区，其他疆域得到有效控制，实现了国内和平，建立了强大的中央政权，民族自豪感、责任感和荣誉感得到了历史性提升。其次，建立起了清廉、高效的新型公共权力体系，国家的感召力、号召力、凝聚力和动员能力显著增强，鼓舞人们积极投身国家建设事业，同时吸引海外留学人员归国，在一定程度上解决了新中国成立初期的人才匮乏难题。如图 3-1 所示，1949 年 8 月至 1950 年 6 月，回国留学生为 409 人，1951 年达到 452 人。在 6 年时间里，回国留学生共计 1424 人①。他们的学科背景主要是理工科，合计 404 人，占比为 28. 37%；留学生的主要就业方向是机关矿场和学校（见表 3-5），这也反映了国家建设的重点方向。由此可见，重建更具生命力的实施机制或新秩序完全具备了现实可能性。

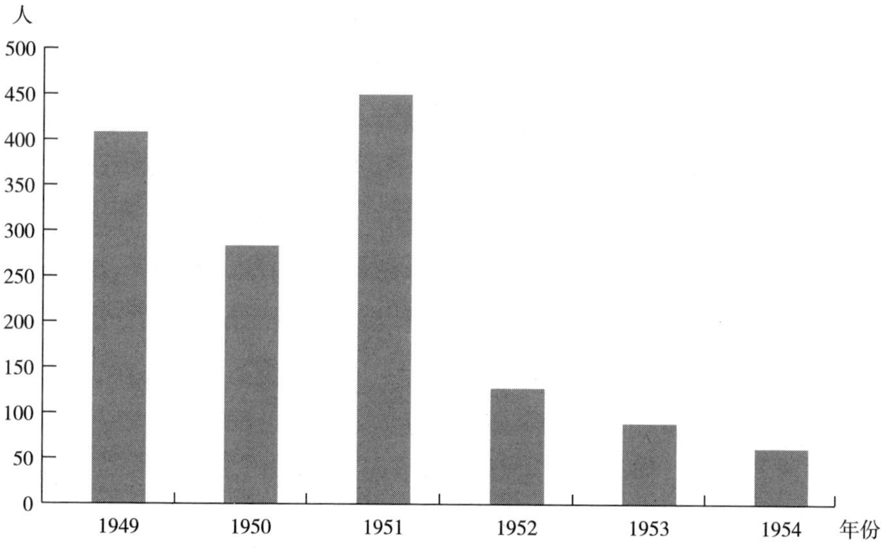

图 3-1 1949—1954 年回国服务的留学生情况

资料来源：李滔. 中华留学教育史录：1949 年以后［M］. 北京：高等教育出版社，2000：59.

① 据统计，新中国成立初期，在国外的留学生有 5000 人左右，其中，美国有 3000 余人，日本有 1000 余人，英法及其他各国共有 400~500 人。参见李滔. 中华留学教育史录：1949 年以后［M］. 北京：高等教育出版社，2000：18.

表 3-5　1949—1954 年各学科回国留学生就业情况　　单位：人

就业	理	工	农	医	文教	政法	财经	未详	总计
机关矿场	64	148	40	43	85	40	50	—	470
学校	76	78	20	33	80	9	30	—	326
学习	2	7	2	2	54	54	49	—	170
其他	15	14	—	4	21	4	14	2	74
总计	157	247	62	82	240	107	143	2	1040

资料来源：李滔．中华留学教育史录：1949 年以后［M］．北京：高等教育出版社，2000：60.

在国家秩序重建过程中，伴随着三对力量的较量①。第一，集体行动与乌合之众。即使不同的党派、思潮和主义在建国方略、终极目标和手段措施上存在分歧，但它们都有一个共识：在不同时期，面对不同的社会主要矛盾，与尽可能多的群体进行联合，互相帮助，对内谋求和平，对外抵御外敌。因此，国家秩序重建是无数仁人志士奋斗和牺牲的集体行动结果，而不是乌合之众盲目服从和受人操控的结果。第二，理性与无意识。集体行动的前提是人们历经磨难之后认识到了联合的力量和利益所在，因而是一种理性选择行为，不受简单的感情、偏执、狂热等无意识行为驱使。正如格劳秀斯所说，“国家完全是那些为了保护权力和利益而联合起来的自由民的联合”②。第三，民主集中制与专制。集体行动若要成功，需要强有力的领导者、统一的行动理念和适度的权力集中，否则“搭便车”行为会破坏一致行动。正如勒庞所言，“群体喜欢英雄，永远像个凯撒。他的权杖吸引着他们，他的权利威慑着他们，他的利剑让他们心怀敬畏”③。但权力分配不应过于集中，需要一定的制衡力量，否则领导者的个人意志就会凌驾于集体意志之上，出现“朕即国家”的专制行为，由此造成上下信息沟通渠道堵塞、权责不匹配和机会主义行为泛滥，导致集体行动失败。由此可见，国家秩序重建是在权力集中化和

① 此处的国家秩序是狭义层面的，即作为组织或规则制定者和经济活动参与者而直接或间接地降低制度成本。广义的国家秩序则包括人口、地理、自然资源、经济基础、上层建筑和其他非正式制度等。

② ［德］奥本海．论国家［M］．沈蕴防，王燕生，译．北京：商务印书馆，1999：4.

③ ［法］勒庞．乌合之众［M］．冯克利，译．北京：中央编译出版社，2014：30.

民主化的微妙平衡中完成的。

这些力量也重塑着人们的观念世界和国家精神。在国家重建过程中①，人们逐渐熟悉集体行动、理性和民主集中制的好处，开始观察、琢磨、思考、学习和总结它们，它们也在应用中潜移默化地改变了人们的思维、智慧、认知、情感、意志、勤奋、节俭、判断和创造能力等，这些特质进而成为人们习惯行为和思维方式的内核，也内化为国家精神气质的基础。渐渐地，这些精神气质与国家的外在"体质"或力量，如广袤的疆域、强大的国防和高效率的公共权力体系等，共同塑造着国家的形象、威信、声誉、认同和生命力等。这样，在新中国成立初期，社会范围内形成了一种广泛的信念和氛围：国家是仁慈的，代表着全体利益，维护社会正义，追求社会平等。这种信念和氛围不仅强化着人们对国家的依赖，还赋予了国家一种综合能力：强大的号召力、组织力、凝聚力、行动力和领导力。与这种能力相适应，国家获得了一项竞争优势：低成本地组织集体行动，从而有效克服惯常的机会主义行为及其集体行动困境。

与国家秩序重建不同，自我实施机制的重建更为艰难。第一，自我实施机制主要是一种自发性秩序，建立在集体无意识行为之上，而国家秩序重建过程中的理性能力提升，削弱了无意识或系统 1 的作用空间，从观念世界上限制了自我实施机制的产生动力。第二，现代国家的公共权力机构设置改变了传统秩序的执行环境。例如，在立法、行政和司法分立，警政分立，军警分立，政党政治等体系下，人们无法依靠等级观念、宗法观念、特权观念、重男轻女、家长制和个人迷信等来处理工作、家庭、婚姻和社会交往中的利益冲突，它们不仅失去了用武之地，还违背了自由、民主、平等观念和法律约束，因此将不可避免地退出历史舞台。第三，部分传统秩序继续存在，如道德、宗教、哲学、风尚、惯例和习俗等，但是随着人们活动范围的扩大和社会关系的日益复杂，其约束力、协调力和影响力逐渐减弱，因此主要作为文化现象而发展，不作为利益冲突协调机制而存在。第四，土地制度改革诱

① 在国家职能失控、传统秩序解体过程中，同时伴随着秩序探索和新建。

发了一些自发性秩序，如家族成员内部组建的耕田队和犁牛队等，但是作用范围和生命力有限，不足以催生出跨区域、跨行业的扩展秩序。第五，商品经济发展落后，“看不见的手”不仅会因“天然”的垄断、外部性、不完全信息和公共物品等问题而失灵，还受制于人为的地区壁垒和高昂运输成本，进一步造成了地区、行业、城乡间的资源错配，使得劳动力、资本、知识、技术、管理等生产要素难以有效配置，无法形成高效率的全国分工体系和统一大市场。

这些挑战愈加巩固了国家的竞争优势，也引致了国家干预需求。新中国成立后，国内农业、工业和商业发展落后，无力参与国际竞争，按照李斯特的幼稚产业保护理论，此时需要国家出台保护政策，以培育国家的生产力体系。特别是，若要突破西方国家的技术封锁，就要开展基础研究和技术研发，而它们的公共物品属性限制了私人投资和“看不见的手”的作用。同样，农村水利设施和全国交通网络建设都非私人力量所能为，只能依靠国家力量。

在这里，我们看到了人们联合的需要。就此而言，柏拉图有关国家不是由于“联合的需要”而产生的观点不符合现实。同理，我们难以认同佛兰茨·奥本海的以下观点：“不是因保护利益的需要而产生了国家，恰恰相反，保护职能是已经形成的国家的需要。”① 在这里，我们也看到了国家的生命力所在，一种秩序“是否会在一个特定的情势中胜出，将取决于它所指向的那种倾向所具有的力量以及同时也在发挥作用的其他倾向或驱动力所具有的力量”②。

3.3.2 财政压力

国家竞争优势的有效发挥，首先建立在国家独立和国防强大的基础上，其次依赖于高效率的公共权力体系，而这些需要财政支持。如图 3-2 所示，在我国 1950 年度的财政预算中，军费开支占比高达 38.9%，行政费用占比为

① ［德］奥本海．论国家［M］．沈蕴防，王燕生，译．北京：商务印书馆，1999：5.

② ［英］哈耶克．法律、立法与自由：第一卷［M］．邓正来，译．北京：中国大百科全书出版社，2000：119.

21.4%，二者合计占到财政支出的60%以上。但是，庞大的军费和行政费用支出会挤出国家在教育、科学技术、文化旅游体育与传媒、卫生健康、社会保障、灾害防治及应急管理、农林水利、交通运输、资源勘探、自然资源海洋气象和经济建设等领域的投入，如文化教育卫生费和国营企业投资占比分别为4.1%和23.9%，合计占比不到财政预算总支出的30%，这又会限制国家干预领域扩张，削弱国家在纠正市场失灵中的作用。

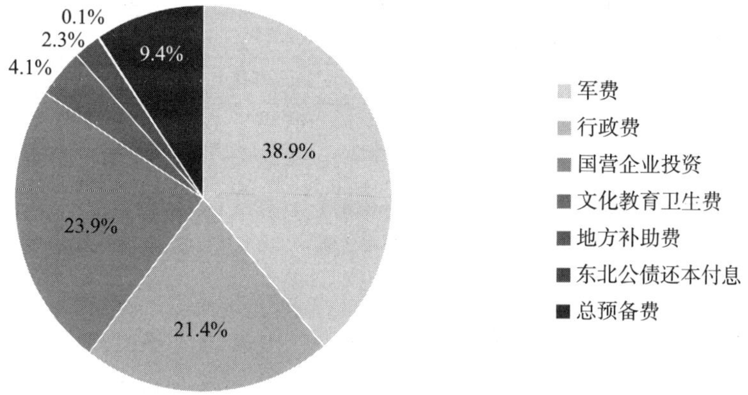

图 3-2　1950 年度财政预算支出

资料来源：苏星．新中国经济史［M］．北京：中共中央党校出版社，1999：113.

也就是说，在财政支出方面，国家的“守夜人”职能与拓展职能之间存在竞争关系：一种职能的过度支出会削弱另一种职能的有效发挥。这就要求二者之间应力求实现均衡发展，达到最优比例结构，而这又是以各种职能的发展突破了最低限度的财力支持为条件的。但是，在新中国成立初期，落后的经济发展水平不足以支撑两种职能的平衡发展。如表 3-6 所示，1949 年我国的财政收入和支出分别为303 亿斤小米和567 亿斤小米，财政赤字为264 亿斤小米；1950 年财政收入有了较大幅度增长，为62.17 亿元，但是财政支出比财政收入增长得更快，达到了 68.05 亿元，造成 1950 年的财政赤字高达5.88 亿元。

表 3-6　1949—1958 年国家财政收支状况

年份	财政收入	财政支出	收支差额
1949	303 亿斤小米	567 亿斤小米	-264 亿斤小米
1950	62. 17 亿元	68. 05 亿元	-5. 88 亿元
1951	124. 96 亿元	122. 07 亿元	2. 89 亿元
1952	173. 94 亿元	172. 07 亿元	1. 87 亿元
1953	213. 24 亿元	219. 21 亿元	-5. 97 亿元
1954	245. 17 亿元	244. 11 亿元	1. 06 亿元
1955	249. 27 亿元	262. 73 亿元	-13. 46 亿元
1956	280. 19 亿元	298. 52 亿元	-18. 33 亿元
1957	303. 20 亿元	295. 95 亿元	7. 25 亿元
1958	379. 62 亿元	400. 36 亿元	-20. 74 亿元

资料来源：1949 年数据引自吴承明，董志凯．中华人民共和国经济史（1949—1952）［M］．北京：社会科学文献出版社，2010：238. 1950—1958 年数据引自国家统计局国民经济综合统计司．新中国六十年统计资料汇编［M］．北京：中国统计出版社，2009.

在这种财政收入水平和支出结构约束下，国家的“守夜人”功能勉强得以维持，而衍生功能并没有得到彻底发挥。一是在经费和公务人员不足的条件下，一些部门缺位，另一些部门运行不畅，部分从业人员不清楚部门的权责，任意干涉私人经济活动，甚至无力应对和处理国内外的一些突发性事件，导致一些具有巨大社会经济效益的活动被暂缓或完全搁置等。二是提供公共产品和补救自我实施机制失灵的能力受限，既不能打破国内的地区间贸易壁垒，制定统一的税收政策、关税保护措施和产业政策等，也无法同步推进大型基础设施、教育、科学研究、医疗等建设，只能采取“毕其功于一役”的策略，突破重点领域，而这又会引起各种发展不平衡问题，加剧了市场失灵。

因此，当时国家的紧迫任务是找到财源、扩充国库。

3. 3. 3　纾解工具

现实中，国家的财政收入主要包括以下几个部分：税收收入、发行国债、收费收入、财政赤字货币化、国有资源（资产）有偿使用收入、国有资本经营收入等。因此，纾解财政困境的出路也应立足这些来源。

3.3.3.1 增加税收

现代国家的税收主要包括增值税、消费税、企业所得税、个人所得税、印花税、船舶吨税、车辆购置税和关税等。新中国成立初期，工商业基础薄弱，农业发展落后，居民收入低下，金融市场不健全，贸易不发达，因此税种少、税源小，通过增税减少财政赤字并不现实。特别是，从抗日战争开始到1949年底，老区农民的农业税负越来越沉重，再提高税率反而会导致政府税收减少①。例如，1949年人均农业税负担占1949年农业产量的18.2%，承担各类省、县附加占5%~15%，农民的平均总负担为58~64斤细粮，占1949年农业总产量的20.6%~22.7%②。

表3-7在一定程度上说明了征税难度。新中国成立之后，工商税收占国家财政收入的比例基本上维持在36%左右，而农业税从1950年的30.72%降到了1958年的8.58%。此外，许多地区没有建立正规的税收制度，缺乏统一的征税条例和征税原则，征税工作混乱，引发了人们的抵制。例如，1949年的农业税除东北收齐外，华北收了90%多，华东、华中、西南均未收齐（吴承明、董志凯，2010）。

表3-7 1950—1958年国家财政收入构成 （%）

年份	工商税收	农业税收	关税	盐税	企业收入	其他收入
1950	38.01	30.72	5.73	4.33	13.98	7.24
1951	37.97	18.69	5.55	2.71	24.44	10.64
1952	35.35	15.72	2.77	2.33	32.93	10.91
1953	38.69	12.90	2.37	2.16	35.96	7.92
1954	36.60	13.51	1.68	2.13	40.63	5.46
1955	35.01	12.32	1.87	1.93	44.91	3.96
1956	36.04	10.58	1.93	1.72	47.92	1.80
1957	37.31	9.79	1.91	2.08	47.55	1.36

① 拉弗曲线描绘了当税率超过一定水平时，税收收入与税率之间的反比例关系。

② 中国社会科学院，中央档案馆．1949—1952中华人民共和国经济档案资料选编·财政卷［M］．北京：经济管理出版社，1995：186.

续表

年份	工商税收	农业税收	关税	盐税	企业收入	其他收入
1958	37.35	8.58	1.69	1.74	49.84	0.81

资料来源：国家统计局国民经济综合统计司．新中国六十年统计资料汇编［M］．北京：中国统计出版社，2009.

3.3.3.2　发行公债或向国外举债

凯恩斯、勒纳、奥肯、托宾、萨缪尔森等的研究表明，在经济不景气时期，举债可以扩大总产出，促进就业和提高收入水平，而且与征税相比，在国内发行公债或者向国外借款，能够及时、快速地缓解财政困难，保证国民经济健康发展。例如，中央于1950年发行人民胜利折实公债。这项公债分两期发行，每期发行2亿份，以实物计算，每份折合实物为大米6斤、面粉1.5斤、白细布4尺和煤炭16斤，年息5厘，分5年还清。按照1950年度财政预算，财政预算赤字率为18.7%，其中38.4%的财政预算赤字通过发行公债来解决（苏星，1999）。此外，我国还得到了苏联3亿美元的优惠贷款支持，作为恢复和发展经济之用（王奇，2003）。

但是，发行公债或向国外举债都要支付利息，最终还得通过税收来还本付息。特别是公债推销的对象主要是城市工商业者和殷实富户，他们的认购是以高利息为条件的，无疑会增加民众的未来税负。因此，亚当·斯密等古典经济学家认为，举债会破坏经济增长基础，如导致通货膨胀、利率升高、总储蓄和投资下降、税收扭曲、劳动生产率下降等。不过，卢卡斯、萨金特、华莱士和巴罗等理性预期学派基于李嘉图等价定理和理性预期假设提出，债务和税收融资都不会影响消费、投资、产出和利率水平。

以上关于债务与经济增长的关系的分析都过于片面。在现实中，债务对经济的影响充满了不确定性，二者之间呈现倒“U”形关系：当债务小于最优规模时，债务扩张会促进经济增长，经济增长会消化债务风险；当债务超过最优规模时，经济下行会引发债务风险，债务风险会恶化经济增长。例如，多恩布什、费希尔、克鲁格曼等认为，在有效需求不足时，政府举债能够利用过剩的储蓄资源，促进经济增长。但是，Ramey 和 Ramey（1995）发现，政府支出波动性较大的国家增长率较低，即使在控制了时间和国家固定效应后，政府支出引发的波动也与增长率呈负相关，而高债务会增加这种波动性，进而减缓经济增长。

也就是说，举债可以作为短期应急措施，却不能作为长久之计。特别是债务规模不能超过经济可持续承受能力，否则债务本身就是问题根源。部分地出于这种担心，我国原定发行两期的公债只发行了一期，即使第一期的认购热情非常高，原定的第二期公债也并没有发行。

3.3.3.3 收费收入

除了税收部分，非税收入也是财政收入的重要来源。具体而言，公检法、工商、建设、科教文卫、农林水利、新闻出版和广播电视、城市规划、药品监督、环境保护、质量技术监督等行政事业单位，在为企业或个人提供特定服务时，要收取一定的费用，如登记费、证照费、考试费、培训费、检验费、音像制品防伪标识费等。此外，海关、税务、公安、司法等部门在查处案件时，也会获得罚金、罚款或没收品变价收入，以及追回的赃款和赃物变价收入等。由于收费的主动性和随意性较强，不像征税和举债那样面临较强的约束力和复杂的程序，因此，当税收收入无法保障部门的正常运行时，政府部门就会把目光投向收费收入。特别是在经济萧条且公共权力缺乏有效监督的条件下，乱收费就会成为一些部门的“创收”渠道，不仅收费额度大，而且随意性强，一些罚金、罚款收入甚至超过了征税收入。

但是，在新中国成立初期，通过收费收入填补财政赤字并不现实。第一，税负已经较重，继续收费只会适得其反，严重打击企业或个人的投资热情、消费热情，进而引起税收收入和收费收入的双重下降。第二，国家百废待兴，工商业活动刚刚起步，相关业务及收费对象少，难以获得收费收入。第三，公共权力被置于“阳光”之下，面临着上级部门、社会公众和舆论的多重监督，收费相对公开、透明。第四，新中国成立前国民党政府的乱收费行为造成的恶果历历在目，在正式监督机制之外，实际上构成了一道隐性约束。

3.3.3.4 财政赤字货币化

增税和借款虽然可行，却难以满足国家的紧急之需。相比之下，中央银行通过发行货币的方式为财政融资，简单易行，更具时效性和吸引力。事实的确如此，按照1950年度财政预算，61.6%的财政预算赤字是通过增发货币来解决的（苏星，1999）。如表3-8所示，在1949年的12个月中，货币发行额连续增加，2月和4月的环比增速较低，也依然分别高达131%、132%，5月的环比增速更是高达201%。随着货币发行基数的不断增大，货币发行额也大幅增长。

但是，大量发行货币用于财政透支，必然会酿成严重的通货膨胀（萨克斯、拉雷恩，2004）。以1949年底人民币比值变化为例，每月发行按当时米价折合，全年发行共计2177506万斤米，到年底，发行的货币实值降至540935万斤米，货币贬值1636571万斤米（吴承明、董志凯，2010）。严重的通货膨胀势必扭曲产品和要素价格，扰乱供求关系，造成投机倒把、哄抬物价现象，生产经营风险增加。此时，生产者不再扩大再生产，甚至选择退出生产领域，转向非生产领域。例如，与新中国成立前的最高产量相比，新中国成立初期，粮食作物产量下降了22%，棉花产量下降了48%，烤烟产量下降了76%，重工业生产下降了70%，轻工业生产下降了30%①。尽管产量下降不能完全归咎于货币增发及通货膨胀，但是它们无疑起了推波助澜的作用。

此外，当出现严重的通货膨胀时，实际利率下降，人们的储蓄意愿降低，乃至引起银行挤兑风险。如表3-8所示，在1949年前6个月中，只有4月和6月存款占发行的比例分别达到了11%和13%，其他月份存款占发行的比例始终低于10%。同时，通货膨胀会在债权人和债务人之间引起收入再分配问题，扩大社会各阶层之间的利益冲突，在一定程度上损害国家形象、声誉和权威。这又促使国家把有限的资金转移到公共权力机构及其附属物的建设和维护上，进一步引起“守夜人”职能和拓展职能之间的财政支出结构失衡。

表3-8 1949年关内存款和货币发行比较

月份	发行额/亿元	货币环比增速/%	存款数/亿元	存款占发行的比例/%
1	236	—	5	2

① 苏星．新中国经济史［M］．北京：中共中央党校出版社，1999：96-97.

续表

月份	发行额/亿元	货币环比增速/%	存款数/亿元	存款占发行的比例/%
2	309	131	8	3
3	450	147	33	7
4	595	132	66	11
5	1195	201	107	9
6	1764	148	235	13
7	2668	151	590	22
8	4196	157	956	23
9	8042	192	1745	22
10	13027	162	3375	26
11	18428	142	3445	19
12	30130	164	7937	26

资料来源：吴承明，董志凯．中华人民共和国经济史（1949—1952）［M］．北京：社会科学文献出版社，2010：244.

在这种情形下，全面的价格管制呼之欲出，人们要求扩大价格管制范围，从自然资源、大众商品延伸到日用品上。然而，价格管制本身会引起一系列社会经济问题，如寻租活动、生产要素价格扭曲及资源配置效率低等。因此，即便是临时性的货币发行，也不是缓解国家财政赤字问题的理想方案，而货币超发引发的问题通常比它所能解决的问题更多，也更为棘手。

3.3.3.5 创办国营经济

新中国成立后，国营企业控制了金融、进出口、电力、煤炭、钢铁、水泥、铁路、航空、港口、采矿和重型机械制造业。“据统计，1949 年，国营工业产值占全国总产值的 26.2%，占全国大工业产值的 41.3%；国营工业拥有全国电力产量的 58%，原煤产量的 68%，生铁产量的 92%，钢产量的 97%，水泥产量的 68%，面纱产量的 53%。”① 随着国营经济产值的比重快速上升，国有资本经营收入成为国家财政收入的重要来源。如图 3-3 所示，1950 年度

① 王海波．中华人民共和国工业经济史（1949 年 10 月—1998 年）［M］．太原：山西经济出版社，1998：14.

企业收入提供了17.1%的财政预算收入，仅次于公粮收入和各项税收收入。表3-7也显示，1950—1958年企业收入占比快速上升，从1950年的13.98%上升到1958年的49.84%，几乎占到国家财政收入的50%。

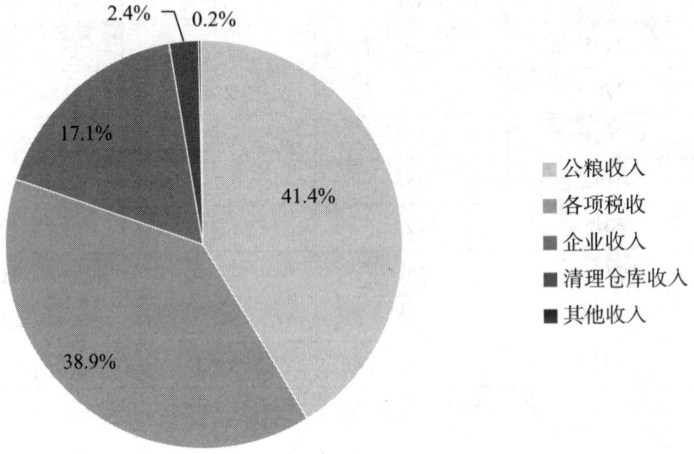

图3-3　1950年度财政预算收入构成

资料来源：苏星．新中国经济史［M］．北京：中共中央党校出版社，199：113.

把表3-6和表3-7结合起来，可以更加清晰地看到国营经济与财政收入之间的紧密联系。例如，1950年企业收入占国家财政收入的13.98%，财政赤字高达5.88亿元；当企业收入占比在1951年和1952年分别达到24.44%和32.93%时，财政分别实现了2.89亿元和1.87亿元的盈余。1952—1953年企业收入占比只有少许提高，而财政支出增速并没有放缓，结果造成1953年的财政赤字高达5.97亿元。1954年企业收入占比提高到40.63%，财政盈余为1.06亿元。1955—1956年企业收入贡献了45%以上的财政收入，极大地缓解了财政赤字问题。1958年企业收入贡献了约50%的财政收入，财政收入也有了较大幅度增长，不过由于财政支出过于庞大，财政状况再度恶化。

相比之下，创办国营经济，获取国有资本经营收入，比另外几种财政困难纾解方式更为主动。例如，与征税、举债和收费相比，它没有增加民众当前和未来的负担，不会引起人们的抵触；与发行货币相比，它不会引起通货膨胀和供求机制紊乱。但是，依靠国有资本经营收入并非毫无瑕疵，如国有企业垄断、所有者与管理者之间的委托—代理问题、冗员及怠工行为等都会造成国有企业低效率，产出下降，继而动摇国家经济发展和财政增长基础。

总之，每种纾解方式各有利弊，不能绝对肯定或否定。在现实中，国家也不完全局限于某种工具，而是综合采用所有工具，并力图在它们之间实现均衡，以最小的成本获取最大的财政收入①。如果存在一种力量，促使其中某种工具的边际成本持续降低，而其他工具的边际成本不变或者提高，那么这种工具带来的收入就会提高，并成为国家财政收入的主要来源。

① 理论上，在边际收益一定的条件下，当每种工具的边际成本相等时，组合工具的总体收益达到最大。

4 共同利益、国营企业与市场定价机制改革

历史地看，国家超越“守夜人”角色，替代“看不见的手”，直接主导资源配置，主要是作为财政纾解工具和自我实施机制补救制度出现的，如秦、汉以来的盐铁国营专卖制度增加了国库收入，抑制了豪强（钱穆，2013）。除了利益，支配国家财政工具选择的还有执政者的思想、意识形态等。通常而言，人们是通过理念来理解利益，理念的力量远比利益强大（张维迎，2014）。

4.1 理念与共同利益

“尽管人们是在很大程度上受着利益的支配，但是即使是利益本身，以及所有的人类事务，也完全是由意见支配的。”“观念支配着世界及其事件。”①“观念的转变和人类意志的力量使世界形成现在的状况。”② 凯恩斯认为：“经济学家和政治哲学家们的思想，不论它们在对的时候还是在错的时候，都比一般所设想的要更有力量。的确，世界就是由它们统治着。”“和思想的逐渐

① ［英］哈耶克．法律、立法与自由：第一卷［M］．邓正来，张守东，李静冰，译．北京：中国大百科全书出版社，2000：107，112.

② ［英］哈耶克．通往奴役之路［M］．王明毅，冯兴元，译．北京：中国社会科学出版社，1997：19.

侵蚀相比，既得利益的力量是被过分夸大了。”①

按照逻辑与历史相统一的方法，新中国成立之后，国家功能得以延续和扩大，既受路径依赖的作用，保留了国家的一些传统特质，又受中国共产党的理想、理念、价值观和利益追求的深刻影响，出现了一些新的特征。

4.1.1　所有制与剩余价值分配

凡要进行生产，就必须使劳动者和生产资料结合起来。新中国成立初期，社会经济中存在五种结合方式，即国营经济、合作社经济、个体经济、私人资本主义经济和国家资本主义经济。在不同的结合方式下，人们对经济增长成果的分配方式不同②。具体而言，在国营经济和合作社经济中，劳动者共享经济增长成果或者剩余价值。在农民和手工业者的个体经济中，他们以自己的劳动为基础，获取劳动收入。在私人资本主义经济和国家资本主义经济中，劳动者获得工资，资本获得剩余价值。

具体来说，在资本主义经济条件下，统治阶级的经济利益就是最大限度地获取劳动者创造的剩余价值。由于“一条规律把劳动力的价值限制在必要的生活资料的价格上，另一条规律把劳动力的平均价格照例降低到这种生活资料的最低限度上”③，而随着技术进步及劳动生产率提升，生活必需品的价值趋于下降，因此工资呈现出刚性特征。这样，在缺乏有效约束机制的条件下，技术进步越快，经济增速越高，资本获得的剩余价值就越多，两极分化就越严重。

这种不公平的分配格局引起了诸多社会经济问题。第一，劳动者贫困问题。工资刚性不仅造成劳动收入相对资本收入的低速增长，以及在国民收入中的比例不断下降，资本有机构成提高还造成了劳动者失业及其收入的绝对下降。第二，供求结构失衡问题。由于边际消费倾向高的劳动者众多，且收

① ［英］凯恩斯．就业、利息和货币通论［M］．高鸿业，译．北京：商务印书馆，1999：396-397.

② 按照剩余价值理论，在生产过程中，生产资料转移旧价值，劳动者创造新价值，不仅包括相当于劳动力价值的价值，还包括剩余价值。因此从价值角度看，经济增长其实是新价值的增长。

③ 马克思恩格斯文集：第一卷［M］．北京：人民出版社，2009：375.

入较低，而边际消费倾向低的资本所有者较少，且收入较高，因此，有支付能力的需求通常赶不上生产效率提升带来的供给增长，从而出现生产相对过剩，引发周期性的经济危机，造成社会资源的浪费。第三，社会投机盛行及其资产泡沫问题。受资本边际效率递减规律约束，资本无法在实体经济中长期施展拳脚——投资增加，生产成本提高而商品价格下降，但可以在虚拟经济中长期空转——资产价格不断上涨吸引更多资本接盘，形成价格的正反馈机制，不断推高资产价格，直至爆发金融危机。第四，财政困境。资本所有者在国家政权中处于统治地位，能够推出有利于自己的税率结构，承担较低的税赋，而广大民众承担较重的税赋。这种税收结构与两极分化的收入格局结合在一起，导致国家财政收入不足。同时，随着经济体系越来越复杂，市场失灵范围日益扩大，国家干预也更为频繁，由此引起官僚体系队伍及其相关财政支出不断膨胀。财政收支不平衡要么通过官僚体系的集体性腐败来延缓，要么通过债务扩张来缓和，但都是以削弱国家职能和牺牲弱势群体利益为代价的。在极端情况下，弱势群体利益受损和国家职能失控会引起社会动荡问题。

总之，资本主义经济是少数人占有多数人的劳动成果的体系，因而是两极分化的体系。由于资产阶级只占人口的极少数，无产者占人口的绝大多数，因此资本主义国家代表的共同利益是少数人的利益，不是社会的全体利益。与此不同的是，中国共产党诞生于贫穷落后的旧中国，初心和使命是为中国人民谋幸福、为中华民族谋复兴，除了工人阶级和广大人民群众的利益，没有自己特殊的利益，在任何时候都始终把人民的利益放在第一位，这也是激励共产党人不断前进的根本动力。与此相适应地，我国国家代表的共同利益是广大人民的利益，而不是少数人的利益。

由于私有制是资本主义经济产生两极分化的根源，因此以社会成员对生产资料的“共同占有”来代替私有制是逐步实现共同富裕的制度基础。马克思和恩格斯在《共产党宣言》中指出，“共产党人可以把自己的理论概括为一句话：消灭私有制”①。《中国共产党第一个纲领》提出，“消灭资本家私有制，没收机器、土地、厂房和半成品等生产资料，归社会公有”。毛泽东指出，“中国革命的终极的前途，不是资本主义的，而是社会主义和共产主义的”②。这些理论、观点和纲领构成了中国共产党的理想追求、思想基础、行动指南和奋斗动力，奠定了新中国经济制度的建设方向、原则和基石。

既然所有制的中心问题是对剩余价值或者经济成果的分配问题，而剩余价值主要分割为土地地租、借贷资本利息和企业利润三部分③，那么与剩余价值的这种分配格局相对应，实现共同富裕的制度构建主要集中在三个领域。一是土地制度改革。1949 年以前，华北和东北地区已经完成了“耕者有其田”的土地改革，这一改革的实质是剥夺地主的地产，把地租用于国家支出。新中国成立之后，土地制度改革的难度在于把改革范围扩大到长江以南地区。二是金融体系改革。即通过拥有国家资本和独享垄断权的国有银行，把信贷集中在国家手里。三是企业制度改革。“使各种社会经济成分在国营经济领导之下，分工合作，各得其所，以促进整个社会经济的发展。”事实上，在新中国成立初期，国家已经确立了国营经济优先发展的战略④，也为私营经济的未来规划了方向，《中国人民政治协商会议共同纲领》（以下简称《共同纲领》）第三十一条规定：“在必要和可能的条件下，应鼓励私人资本向国家资本主义方向发展，例如为国家企业加工，或与国家全营，或用租借形式经营国家的企业，开发国家的富源等。”

由此可见，创办国营企业是实现共同富裕这一共同利益的内在要求和微

---

① 马克思恩格斯文集：第二卷［M］．北京：人民出版社，2009：45.

② 毛泽东选集：第二卷［M］．北京：人民出版社，1966：613.

③ 这种剩余价值的分配方式不是绝对的、一成不变的，而是相对的、动态变化的，在不同的经济条件下存在各种变形。例如，机器设备出租、房屋出租、许可证出租等都可以获得这部分租金。借贷资本包括银行资本、民间借贷、国际资本等。企业未必是生产有形产品的实体企业，也包括生产无形产品的企业。

④ 新中国成立初期，国家确立了重工业优先发展的战略，并规定了以后中国经济的变迁路径。但需要强调的是：第一，重工业优先发展战略的实现仍然依赖于相关机制的建立和完善，而其中最主要的是国营经济的建立和发展；第二，《中国人民政治协商会议共同纲领》更多地强调工业化而非重工业化，而工业化的实现最终取决于各种经济组织的发展情况；第三，《中国人民政治协商会议共同纲领》对国营经济的关注要远远多于对重工业化的关注。

观基础。在国营企业的条件下，劳动者不仅创造财富，还共享经济增长成果。人们“要想得到和各种不同的需要量相适应的产品量，就要付出各种不同的和一定量的社会总劳动量”①，而不是通过占有生产资料的形式去剥夺另一部分人的劳动成果。不过，由于产权制度安排依赖于经济发展水平、技术状况、历史传统、教育水平、人口规模及其结构、资源状况和国际环境等，而这些因素在短期内无法改变，因此实现共同富裕是有条件的。创办国营企业不是一蹴而就的，而是一个渐进的过程，国家的共同利益也逐步地趋近社会全体利益。

4.1.2 国营企业的效率与利润

除产权性质、利润分配和治理机制不同之外，国营企业的生产过程与私营企业没有实质性差异，都是生产使用价值和剩余价值的微观经济主体和组织形态。正如马克思所说，在企业的“劳动过程中，人的活动借助劳动资料使劳动对象发生预定的变化。过程消失在产品中。它的产品是使用价值，是经过形式变化而适合人的需要的自然物质。劳动与劳动对象结合在一起。劳动对象化了，而对象被加工了”②。在这一劳动过程中，企业关心两个问题：“第一，他要生产具有交换价值的使用价值，要生产用来出售的物品，商品。第二，他要使生产出来的商品的价值，大于生产该商品所需要的各种商品即生产资料和劳动力——为了购买它们，他已在商品市场上预付了宝贵的货币——的价值总和。他不仅要生产使用价值，而且要生产商品，不仅要生产使用价值，而且要生产价值，不仅要生产价值，而且要生产剩余价值。”③

也就是说，国营企业的存在和发展要以使用价值生产和剩余价值或利润增长为前提条件，而不能因为产权性质不同，就放弃这两个目标，更不能落入一种认识误区，即国营企业只追求使用价值生产，不追求剩余价值或利润增长。实际上，创办国营企业的原因，除了公平的经济增长成果共享优势之

---

① 马克思恩格斯选集：第四卷［M］．北京：人民出版社，1995：580.
② 马克思恩格斯文集：第五卷［M］．北京：人民出版社，2009：211.
③ 马克思恩格斯文集：第五卷［M］．北京：人民出版社，2009：217-218.

外，还有预期国营企业能够更好地生产使用价值和价值。如果没有使用价值生产和利润增长，就无法进行资本积累，无法扩大再生产，导致经济处于简单再生产状态。随着生产活动不断进行，机器设备难免损耗，这样，即使简单再生产也无法顺利进行，经济从而陷入持续衰退之中。

在经济停滞或衰退状态下，使用价值短缺，收入下降，维持既有的生产生活条件都很困难，甚至有陷入贫困的风险，更遑论实现共同富裕的理想了。此时，国营企业的生产和分配优势荡然无存，它的存在本身构成了停滞或致贫的原因，而不是实现共同富裕的基础。因此，国营企业不仅要兼顾使用价值和利润创造，而且与私营企业比较，还要体现出效率更高、分配更公平的优势。

就利润创造而言，按照马克思的企业理论，利润是剩余价值的转化形式，剩余价值来源于劳动。增加剩余价值有三个途径：一是在工资不变的条件下延长劳动时间，如加班加点、减少节假日休息时间等，以此获得绝对剩余价值；二是在社会劳动生产率不变的条件下，企业通过改进技术来提高劳动生产率，减少个别劳动时间，获得超额剩余价值；三是追求利润的内在动力和市场竞争的外在压力，促使企业不断改进技术，提高劳动生产率。三者最终相互作用、相互促进，汇聚成一股力量，推动全社会的劳动生产率提高，从而在工作日长度不变的条件下，企业能够相对延长剩余劳动时间，获得相对剩余价值。

由此可见，利润增长中蕴含着使用价值或产出增长，或者说，利润增长是使用价值增长的结果，具体体现为劳动时间延长和劳动效率提高的产物。不管何种情形，利润增长都建立在一个前提条件之上：工资刚性。在延长劳动时间的情形下，如果国营企业仅追求使用价值创造，不追求利润最大化，因而增加工资补偿，那么价值创造主要或全部归劳动者所有，利润并不能增长。同样，在个别或社会劳动生产率提高的情形下，如果工资增长较快，那么劳动者会享受效率提升带来的价值增值，而国营企业利润却得不到增长。

纵观经济增长史，工资增长率超过劳动生产率或资本收益率的情形较为罕见。通常而言，资本收益率远高于经济增长率，经济增长率高于工资增长率。法国经济学家托马斯·皮凯蒂研究发现，“经济增长在人类历史的大部分阶段几乎为零：结合人口增长和经济增长，可以说年度经济增长率从古代到17世纪从未长时间超过0.1%~0.2%。虽然存在很多历史不确定性，但显然确定的是，资本收益率始终远远高于这一数字：长期观察得到的中间值是每年4%~5%……一个无可撼动的事实就是，资本收益率至少是产出（及收入）增长率的10~20倍”。即使“二者间的差距在20世纪显著下降，尤其是在1950—2012年，世界经济以每年3.5%~4%的速度增长。很可能发生的情况是，随着经济增长（特别是人口增长）的放缓，二者差距在21世纪会再次扩大”①。

但实践中，不能排除一些行业或特定时期工资增长过快的现象。按照库兹涅茨的研究，在农业社会向工业社会转型时期，工业部门的劳动需求较高而供给不足，导致工资增长较快；农业部门的劳动需求较低而供给过剩，导致工资增长较慢。在开放经济条件下，按照斯托尔帕和萨缪尔森定律（Stolper and Samuelson Law），一种产品的相对价格上升，将导致该产品密集使用的生产要素的实际报酬提高，而另一种生产要素的实际报酬下降。这一现象可以引申出一个更普遍的结论：劳动力越是专业化，或越是稀缺，或越是集中于出口生产，就越能够从行业发展或贸易中获益；相反，劳动力越是熟练化，或越是充足，或越是集中于可进口商品的生产，就越容易因行业发展或贸易而受损。这种高工资无疑会削弱国营企业的利润份额。

进一步考察发现，工资的非平衡增长与劳动生产率相关。较高的劳动生产率一方面缩短社会必要劳动时间，降低产品价值；另一方面促进生产，扩大要素需求。当要素需求扩张引起的要素价格上涨赶不上生活资料价值下降引起的劳动力价值下降时，劳动力工资就会提高。相反，劳动生产率越低，产品价值越高，生活资料和劳动力价值就会越高。同时，低产出无法带动要素需求扩大，导致要素供给过剩，引起劳动力价值下降。如果劳动力供给过剩引起的工资下降赶不上生活资料价格上升引起的工资上涨，那么工资就会

① ［法］皮凯蒂．21世纪资本论［M］．巴曙松，译．北京：中信出版社，2014：362-364.

上涨。也就是说，工资变化取决于劳动生产率和劳动力供求结构。

在工资等要素价格稳定的条件下，企业利润取决于产品市场结构和价格水平。如果处于完全竞争市场，国营企业无法左右产品价格，只获得平均利润。如果处于寡头或垄断市场，国营企业拥有产品定价权，可以通过降低产出和提高产品价格来获取超额利润。因此，仅从利润角度考察，国营企业从事垄断行业更为可取。不过，企业的市场垄断力与市场开放程度相关。在封闭条件下，如果企业是垄断性的，那么垄断力更强。在开放经济条件下，有更多的国际性企业进入国内市场，生产相关产品，与其形成竞争，从而削弱了其市场势力，甚至使其成为垄断竞争性企业。就此而言，企业利润归根结底取决于企业的竞争力，也就是低成本高效率创造高质量使用价值的能力。

在新中国成立初期，由于西方国家的经济封锁，我国经济基本上处于封闭经济条件下，因此实质上赋予了国营企业垄断地位，减轻了工资增长带来的压力，从而增强了其盈利能力。但是，那些处于竞争市场的国营企业，将不得不在产品市场和要素市场的双重压力下保持盈利。

4.2 国营企业的现实约束

国营企业的盈利能力依赖于产品市场和要素市场的供给结构，而在这两个市场上存在众多的博弈者：产品市场上的私营企业和消费者，要素市场上的劳动、资本、土地等生产要素所有者。在一些行业，即使垄断地位使国营企业获得了产品定价权，国营企业也并不拥有生产要素的定价权。实际上，在新中国成立初期，这类约束不仅没有得到放松，反而在一些因素的作用下被强化。

4.2.1 产品市场

长期以来，中国处于战乱状态，社会经济发展和人均收入都非常低，消费市场极度低迷，城乡居民缺乏强劲的消费需求和投资需求基础。新中国成立初期，国共战争仍在持续，投机行为较多，物价不稳定，居民生活艰难，人们对未来的道路选择和发展前景并不清晰，在某种程度上缺乏对新生国家的信心，进一步抑制了工业品的投资需求。

在国内，农村土地改革在短期内冲击了工业品市场。第一，地主和富农的收入下降，导致他们的轻工业品消费相对土地改革以前大幅下降，而中农和贫雇农收入增长引起的轻工业品消费增加不足以对冲前者的下降，从而造成轻工业品消费的总体下降。据估计，新中国成立之后消费水平降低的地主、工商业主至少有 250 多万人。第二，农村尽管人均收入提高，但是单个家庭拥有的资金规模不足以进行大规模投资，如投资机械动力、耕畜和水利设施等。而且由于耕地碎片化，或人均耕地面积下降，农业种植只要依赖少量的耕畜和劳动力就足够了，无须大型机械动力。在国内市场受限的条件下，一些工业品出现了过剩。例如，1950 年内销过剩工业品包括火柴、卷烟、肥皂、面粉、酱油、丝质等（中国社会科学院、中央档案馆，1998）。

在国际上，新中国成立初期，国家处在工业化起步阶段，基本上没有像样的工业能力，国营企业还不能生产出具有国际竞争力的产品。同时，经济封锁限制了海外市场机会。例如，外销过剩工业包括地毯、手帕、丝质、针织、干蛋；产量饱和工业包括橡胶、玻璃（光学、化学用除外）、染织、硫化青、油漆业、毛巾被单、钢笔、铅笔、灯泡、干电池、电珠；应扶持工业（燃料工业、机械工业和化学原料工业，均属重工业）包括煤炭、洋灰、机械电机、硝碱、氯化钾、赤磷、石棉、锌氧粉（中国社会科学院、中央档案馆，1998）。

在农产品市场上，土地改革造成了短期的粮食供给短缺。一方面，地主和富农的耕地锐减，很难获得地租，积攒的粮食有限，导致销往城市的粮食减少；另一方面，尽管贫雇农获得了耕地，但是受技术、耕地面积和水利设施等制约，粮食产量及余粮同样有限。而且，长期以来的粮食短缺威胁及保护机制缺位，让农民形成了“手中有粮心中不慌”的自我保护观念，他们宁愿把余粮储存起来，也不愿出售。陈云指出：“城市工矿区和农村经济作物区的粮食需求增加得快，但是农民不急于出卖他们的余粮，这是 1953 年发生粮食供不应求的根本原因。"① 按照恩格尔定律，收入越少，购买食物的支出占比就越大，因此在解决温饱之前，土地改革带来的农村家庭收入增长，只会引起农村粮食消费的增长。例如，1957 年农民家庭平均每人每年生活消费支出 70.86 元，其中生活消费品支出 69.63 元，而文化生活服务支出仅 1.23 元。在生活消费品支出中，食品支出 46.59 元，占比为 66.91%，而衣着支出仅为 9.52 元，占比为 13.67%②。在这些因素作用下，城市粮食供给不足，粮食价格上涨，导致一些以农产品为生产原料的国营企业生产成本增加，盈利能力下降。

城市粮食短缺问题还为其他因素所强化。一是城镇人口迅速增长，如 1953 年比 1952 年增长了 663 万人，达到 7826 万人；二是农村种植结构调整，如农民转而种植经济作物，由此造成缺粮农民增加到 1 亿人③；三是私商乘机囤积粮食，扰乱市场，有余粮的富农也不肯出售，坐地起价；四是较低的农产品商品化程度，在一定程度上加剧了农产品的短缺问题。

由此可见，国营企业发展面临两方面矛盾：一是低端工业品供给过剩与需求不足之间的矛盾。这种过剩不同于资本主义国家高速经济增长和收入两极分化引起的生产相对过剩，而是由较低的收入水平和收入公平化引起的，即一部分人收入提高引起的消费增加赶不上另一部分人收入下降引起的消费减少。二是农产品供给短缺与城市需求旺盛之间的矛盾。新中国成立初期，这种短缺不是由农产品产出下降引起的，而是由农村家庭收入提高导致的农产品消费需求增长和预防性储存动机引起的，工业化进程进一步增加了对农产品原材料的需求，加剧了城市的粮食供求缺口。

在这种双重力量挤压下，国营企业盈利能力下降，上缴利润减少，削弱了其缓解财政压力的优势。对此，在市场经济条件下，企业往往通过裁员、降工资等方式来压缩成本，维持或提高利润率。但这是以牺牲劳动者利益，进而造成劳资收入差距扩大为代价的，偏离了创办国营企业的初衷。也就是

---

① 陈云．陈云文选：第二卷［M］．北京：人民出版社，1986：258-259.

② 国家统计局．中国统计年鉴（1984）［M］．北京：中国统计出版社，1984：473.

③ 苏星．新中国经济史［M］．北京：中共中央党校出版社，1999：243.

说，在市场规模有限或无法扩大再生产的条件下，财政收入增长和收入公平分配不能兼容：要么牺牲公平保障财政收入，要么放弃财政收入保障公平。

风险在于，上述任何一种情形都是不可持续的。在牺牲公平和保障财政收入的条件下，劳动者的生产积极性会受到挫伤，促使他们要么消极怠工，直接降低企业效率；要么离开国营企业，进入私营企业，间接提高国营企业劳动力成本。事实上，在全国基本解放之后，全国统一大市场刺激了私营企业扩张，私营企业在产品市场和要素市场同时挤占国营企业的市场份额，对国营企业的发展构成了威胁。在放弃财政收入和保障公平的条件下，财政困境会限制国家提供公共物品的能力，而较低的资本积累也难以支撑企业设备更新和技术升级，简单再生产尚难以为继，遑论开展扩大再生产。在经济萎缩条件下，国营企业纾解财政困境和实现共同富裕的制度优势难免弱化。因此，国营企业的比较优势是有限的、有条件的，而不是无限的、无条件的。

4.2.2 劳动力市场

从要素密集度来看，国营企业主要从事资本密集型行业，资本需求相对高于劳动力需求。然而，新中国成立初期，资本恰恰是稀缺资源，融资成本高昂，而劳动力相对富余。在这种初始条件下，国营企业只有组织起丰富的劳动力资源，替代稀缺的资本，才能够缓解成本压力。问题在于，这种劳动力是非熟练劳动力，而国营企业所在的资本密集型行业，对熟练劳动力的需求往往大于对非熟练劳动力的需求，因此，在资本短缺约束之外，国营企业还面临人力资本短缺约束。尽管国营企业凭借国家扶持政策获得了一些矿产资源、原材料的定价权，在一定范围内缓解了资本和熟练劳动力短缺带来的压力，但是农村土地改革却以出人意料的方式推高了国营企业的劳动力成本。

第一，土地改革解放了农村劳动力，间接冲击了国营企业。农村土地改革之前，我国的土地占有是极为两极化的。如表 3-1 所示，4.75%的地主占有 38.26%的耕地，人均耕地面积高达 26.32 亩，而 52.37%的贫雇农仅占有 14.28%的耕地，人均耕地只有 0.89 亩。土地改革之后，人均耕地分配趋于均等化。如表 3-2 所示，2.6%的地主占有与其人口数量相匹配的 2.2%的耕地，

5.3%的富农占有6.4%的耕地，39.9%的中农占有44.3%的耕地，52.2%的贫雇农占有47.1%的耕地。

耕地均等化极大地调动了农民的生产积极性，提高了农业生产率，少量劳动力就能够完成农业生产活动，从而出现了劳动力过剩问题。但是，农村经济发展落后，产业单一，这部分过剩劳动力找不到合适的就业机会。在这种情形下，农村就出现了临时性和季节性的失业人口，甚至出现了一些长期性的失业人口。过剩劳动力随即进入城市，成为产业工人。例如，1953年以来，“东北鞍山市，每天有农民七八百名到市劳动局要求介绍工作，以河南、山东、河北等省前往的为最多；西安市每天有六百余人，据五天中一千四百五十来访群众的统计，其中要求介绍的农民占百分之八十八”①。

但是，他们中的多数人员文化程度不高，技能有限，基本上属于非熟练劳动力，缺乏从事工业生产的经验，从而加剧了本已严重的非熟练劳动力失业问题。例如，在1953年的失业统计数据中，知识分子、小工商业主、行商、摊贩、旧军官、旧官吏、僧尼、道士、城市贫民、歌妓、乞丐、失学青年和家庭妇女等非熟练劳动力失业人口，占到总失业人口的51.93%（见表4-1）。失业人口增加使劳动密集型企业在工资谈判中处于优势地位，迫使劳动力降低工资，或者同意延长劳动时间，于是劳动密集型行业竞争力提升，利润率提升，而资本密集型行业竞争力下降，利润率下降，由此加大了资本密集型国营企业的压力。

表4-1 全国各类失业人员的登记总数与文化程度

类别	总数/人	占比/%	文盲/人	小学学历/人	初中以上学历/人
失业职工	586871	48.07	182235	342139	62296
失业知识分子	81196	6.46	—	607	80589
小工商业主、行商、摊贩等	109076	6.72	19301	69100	20735
旧军官、旧官吏	34271	2.11	959	9510	23802

① 中国社会科学院，中央档案馆．1953—1957中华人民共和国经济档案资料选编：劳动工资和职工保险福利卷［M］．北京：中国物价出版社，1998：349.

续表

类别	总数/人	占比/%	文盲/人	小学学历/人	初中以上学历/人
僧尼、道士等	5757	0.35	1251	3736	770
城市贫民、歌妓、乞丐等	150670	9.29	66720	74039	9761
失学青年及求职的家庭妇女	438088	27.00	148030	227348	62740

资料来源：中国社会科学院，中央档案馆．1953—1957中华人民共和国经济档案资料选编：劳动工资和职工保险福利卷［M］．北京：中国物价出版社，1998：40.

注：由于存在数据缺失，部分数据可能有误。

第二，资本密集型行业工资上涨的冲击。城市粮食供不应求导致粮价上涨，加重了城市工薪阶层的生活负担。此时，一部分劳动力选择离开城市，另一部分劳动力则由于部分劳动力的离开而获得了工资谈判优势，因而要求企业提高工资以对冲粮价上涨压力。然而，如表4-1所示，即使48.07%的失业职工具有工作经验，属于熟练劳动力，但是他们当中仍然有高达31%的人是文盲，文化程度在小学及以下的超过89.35%，只有10%左右的失业职工具有初中以上的文化程度。因此，熟练劳动力的供不应求与非熟练劳动力的供过于求，造成二者在实现工资增长诉求方面的非对称差异：熟练劳动力的工资较高且增长较快，而非熟练劳动力的工资较低且增长较慢。

也就是说，国营企业在工资谈判中处于劣势地位，它们很难削减劳动力工资或延长劳动时间。表4-2显示，1950—1952年，私营企业和国营企业的劳动时间都有所缩短，而国营企业的劳动时间缩短更多。例如，1952年，劳动时间不超过8小时的私营企业仅占17.4%，而国营企业占了78.4%；劳动时间介于8小时和9小时之间的私营企业占24.4%，国营企业占17.5%；劳动时间介于9小时和10小时之间的私营企业占比高达49.5%，国营企业仅占3.3%；劳动时间超过10小时的私营企业占8.7%，远高于国营企业的0.8%。即使0.8%的国营企业的劳动时间超过10小时，可能也只是与工作性质有关，而不像私营企业那样单纯是追求剩余价值的结果。雅诺什·科尔奈（2006）指出，私营企业的工作强度更高，也不受政府强制性工资限额的约束。在这种情形下，国营企业的劳动力成本增加，利润率下降；相反，私营企业的劳动力成本下降，利润率上升。

表 4-2 国营企业和私营企业劳动时间比例情况

劳动时间/小时	私营企业/%		国营企业/%	
	1950 年	1952 年	1950 年	1952 年
≤8	15.6	17.4	45.2	78.4
(8, 9]	21.9	24.4	22.3	17.5
(9, 10]	47.4	49.5	30.0	3.3
>10	15.1	8.7	2.5	0.8

资料来源：吴承明，董志凯．中华人民共和国经济史（1949—1952）[M]．北京：社会科学文献出版社，2010：673；中国社会科学院，中央档案馆．1949—1952 中华人民共和国经济档案资料选编：劳动工资和职工福利卷 [M]．北京：中国社会科学出版社，1994：745.

特别是，在新中国成立初期，市场经济活动尚未受到国家的严格管制，行业间的利润率差异很容易引起资本转移，越来越多的资本流出资本密集型行业，进入劳动密集型行业。如此一来，国营企业的融资成本上升，利润率下降，竞争优势进一步削弱。一言以蔽之，劳动力供给结构失衡塑造了资本密集型国营企业和劳动密集型私营企业的竞争格局。其中，劳动密集型私营企业的竞争优势主要源自工资谈判优势，这又是农村剩余劳动力进入城市和非熟练劳动力数量扩张的结果。据此推断，凡是能够扩充熟练劳动力供给或抑制非熟练劳动力供给的措施，都有助于提高国营企业的竞争优势。

4.2.3 流通领域

按照资本循环理论，资本不仅在生产过程中运动，还在流通过程中运动。产业资本在循环过程中，依次要经历购买、生产、销售三个阶段，其中，购买阶段包括劳动力雇佣和生产资料购买，生产资料购买与商品销售一起属于商品流通范畴。若要实现产业资本的有效循环，不仅商品流通要畅通无阻，购买和销售阶段不能出现滞留或延迟，而且流通速度越快、所用时间越短、流通领域占用的资本越少，资本增殖就越快。也就是说，在其他条件既定时，商品流通速度加快，就足以提高企业的利润率和竞争优势。

但是，商品流通速度并非单纯依赖企业能力，也受制于城乡交通状况、运输工具和组织能力等。长期以来，由于战乱破坏，新中国成立初期的水陆交通条件并不乐观，国家又缺乏充足资金、机械设备和工程师来推动大规模的公路、铁路、运河、桥梁和机场等修缮建设工作，落后的交通状况不可避免地提高了运输成本，制约了企业的资本积累能力。这种成本既包括远距离运输引起的时间成本，也包括不平坦的公路造成的运输工具损耗。

运输工具方面，国家缺乏大型货车、火车、轮船和飞机等现代化工具，城乡之间的工农产品运输主要依靠人力和畜力。但是，土地改革之后，贫雇农平均只有0.47头耕畜，地主平均只有0.23头耕畜；中农和富农的情形相对好些，中农平均拥有0.91头，富农平均拥有1.15头（见表3-4）。如果说中农和富农拥有的牲畜数量能够帮助他们驮运粮食等农产品，并从城市驮运化肥等工业品，那么对于贫雇农和地主来说，他们只能依靠有限的人力来运输粮食和化肥等工农产品，从而极大地限制了商品运输效率。

组织体系方面，土地改革之前，地主和富农占有大量财富，拥有雄厚的财力雇佣劳动力，购买牛、马、骡和驴等牲畜，因而掌握着城乡商品流通资源。他们既向城市输送农产品，又向农村输入工业品，并凭借垄断地位和信息不对称优势赚取城乡工农产品价格剪刀差收益。尽管地主和富农的垄断地位制约了城乡商品流通，加剧了农村两极分化，但是在商品经济不发达的条件下，在一定程度上有助于推动工农产品交换和城乡互通有无。土地改革之后，地主、富农的经济力量被削弱，失去了投资流通领域的财力和动力，而财富获得相对增长的贫雇农、中农，尚未具备组织商品流通的动力和经济能力。

由此带来的后果是，由流通领域的中介组织缺失引发的城市粮食短缺可能比农村粮食需求增加和农民惜售引发的城市粮食短缺后果更为严重。就此而言，农村土地改革尽管具有积极的生产效应，却造成了流通体系解体。这不仅加剧了城市粮食短缺和城市工人工资上涨问题，还增加了城市工业品的销售困难，从而造成了工业品积压、价格下跌和企业利润减少。

因此，城市的工业品销售困难和粮食短缺问题，不只是城乡收入结构、投资结构、储蓄动机、消费结构、人口规模、竞争优势和市场规模改变的结果，也是旧的流通体系解体和新的流通体系缺位的产物。

4.3 定价机制改革

国营企业在公平分配和纾解财政压力方面的比较优势，都以利润增长为前提条件，而在产品市场、要素市场和流通领域面临约束的条件下，就要求压制劳动力工资和生产资料价格上涨压力——即使出现了劳动力、原材料和粮食短缺问题。这样一来，国营企业的低工资或低价格无法与私营企业的高工资或高价格竞争，只会鼓励私营企业的乘势扩张。这种扩张趋势又会加剧劳动力和生产资料紧缺，推动国营企业的投入成本上涨。对此，一种快速的经验选择是，对要素或产品进行价格和数量管制，限制私营企业的竞争力。

4.3.1 最低工资

工资的最低限度是什么？威廉·配第最先指出，“保证劳动者能得到生活资料（不必更多）”① 就可以了。李嘉图也认为：“劳动的自然价格便取决于劳动者维持其自身与其家庭所需的食物、必需品和享用品的价格。”② 马克思继承并扩大了这一规定的外延：“劳动力的价值，就是维持劳动力占有者所必要的生活资料的价值。”与此同时，“因损耗和死亡而退出市场的劳动力，至少要不断由同样数目的新劳动力来补充。因此，生产劳动力所必要的生活资料的总和，包括工人的补充者即工人子女的生活资料”③。也就是说，劳动力及其家庭所必需的生活资料的价格，规定了工资的最低限度。工资一旦低于这一限度，就会影响劳动力的生存和延续。

但是，企业是追求利润最大化的，有强烈的动机延长劳动时间、削减工资水平。前者导致劳动力耗费更多的肌肉、神经和脑力等，因而需要更多的能量或生活资料作为补偿；后者导致工资水平降低到必要生活资料价格之下，

① ［英］配第．赋税论 献给英明人士 货币略论［M］．陈冬野，等，译．北京：商务印书馆，1963：57.

② ［英］斯拉法．李嘉图著作和通信集（第一卷）——政治经济学及赋税原理［M］．郭大力，王亚南，译．北京：商务印书馆，1962：75.

③ 马克思恩格斯文集：第五卷［M］．北京：人民出版社，2009：199-200.

直接引发劳动力的存续问题。在此意义上，国家规定劳动时间和最低工资，既有助于保护弱势的劳动力，也符合中国共产党的理想、理念和价值观。《共同纲领》第三十二条中明确规定：“公私企业目前一般应实行八小时至十小时的工作制，特殊情况得斟酌办理。人民政府应按照各地各业情况规定最低工资。”

由于工资不仅取决于生活资料的价格，还取决于一个国家或地区的气候、文化、习俗和历史等，而这些因素存在国家或地区差异，因此，国家规定的最低工资水平要因地而异。正如马克思所说，“由于一个国家的气候和其他自然特点不同，食物、衣服、取暖、居住等等自然需要本身也就不同。另一方面，所谓必不可少的需要的范围，和满足这些需要的方式一样，本身是历史的产物，因此多半取决于一个国家的文化水平，其中主要取决于自由工人阶级是在什么条件下形成的，从而它有哪些习惯和生活要求”①。

理论上，最低工资提高了劳动力的收入和私营企业的用工成本。但在实践中，这种差异化的最低工资的效果大打折扣，不但无法增强国营企业的竞争优势，反而可能会强化私营企业的竞争优势。一是私营企业总是有办法规避最低工资的约束，特别是在非熟练劳动力过剩而就业机会稀缺的条件下，如通过隐性合同延长劳动时间、提高劳动强度等，而国营企业则要严格执行相关规定。二是由市场供求决定的私营企业工资本就高于最低工资，最低工资对私营企业的约束无效。三是在私营企业能够支付高工资的情况下，最低工资的存在提供了一种支付低工资的合理依据，此时，最低工资保护的不是劳动者的利益，而是私营企业的利益。四是最低工资同样具有长期稳定性或刚性特征，其增长总是赶不上经济或物价的增长。五是国营企业主要从事资本密集型行业，使用的极为短缺的熟练劳动力的工资本来就高于最低工资。

同样，最低工资对劳动者的保护有限。在货币超发条件下，即使企业严格执行了最低工资政策，仍然不能保证劳动者获得所需要的食物和必需品。正如李嘉图所说，“劳动者维持自身生活以及供养保持其人数不变的家庭的能

① 马克思恩格斯文集：第五卷［M］. 北京：人民出版社，2009：199.

力，不取决于他作为工资所能得到的货币量，而取决于用这一笔货币所能购得的食物与必需品量，以及由于习惯而成为必不可缺的享用品量”①。在此意义上，维持稳定的物价水平比规定最低工资更能够保护劳动者的利益。

4.3.2 劳动力供求管制

土地制度改革之后，大量农村劳动力进入城市，而国家在短期内又无法创造更多就业机会，促成了非熟练劳动力供给过剩，也导致了最低工资制度失灵。因此，限制农村人口进城成为解决这一供求矛盾的主要应急措施。

国家确实采取了劳动力流动管制措施。1953 年 4 月 17 日发布的《国务院关于劝止农民盲目流入城市的指示》指出，“目前，由于城市建设尚在进行，劳动力需用有限，农民盲目流入的结果，在城市，使失业人口增加，造成处理上的困难；在农村，则又因劳动力的减少，使春耕播种大受影响，造成农业生产上的损失”②。该指示要求，各省、市人民政府应立即通知各县、区、乡政府、农会劝止农民进城，不得向其开介绍证件，各城市的生产单位不得擅自到农村招收工人。1956 年 12 月 30 日发布的《国务院关于防止农村人口盲目外流的指示》要求，“对于灾区和非灾区盲目外出的农民、复员军人和乡、社干部，如果他们并无切实可靠的出路，只是羡慕城市生活或者只是听到一些可以找到工作的传闻，就想盲目外出的，应当切实加以劝阻”③。

即使各级政府能够很好地贯彻国务院的指示，这项政策措施也存在两个明显漏洞。第一，劳动力流动管制没有解决农村剩余劳动力闲置的问题，只要私营企业的工资收入高于务农收入，农村剩余劳动力就有很强的动力进城务工，即使要承受很大风险。第二，只要雇佣廉价农村劳动力的利润足够大，私营企业就有很强的动机私自招收农民，不会按部就班地遵守指示。正如

---

① ［英］斯拉法．李嘉图著作和通信集（第一卷）——政治经济学及赋税原理［M］．郭大力，王亚南，译．北京：商务印书馆，1962：75.

② 中国社会科学院，中央档案馆．1953—1957 中华人民共和国经济档案资料选编：劳动工资和职工保险福利卷［M］．北京：中国物价出版社，1998：359.

③ 中国社会科学院，中央档案馆．1953—1957 中华人民共和国经济档案资料选编：劳动工资和职工保险福利卷［M］．北京：中国物价出版社，1998：361.

托·约·邓宁所说，“如果有10%的利润，它就保证到处被使用；有20%的利润，它就活跃起来；有50%的利润，它就铤而走险；为了100%的利润，它就敢践踏一切人间法律；有300%的利润，它就敢犯任何罪行，甚至绞首的危险”①。例如，张家口市29个厂矿建筑单位在1956年先后私招农民2850人，南京一建筑公司9月一次就私招农民500多人②。劳动力供求双方的诉求不谋而合，促使他们规避管制措施，导致管制措施失灵。例如，1949年私营企业职工数为296万人，1953年增加至367万人③。以工业企业为例，1949年私营工业企业职工数约为164万人，1952年达到约206万人，1953年增加至223万余人，如表4-3所示。

表4-3　1949—1957年我国公私营工业企业职工人数　　单位：万人

工业企业类型	1949年	1952年	1953年	1954年	1955年	1956年	1957年
国营工业	129.5	278.1	340.1	363.5	358.6	477.6	519.7
合作社营工业	1.5	17.8	22.5	32.2	30.5	26.0	30.0
公私合营工业	10.5	24.8	27.0	53.3	78.5	243.0	239.7
私营工业	164.4	205.6	223.1	179.6	131.0	1.4	1.3
总计	305.9	526.3	612.7	628.6	598.6	748.0	790.7

资料来源：中国社会科学院，中央档案馆.1953—1957中华人民共和国经济档案资料选编：工业卷［M］.北京：中国物价出版社，1998：800.

沿着这一逻辑推演，唯有减少私营企业数量，使其转为国营企业，或者使劳动密集型企业受控于国家，掌握劳动力的雇佣机会，才能从源头上打消农民进城务工的诱惑。例如，1954—1957年各类经济的职工数分别为2002万人、2162万人、2977万人和3101万人，而私营经济职工数分别为289万人、219万人、3万人和2万人④。以工业企业为例，1954年私营工业企业职工数约为180万人，1957年仅剩1.3万人，如表4-3所示。也就是说，在劳动力

① 马克思恩格斯文集：第五卷［M］.北京：人民出版社，2009：871.

② 中国社会科学院，中央档案馆.1953—1957中华人民共和国经济档案资料选编：劳动工资和职工保险福利卷［M］.北京：中国物价出版社，1998：353.

③ 国家统计局.中国统计年鉴（1984）［M］.北京：中国统计出版社，1984：111.

④ 国家统计局.中国统计年鉴（1984）［M］.北京：中国统计出版社，1984：111.

总供给增幅有限的条件下，国营企业和公私合营企业职工数的增长主要来源于私营企业以前雇佣的职工，而非社会新增工人。这正是国家改造私营经济的动力。

由于全社会的熟练劳动力存量没有发生重大变动，只是从私营企业转移到国营企业，因此预期国营企业的工资水平将有所下降，具体表现为调整之前的高工资。如表 4-4 所示，在 1956 年前，山西省的大多数地区国营商业部门的工资水平远高于新合营商业部门（太原和榆次是个例外，国营商业部门的工资低于新合营商业部门，但是它们之间的差距本来就很小）。

表 4-4　山西省新公私合营商业部门的工资水平状况（1956 年前）

单位：元/月

地区	新合营商业部门	国营商业部门
太原	44.02	41.28
长治	25.1	35.57
大同	39.58	42.3
榆次	40.73	38.05
榆次专区各县	29.89	38.65
忻县专区各县	23.43	40.37

资料来源：中国社会科学院，中央档案馆 . 1953—1957 中华人民共和国经济档案资料选编：劳动工资和职工保险福利卷［M］. 北京：中国物价出版社，1998：588-589.

如果国营企业的职工数量明显大于私营企业，且国营企业的工资水平低于私营企业，那么国营经济和私营经济比重的调整在一定范围内就能够降低平均工资及其增长速度。如表 4-5 所示，1953 年国民经济正处在恢复时期，劳动力比较充足，劳动生产率和平均工资增长都比较快。1954 年工业化进程加快与熟练劳动力短缺之间的矛盾推动了工资上涨，导致平均工资环比增速超过了劳动生产率增速。与此同时，由于劳动力结构在公私营企业中的调整，叠加职工总体数量增加，显著降低了国营企业的工资水平，在一定程度上对冲了工业化进程引起的工资快速上涨问题，因此，1955 年出现了以下现象：整个社会物质生产部门劳动生产率增速要远大于平均工资增速。1956 年新合营职工的月平均工资只有 49.87 元，远低于工业、基建、交通部门工人 59.30

元的工资水平，也低于原有人员 52.55 元的工资水平（见表 4-6）。

表 4-5　1953—1956 年全国物质生产部门劳动生产率和平均工资增长率（环比）（%）

年份	劳动生产率	平均工资
1953	10.6	10.0
1954	4.0	4.4
1955	5.7	3.9
1956	8.8	14.0

资料来源：中国社会科学院，中央档案馆．1953—1957 中华人民共和国经济档案资料选编：工业卷［M］．北京：中国物价出版社，1998：560.

表 4-6　1956 年全国职工工资增长控制数字

职工类别	人数/万人	工资总数/亿元	年人均工资/元	月人均工资/元	每人每月工资平均增加数/元
工业、基建、交通部门工人	757.1	53.90	711.90	59.30	7.10
供销合作社职工	109.6	5.21	475.62	39.60	6.40
原有人员合计	1571.0	99.08	630.60	52.55	6.65
新增工人	84.0	5.10	607.20	50.60	—
新合营职工	195.5	11.70	598.50	49.87	—

资料来源：中国社会科学院，中央档案馆．1953—1957 中华人民共和国经济档案资料选编：劳动工资和职工保险福利卷［M］．北京：中国物价出版社，1998：486.

不过数据显示，私营经济的社会主义改造并未有效降低工资水平。如表 4-3 所示，1955 年全国公私营工业企业职工总数为 598.6 万人，1956 年为 748.0 万人，增加了约 150 万人，而 1956 年平均工资增速却显著高于劳动生产率增速（见表 4-5）。这一现象既与私营经济的社会主义改造基本完成及工资稳定有关，也与 1956 年的全国性工资改革及工资上调高度相关。如表 4-6 所示，1956 年工资改革之后，工业、基建、交通部门工人工资月均增加 7.10 元/人，供销合作社职工工资月均增加 6.40 元/人，原有人员工资月均增加 6.65 元/人。此外，雇用更多劳动力就能够降低工资水平的观点也得到了证实，如新增工人月人均工资为 50.60 元，低于原有人员的工资水平。

总之，在劳动力供给侧限制劳动力流动和在需求侧控制劳动力就业机会，就能够压低工资水平，提升利润空间，保证国家税收的正常上缴，从而改善国家的财政状况。但是，这些措施在增强国营企业竞争优势的同时，却加剧了土地改革引起的另一问题：农村过剩劳动力失业。

4.3.3 价格和数量管制

在农产品市场，国家同样采取了管制措施——计划收购和计划供应，即统购统销政策①。1953 年 10 月 19 日，政务院第 194 次政务会议通过了《关于实行粮食的计划收购和计划供应的命令》（以下简称《命令》），并于 1953 年 11 月 23 日发布。就管制内容而言，统购统销政策是一种全贯通式的管制措施。一方面，从供给侧和需求侧双管齐下，直接管制生产者的粮食出售和消费者的粮食购买，如《命令》第一条规定："生产粮食的农民应按国家规定的收购粮种、收购价格和计划收购的分配数量将余粮售给国家。"第七条规定："所有私营粮食加工厂及营业性的土碾、土磨，一律不得自购原料、自销成品，只能由国家粮食部门委托加工或在国家监督和管理下，代消费户按照国家规定的加工标准从事加工。"另一方面，从流通领域或中介组织入手，直接切断了消费者和生产者之间的市场连接渠道，如第六条规定："所有私营粮商一律不许私自经营粮食。"唯其如此，统购统销政策才能得到有效贯彻。

就管制形式而言，统购统销政策是一套"组合拳"：价格管制、数量管制和种类管制并用②。在形式上，产品价格管制和劳动力工资管制类似，都是设定一个限价，但在效果上截然不同，价格管制往往由于管制价格低于市场价格而抑制产品供给，而工资管制通常由于最低工资高于市场工资而扩大劳动供给。例如，新中国成立初期，棉花价格有所提高，加上税收优惠等措施，棉花生产从 1950 年的 889 万担迅速增加到 1952 年的 8364 万担。但是，当中财委在 1953 年 4 月把棉粮比价从 1952 年的 8∶1 调整为 7∶1 之后，棉田面积

---

① 1951 年禁止私人出售棉、纱，由政府机构统购；1953 年开始实行粮食统购统销；1954 年实行棉花统购统销；1955 年对粮、棉的垄断进一步制度化。猪肉、蔬菜、粮食由于统购统销而于 1954 年出现严重短缺，却成为国家进一步推行商业和农业合作化的依据。参见房维中．中华人民共和国经济大事记（1949—1980）［M］．北京：中国社会科学出版社，1984.

② 品质管制不同于价格管制和数量管制，下文将单独分析。

比 1952 年减少 594 万亩，棉花减产 257 万担①。由此可见，价格作为一种信息传递机制，价格管制本身会改变生产者行为，降低农产品供给，从而加重农产品短缺问题。这样，价格管制作为解决农产品短缺及其价格不稳定问题的措施，反而恶化了问题。

针对价格管制造成的棉花产量下降问题，国家在 1953 年 11 月增加了补救机制，即在实行价格管制的同时，采取了数量管制，要求农民缴纳一定的公粮和计划收购粮。《命令》规定："农民在缴纳公粮和计划收购粮以外的余粮，可以自由存储和自由使用，可以继续售给国家粮食部门或合作社，或在国家设立的粮食市场进行交易，并可在农村间进行少量的互通有无的交易。"

数量管制既能够把粮食价格维持在较低水平上，从而降低城市工人必需的生活资料价格和国营企业的劳动力成本，又不至于造成粮食供不应求，引起粮食恐慌，以致造成更严重的生活成本上涨问题。如图 4-1 所示，如果仅仅是价格管制，比如管制价格为 P_0，此时供给只有 Q_1，小于均衡产量 Q_E，远小于市场需求量 Q_0。如果数量管制和价格管制并举，如国家规定收购价格为 P_0，农民必须上缴产量 Q_0，此时的供给就不是价格管制下的 Q_1。由此可见，统购统销政策中的数量管制相当于固定税制。在耕地农民私有的条件下，只要缴纳的公粮不是很多，如管制价格和缴纳粮食量分别为 P_1 和 Q_1，农民所得余粮就不少于 Q_0-Q_1，那么管制就不会改变农民的生产行为。因为在劳动力流动管制的条件下，农民失去了进城务工的选择，只有努力从事粮食生产才能获得更多余粮。

但是，现实中的管制价格往往较低，而管制产量往往较高，由此从两方面加重了农民的负担：一是余粮大幅减少；二是生产的边际成本大幅提高。例如，在管制产量 Q_0，农民的生产成本为 P_1，高于市场均衡价格 P_E，更远高于管制价格 P_0。也就是说，贫穷的农民不但没有从农产品生产中获取任何利益，反而在补贴相对富裕的城市阶层。

即使他们农耕文化观念浓厚，对乡土抱有赤诚之心，拥有强烈的自我牺

① 苏星．新中国经济史［M］．北京：中共中央党校出版社，1999：242-243.

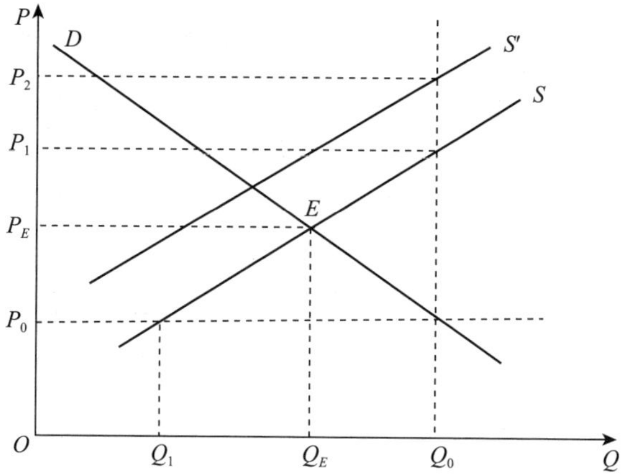

图 4-1 统购统销政策对农产品价格和产量的影响

牲精神，缺乏思虑、推理、计算等能力，但此时，艰难的生活让他们感觉到，努力冲破重重阻力进入城市，将是更为美好的选择。这是 1953 年和 1956 年两项劳动力流动管制措施出台的背景和动因。与农民土地所有制不同，劳动力流动管制与土地集体所有制叠加在一起，降低了农民的努力程度，抑制了粮食生产。

统购统销的现实挑战在于，如何为纷繁复杂的各类产品确立一个合理的管制价格。Lange（1936）提出，中央计划部门采用试错法，模拟市场机制，可以决定生产资料价格，使供求平衡，实现资源的合理配置。Hayek（1945）则指出，价格体系是一种信息交流机制，每个人相对其他人有一些独特的信息优势，可以对其进行有益的利用，而基于统计信息的中央计划部门不可能掌握完备信息，无法指望中央计划部门在整合所有知识后发布命令。即使中央计划当局为各类产品确定了价格，因而确定了产品之间的相对价格，但是这种相对价格在多大程度上与市场价格相一致？在二者不一致且信息不对称的条件下，中央计划部门的纠错反应既迟缓，又高成本，不能即时地反映实际供求状况并引导微观主体的生产行为，必然造成资源的严重错配和浪费。

管制价格与市场价格不一致还会带来套利机会。1956 年前，农民数量众多且极为分散，粮食收购部门很难监督农民的粮食生产状况。此时，不管是农民还是其他人员，只要把廉价产品出售给国家粮食收购部门，而在自由市场上出售高价格产品，就能够从中获利。虽然这种市场套利行为有助于消除价格扭曲，将价格拉向均衡水平，但在管制条件下却是违法行为。《命令》第九条明确规定："为了加强市场管理，取缔投机，各级政府应组织有关部门进行经常的检查和监督。对于违犯国家法令的投机分子，必须严予惩处；对进行投机和勾结、包庇投机分子的国家工作人员，应加重惩处；对破坏计划收购和计划供应的反革命分子，应依照中华人民共和国惩治反革命条例治罪。"

4.3.4 种类或品质管制

对于农民、私商等人员的套利行为，除了强制性的行政制裁外，进行农产品品质管制是一种补救措施。具体而言，不仅要规定收购农产品的价格和数量，还要规定农产品的种类或品质。在种类或品质管制条件下，粮食收购部门不用亲自去调查农民的粮食种植情况，因而极大地降低了粮食收购部门与农民之间的交易成本，间接节约了国家的财政支出。不过，由于农民被要求缴纳和出售某种粮食，而它们的产量因地因时而异，因此他们不得不把大量的耕地转移出来，用以专门生产国家征购的粮食。也正是出于这一原因，农民生产的农产品种类被限制在少数农产品上，可供人们消费的农产品种类相应减少，营养结构也更为单一，由此造成了人们的生活质量下降。

此外，农产品生产不同于工业品生产，受自然条件的影响极为显著，诸如干旱、涝灾等自然灾害都可以轻而易举地摧毁粮食作物。因此，农民通常不是大规模地种植某种农作物，而是种植种类、品种不同的作物，以分散和防范风险。因此，在农民大量种植某几类农作物的条件下，风险和成本进一步提高①，具体体现为供给曲线由原来的 S 左移到 S'。此时，农民为了缴纳 Q_0 的计划收购量，不得不承受更高的边际成本 P_2，为此承担的额外损失为（P_2-P_1）$\times Q_0$（见图 4-1）。也就是说，种类管制进一步加重了农民的负担。

总之，在价格管制、数量管制和种类管制下，农民的负担越来越沉重，

① 少数作物生产不利于耕地保护，极大地降低了土地效率，导致农民要付出更多的劳动。

他们也越来越不愿意按照国家的要求出售粮食。对此，国家粮食收购部门可以采取强制措施来催粮，但是当农民谎报农作物歉收时，国家粮食收购部门进行实地调查的费用依然高昂。尤其是，这种机会主义行为并不局限于少数人群，而是弥漫在整个农村社会，于是法不责众。此时，急需一种应对措施，它既有助于确保城市的粮食供给，又有助于降低国家与农民之间的交易成本。

5 公共物品短缺与农村基层政权创新发展

在劳动力流动管制和农产品统购统销背景下，国家面临两个问题：一是如何安置被强制遣回农村的剩余劳动力，以及那些没有流入城市却相对过剩的劳动力；二是如何更加有效地监督农民的生产行为，使其按照国家规定的价格、数量和种类把粮食出售给国家，从而低成本地保障城市粮食供给。

5.1 农村公共物品短缺与国家投资

农村公共物品短缺，如落后的乡村公路、不发达的水利设施和脆弱的自然灾害防治能力等，从两方面制约了农业发展：一是劳动效率降低，耕地单位产出下降，造成农业生产的“过密性”问题；二是城乡运输成本上升，抑制了工农产品交换，阻碍了传统农业的现代化改造。那么，如何把劳动力过剩的压力转化为解决农村公共物品短缺的动力呢？

5.1.1 集体行动困境与公共物品短缺

农民意识到了发达的乡村公路、完备的水利设施、清洁的水资源和高效的自然灾害防治能力的极端重要性和利益所在，但是它们的建设需要庞大的资金支持，而在新中国成立初期，资本是极度稀缺的——即使是资金要求很低的耕畜，农民都难以承受。这也是各类拖拉机、大中型拖拉机机引工具、联合收割机、脱粒机、农用载重汽车和渔用机动船等农业生产工具短缺的原因。

我们看到，在资本短缺引起农业生产工具不足的场合，农民结成了耕田队、犁牛队等互助组。在这些非正式组织中，成员之间完全是平等的，不存在上下从属关系，合作实质是用自己的劳动或生产工具，交换其他成员的劳动或生产工具，或者对自己的劳动或生产工具进行跨时期配置，成员合作生产的成果完全归各自所有，具有排他性和竞争性。这样，所有成员都希望合作者努力劳动，自己也会努力劳动，而不允许出现偷懒现象，否则其他成员就会果断放弃与偷懒者的互助合作。同时，这种组织往往以家族成员或熟人为基础，彼此非常了解，监督成本很低，从而抑制了成员的偷懒倾向，增强了耕田队、犁牛队等互助组的效率和生命力。

与生产工具短缺的私人解决机制不同，不管是农民还是商人，都缺乏修建乡村公路、水利设施的动力，因为乡村公路、水利设施具有典型的公共物品属性，供给者要独自承担建设的所有成本，却无法排除那些未做贡献的人享受公共物品带来的利益。于是就出现了这样一种局面：从每个人的角度看，不管其他人是否提供公共产品，他的最优策略始终是“搭便车”，等待他人提供，最终形成了“大家一起‘搭便车’”的集体行动困境，没有人愿意修建乡村公路、水利设施等。这是农村公共物品短缺的重要原因。

对此，按照科斯定理，只要乡村公路、水利设施、水资源等的产权界定清晰，且人们达成建设、修缮共识的交易成本足够低，就可以采用私人机制解决供给问题。比如，在水利设施、道路和水资源等场合，设置路障，安装专用设施进行收费，在一定程度上就可以缓解集体行动困境。但是，这样做的困难是显而易见的：一是难以清晰界定产权。乡村道路和水利设施建设会占用沿线土地，涉及很多农户，这决定了产权的公共性和不可分割性。在这种情形下，可以收取费用，并对收益进行分配。不过，有些道路是长期演化而成，不属于沿线的任何村庄，而是属于当地人。即使沿线村庄通过占用各自土地修缮道路，也不能排除道路的公共使用。二是收费的不可能性问题。在多数人支持建设乡村公路、水利设施的条件下，潜在的“搭便车”者由于担心舆论压力也会加入。这样，公共物品的使用主要是当地人，外来人很少使用，而对建设者收费是没有依据的，也是毫无意义的。而在外来使用者较多因而预期收益较高的条件下，人们很容易达成建设协议，不存在集体行动困境，但收费是违法的①。

但是，集体行动困境没有造成农村公共物品供给的完全缺失，它们始终处在动态的建设和修缮之中。究其原因，始终有一些人拥有强烈的责任感、崇高的理想追求和自我牺牲精神，在集体利益上总是能够挺身而出，跳出根深蒂固的传统观念约束，着眼于长远和全局利益，努力改变现状，而不是急功近利或抱着得过且过的侥幸心理。正是这些人克服重重阻力，号召人们联合起来，形成各种临时性或季节性的互助组织，带领人们建设乡村道路和公共水利设施、保护土壤、植树造林等。新中国成立之后，这种非正式的劳动力互助不仅超越了集体行动困境，弥补了资本不足，推动了农村公共物品建设，还为农村的过剩劳动力提供了就业机会，缓解了劳动力安置压力。

按照弗里德里希·李斯特的观点，少数人具备的这些理想、能力、品德、智力、活力、自信、进取心、冒险精神及其他的心理和精神状态，其实是一种“精神资本”②。而在任何社会中，与乡村道路、水利设施、土地、生产工具、资本和劳动力等资源相比，精神资本更为稀缺，在农村尤是。这也表明，一些地区的一些农村，在极少数人的带领下，突破了集体行动困境，建成了发达的乡村道路和水利设施等，促进了农村农业发展，但是在其他地方未必有这样的领导者，他们的成功不具有可复制性。

此外，这类组织的低监督成本和组织成本优势建立在熟人关系基础之上，而这种关系也是它的劣势所在。熟人关系决定了它的成员数量、活动范围十分狭小，只能解决局部范围内的困难。以乡村道路建设为例，若要达到使拖

---

① 这里最核心的问题是，私人有无权利提供公共物品，并通过收费方式收回建设成本。无论是在历史上还是现实中，私人都有供给公共物品的权利，但是并无收费的权利（除非获得特许经营权）。国家一旦赋予私人收费的权利，人们就会竞相随意修建道路、浮桥，设置路障收取费用，从而引起严重的权利滥用、交通堵塞、通行成本上升和好逸恶劳等社会问题。因此，公共物品只能是免费供给的，任何人都可以使用，不能以支出建设费用为由收费。而这正是乡村道路、水利设施建设的历程，也是其比较落后的根源。

② 精神资本与物质资本相对，前者指“个人所固有的或个人从社会、政治、生存环境中得来的精神力量”，后者指“生产中的物质工具”。参见［德］李斯特．政治经济学的国民体系［M］．邱伟立，译．北京：商务印书馆，2013：166.

拉机、大中型拖拉机机引工具、联合收割机、农用载重汽车等畅通无阻的效果，就需要城乡互通的交通网络，就要求跨村庄、跨乡镇的沟通协商，而这显然不是类似耕田队、犁牛队等的互助组所能解决的，也不是家族或村庄内部的魅力型领导者所能动员起来的。也就是说，当涉及范围更广、牵涉人员更多、利益关系更错综复杂的公共物品供给时，这些自我实施机制就面临高昂的交易成本，无法跳出惯常的集体行动困境。

在一些极端情形下，人们的奉献精神似乎更为强烈，集体行动反而变得更为容易。例如，当自然灾害来临时，村民之间有种约定俗成的默契，彼此团结，一起抵御风险，抢修受损的桥梁、道路、河堤、水坝等。之所以出现这种奉献精神，可能是因为灾害破坏极大，严重影响了所有人的生存，此时的偷懒或“搭便车”行为就会被众人视作一种背德行为，极易引起众怒。因此，即使心有不愿，也会迫于心理和社会压力而奉献力量。更为可能的原因是，危机是如此深重，以至于人们根本来不及权衡行为背后的利益，行动完全是出于感情或本能。

如此看来，即使在资本充足的条件下，农村的公共物品供给也会出现不足。这种短缺在本质上是自我实施机制失灵或缺失造成的，资本短缺无非是雪上加霜。如果自我实施机制有效，就像在耕田队、犁牛队等场合那样，那么劳动力联合完全可以替代资本不足。例如，在古代社会，大型工程都是依靠大量人力建设而成，不像现代主要依靠先进的大型机械设备。自我实施机制失灵或缺失的根源在于高昂的交易成本以及精神资本的缺乏。

5.1.2 国家投资与农村公共物品供给

水利设施等公共物品供给短缺引起农业生产低效率，势必削弱国家财政收入。如表 3-7 所示，在新中国成立之初，农业税收是仅次于工商税收的第二大税收来源。1951—1958 年，尽管农业税收占国家财政收入的比重持续下降，但它始终是国家财政收入的第三大来源，高于关税、盐税和其他收入。尤为重要的是，农业是关系人们生存的基础产业，不但养活着农村人口，还养活着城市人口。在粮食产量下降引起粮价上涨的条件下，工资不可避免地跟着上升，这样就会从农产品原料和工资两方面提高企业生产成本，挤压企业利润，进而减少国家财政收入。而在 1951—1953 年，企业收入超过农业税收成为国家财政收入的第二大来源，并在 1954 年超过工商税收成为国家财政收入的第一大来源。由此可见，农村公共物品供给短缺对国家财政收入的影响是双重的：一是直接减少农业税收；二是间接造成企业收入下降。

在这种情况下，农村公共物品短缺不仅事关农户利益，还事关国家利益。由于自发性的农户组织无力提供跨乡镇、跨城乡的公共物品建设，因此国家就会提供资金，协调农民行动，组织他们提供公共物品，保障粮食供给和国家税收上缴。例如，在三年国民经济恢复时期，全国投资 10.3 亿元用于农林水利投资，占基本建设投资总额的 13.14%，其中大部分用于兴修水利工程；华东区把 25.8%的基本建设投资用于农田水利建设，其中 98%用于兴修水利；中南区把 35.48%的基本建设投资用于农田水利建设①。在国家的投资扶持下，各地修筑群众性的小型渠道和蓄水塘堰共 336 万余处，新凿和修复水井 66.8 万眼，全国增加灌溉面积 4950 余万亩，另有 1.84 亿亩农田因增加和改善了水供应而免于旱灾威胁②。1954 年全国各地政府帮助农民新修和整修了许多渠塘堰坝，并贷放 11 万多辆水车，扩大灌溉面积 1170 万余亩，改善灌溉面积 3690 万余亩；共完成造林 1740 万亩，更新 58 万亩；共完成土方 65000 万立方米，石方 879 万立方米，混凝土 19 万立方米。1955 年贷放水车 17 万辆，扩大和改善灌溉面积 6500 万亩；共完成土方 14 亿多立方米，石方 1400 多万立方米，混凝土 60 万立方米③。

国家投资建设农田水利工程，必然需要大量的劳动力，而这正是农村的资源优势，也是有待解决的劳动力安置问题。因此，这一举措不仅缓解了农村劳动力过剩问题和潜在的进城就业压力，还突破了农村的集体行动困境，

① 吴承明，董志凯．中华人民共和国经济史（1949—1952）［M］．北京：中国财政经济出版社，2001：478，505．

② 吴承明，董志凯．中华人民共和国经济史（1949—1952）［M］．北京：中国财政经济出版社，2001：478，505．

③ 中国社会科学院，中央档案馆．1953—1957 中华人民共和国经济档案资料选编：农业卷［M］．北京：中国物价出版社，1998：76-77．

解决了农村公共物品短缺问题，有力改善了农业生产条件，提高了农业生产率，极大地促进了农业增长。例如，在国民经济恢复时期，直接参加水利建设工程的劳动力高达2000万人；1949年水灾面积高达1亿亩左右，而随着水利设施的改善，水灾面积连年下降，1950年、1951年和1952年的水灾面积分别为6000万亩左右、2100万亩左右和1600万亩左右。据估计，因兴修水利、防止水灾和增加灌溉面积而增产的粮食当以数百万吨计①。

与改善人类状况的一些项目相比，如苏联的集体化，坦桑尼亚、莫桑比克和埃塞俄比亚的强制村庄化（斯科特，2019），国家投资农村公共物品的效益是显著的。一是从水坝、灌溉系统、乡村公路等现状来看，它们都是极为不足的，严重影响了农业生产和农产品商品化程度，而任何自我实施机制都无力解决问题。二是即使一些项目“可以由私人来解决，但它们仍然需要公共权威机构来征用私有财产、违背个人意愿迁移、保障所需的信贷和债券、协调相关政府部门的工作”②。这是国家替代自我实施机制的必然结果。三是从国家视角来看，农业税收和企业收入是国家财政收入的重要来源，而它们直接或间接地受制于水坝、灌溉系统、公路等的状况，投资这些项目不仅能够补齐农业基础设施短板，促进农业增长，还具有投资乘数效应，可以拉动整体经济增长③。四是新中国结束了近百年战乱，恢复了国内和平，在国际上获得了很高声望，人们高度信任国家，对国家的经济建设号召一呼百应，这就极大地限制了人们的机会主义行为，降低了国家组织农村劳动力的成本。

如果说受村民之间的监督、熟人社会、乡村文化等因素的约束，在农民自发地提供农村公共物品的场合，机会主义行为还比较收敛，那么当国家干预农村社会时，农民不仅作为个体的机会主义倾向提高，他们作为集体的机

① 吴承明，董志凯．中华人民共和国经济史（1949—1952）［M］．北京：中国财政经济出版社，2001：478，483.

② ［美］斯科特．国家的视角：那些试图改善人类状况的项目是如何失败的［M］．王晓毅，译．北京：社会科学文献出版社，2019：127.

③ 一旦经济形势好转，国家的财政收入得到改善，国家就会像个人或其他私人组织一样，也具有“搭便车”的倾向，即它也会减少农业投资、退出农业生产领域，而让农民或其他私人组织提供农村公共物品、促进农业增长，而坐享由此带来的税收增加。

会主义行为也趋于严重。而且在公共物品供给不可挽回地对私人物品供给构成挤出效应时，这种机会主义行为现象更为严重。究其原因，公共物品的非竞争性决定了国家利益与农民利益的兼容性，而私人物品的竞争性决定了国家利益与农民利益的对立性。同时，非排他性加剧了人们在公共物品供给中规避成本的倾向，而在私人物品供给中，农民无法规避或转嫁此类成本。

这种利益差异表明，在“耕者有其田”制度下，除非国家提供某种利益激励，且利益大于农民从事私人物品供给的利益，否则农民就会把劳动投入粮食种植等私人物品供给中，而不是道路、梯田和水利设施等公共物品供给中。然而，在新中国成立初期，国家财政紧缺，投资农村基础设施建设的资金有限，无力支付工资，只能无偿征用农村劳动力。这种无偿或低报酬征用农村劳动力的方式，直接减少了私人劳动时间，降低了私人收益，不可避免地引起了农民的抵触，进而增加了国家组织农村集体行动的成本。

5.2 交易成本与农村治理方式改造

至此，国家以两种方式干预农村社会：一是实行农产品统购统销政策；二是投资农村，组织农村劳动力建设水坝、灌溉系统、乡村公路等。但是，它们的有效运行建立在较低的交易成本之上，即国家低成本地征购粮食和组织农村劳动力，而农村的人口分布特征增加了其实现难度。

5.2.1 人口集中度与交易成本

交易对象众多且在地理上的分散分布①，提高了农民的机会主义行为和国家征用劳动力的交易成本。不管是统购粮食还是组织农村劳动力，国家都要面临众多的农民，而他们总是能够以农业收成不好、劳动力不足、农业生产活动繁忙、身体状况不佳为由拒绝缴纳粮食和参加集体行动，而由于高昂的

① 中国乡土社区的单位是村落，从几家小村起可以到几千户的大村。乡下最小的社区可以只有一户人家。在一些地方，这些村落之间是孤立和隔膜的，人们主要以村落为单位进行生产生活。参见费孝通．乡土中国［M］．北京：人民出版社，2008.

信息搜寻成本和监督成本，国家很难获得他们的真实状况。

农村人口在地理上的分散性被两种因素强化。一是人口增长。在新中国成立初期，人口出生率未发生很大变化，但是农村社会经济发展和农村赤脚医生普及大幅降低了人口死亡率，使农村人口自然增长率显著上升。在家庭规模基本保持稳定的条件下，人口增多引起农户数量增加，从而增加了交易对象，提高了国家向农民统购粮食和征用农村劳动力的交易成本①。尽管农村剩余劳动力进城务工有助于降低农村人口规模，但是由于劳动力流动管制，这种转移数量有限，不能抵消人口死亡率下降带来的人口增长。

二是农户规模缩小。在广大农村，农户主要以婚姻家庭而不是主干家庭或联合家庭的形式存在②。即使存在一些“大家庭”③，它们也随着人口增长和传统家庭观念的淡化而出现了明显的解体趋势。同时，在大家庭内部，公婆儿媳兄弟姊妹特别是妯娌之间的生活习惯、血缘关系、认知观念等的差异助长了家庭内部的“搭便车”倾向，造成了农业生产效率低下及粮食产量下降问题，从而加速了大家庭的解体趋势。如果说在封建土地制度下，父母或长辈在家中的绝对权力，如对土地的绝对支配和对偷懒行为的严厉惩罚等，在很大程度上限制了家庭成员的机会主义行为，那么在农民土地所有制下，父母失去了支配土地的绝对权力，子女不再受制于土地及其父母权威，拥有了“分家”或单干的自由和资本，这也加速了大家庭的解体。此外，就业机会增多增强了大家庭成员的离心力。也就是说，社会价值观念转变和农村经

① 征用农村劳动力可能变得容易，因为劳动力更加富余了。中国绝大多数合作经济在 20 世纪 80 年代解体，可能与家庭数量增多和国家面临的交易成本上升有关。

② 婚姻家庭，也称为生物学家庭、自然家庭、核心家庭或小家庭，由男人、妻子或妻子们、子女组成；主干家庭，由父母和他们的未婚子女，一个已婚儿子及其妻子、子女组成；联合家庭，由父母和他们的未婚子女，已婚的儿子（超过一个）及其妻子、子女组成。参见侯杨方．中国人口史第六卷 1910—1953［M］．上海：复旦大学出版社，2001：517-518.

③ 大家庭既可能是以血缘关系为基础的主干家庭和联合家庭，也可能是某种机械式的家庭联合。例如，在封建制下，短工、雇农可能是地主家的成员。我们采用费孝通的观点，这里“所谓大家庭和小家庭的差别决不是在大小上，不是在这社群所包括的人数上，而是在结构上。一个有十多个孩子的家并不构成‘大家庭’的条件，一个只有公婆儿媳四个人的家却不能称之为‘小家庭’”。参见费孝通．乡土中国［M］．北京：人民出版社，2008：45.

济基础调整①，共同推动了大家庭向小家庭的转变。

不过，在家庭规模不变的条件下，人口增长提高了一定区域内的家庭数量，因而提高了人口集中度，这在一定程度上对冲了人口数量增长引起的交易成本增长。据此推论，在农村人口规模和家庭规模保持不变的条件下，农户的地理集中度越高，国家与农民之间的交易成本越低；反之，农户的地理集中度越低，国家与农民之间的交易成本越高。

为了讨论人口集中度与交易成本之间的关系，现假设除了农户集中度差异之外，其他条件都相同②。第一种情形是农户集中度较低，且有三个特点：一是村庄数较多；二是各个村庄分布在众多区域或等半径圆上，其中，四个村庄处在较远的等半径圆上，另外四个村庄处在较近的等半径圆上（假设国家粮食收购部门处在八个村庄的中心位置）；三是距离中心位置越远，村庄数越多（见图 5-1）。第二种情形是农户集中度较高，且有三个特点：一是村庄数较少；二是这些村庄分布在某一个或少数几个等半径圆上（少于第一种可能性）；三是这些村庄集中在较近的等半径圆上，即它们集中在距离国家粮食收购部门较近的区域之内（见图 5-2）。在这些假设条件下，我们看到，第一种情形下的交通费用远大于第二种情形，而这些交通费用是国家粮食收购部门与农户进行交易时面临的一种交易成本形式。由此可见，国家只要提高农户分布的地理集中度，或者改善农村交通状况，就能够降低与农户之间的交易成本。

---

① 在现实中，一个人已经无法与周围人分开，如果父子、婆媳、夫妇、兄弟等关系处理不好，便无法生活。甚至像祖孙、伯叔侄辈关系，一切亲戚、邻里乡党、师徒关系等，都要小心才行。总之，事实逼着每个人，不断反省、自责、克己、让人、学吃亏等传统规范，当心行事。参见梁漱溟．中国文化要义［M］．上海：上海世纪出版集团，2005：172.

② 假设国家粮食收购部门位于各个村庄的地理中心位置，各个村庄分布在不同的方位，而不是同一方向上，并且国家粮食收购部门与同一圆上的各个村庄是等距离的；同时假设，国家粮食收购部门在一个村庄统购粮食之后，又要返回国家粮食收购部门，然后再以国家粮食收购部门为出发点，前往另一个村庄统购粮食……因此，图 5-1 和图 5-2 中的圆以虚线形式存在，这可能是各个村庄之间不发达的交通条件造成的。

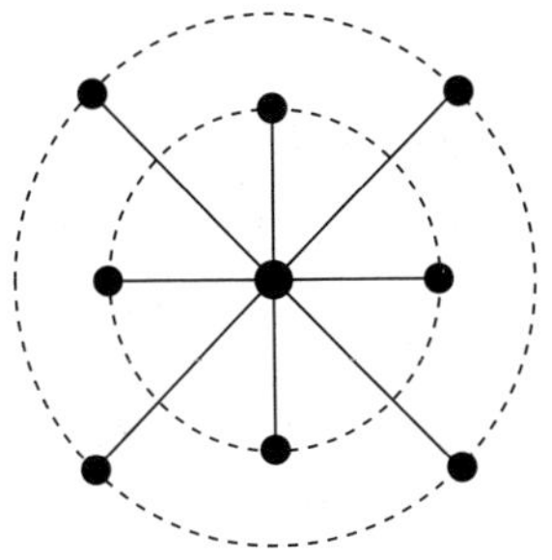

图 5-1 低人口集中度下的交易成本

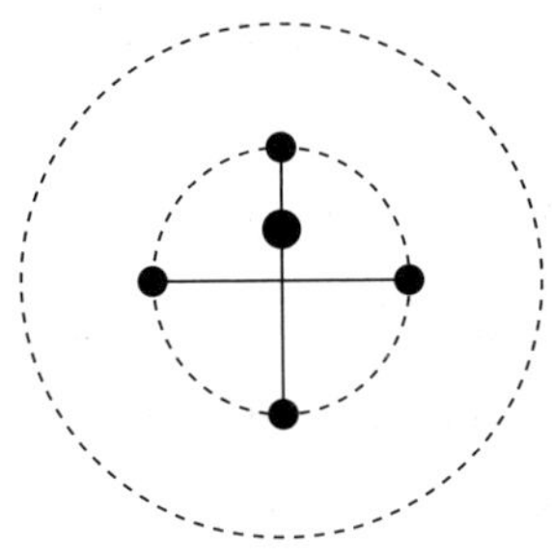

图 5-2 高人口集中度下的交易成本

在这里，人口的低集中度主要体现在交通费用上，因而其对交易成本的影响是直接的、显性的。实际上，人口的低集中度对交易成本还存在间接的、隐性的影响。具体而言，在人口集中度较低的条件下，收购粮食和组织集体行动的工作量增加，劳动负担加重，此时工作人员的努力程度就会急剧下降，机会主义倾向增多。对此，敏感的农民很容易捕捉到这种机会主义行为，并在粮食上缴和集体行动中出现抵触行为，因为他们相信，国家粮食收购部门无心、无力与其纠缠。结果，上下的机会主义行为叠加在一起，增加了粮食收购和集体行动难度，抬高了国家的交易成本①。

人口集中度与交易成本的这种关系，蕴含着国家降低交易成本的潜在方式，如强制性的人口迁移、限制住宅建设用地等。在国际上，这种提高人口集中度的现象比比皆是。例如，坦桑尼亚于 1973 年强制推行全面的村庄化；埃塞俄比亚于 1985 年开始大规模实施村庄化，预计迁移 3000 万农村人口。村庄化的初衷是提高人口集中度，为农民提供更好的服务、实现国家设计的社会生产、实现机械化等，但结果却给农民的生计和环境带来了严重破坏，包括饥饿、毁灭森林、农业歉收、农牧业知识遗产的消失，特别是对社会纽带的破坏，包括与血亲和姻亲的关系、互惠与合作的网络、地方的依赖等（斯科特，2019）。

比较而言，加强农村交通网络建设，把分布在不同区域的村庄连接起来

① 存在相反情形：农户集中度越高，农户越容易串谋以共同欺瞒国家粮食收购部门，从而加大国家粮食收购部门的监督难度。因此，从国家的角度来讲，农村社会也存在一个最优的农户集中度，这种最优集中度既有利于降低国家的交易成本，也不会导致农户采取有损国家利益的集体行动。

（如图 5-3 所示，用实线替代了图 5-1 中的虚线，以表示各个村庄之间拥有了发达的交通网络），比强制性的人口迁移措施或村庄化更为有效①。一是缓解了农民向国家粮食收购部门运输粮食的交通不便问题，直接降低了交易成本，农户也无法以运输困难为由拒绝向国家出售粮食；二是国家粮食收购部门能够低成本地进入村庄，调查农户的生产、劳力和耕畜等状况，提高工作效率，有利于减轻工作人员的负担，提高工作积极性，进而约束农民的机会主义行为。

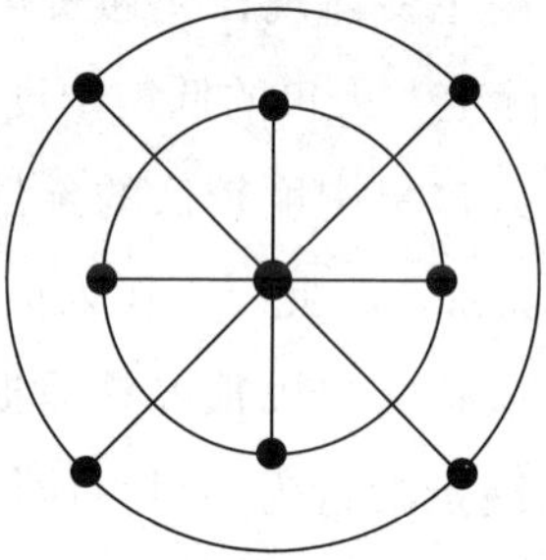

图 5-3　发达交通网下的交易成本

但是，在新中国成立初期的社会经济条件下，尤其是在国家财政异常艰难的环境下，国家无力推动乡村交通网络建设。例如，“一五”时期，国家把主要精力投放在推广双轮双铧犁、双轮单铧犁或新式步犁，组织农民发展小型的农田水利，动员农民积极地蓄肥造肥，提倡精耕细作，改进栽培技术，推广优良种子以及发动和组织群众广泛地修边、垒堰、筑堤、大坝、植草、种树等方面，而对于农村交通网络建设没有给予应有的投入。此外，在农村人口集中度非常低的条件下，投资建设乡村交通网络的成本异常高，也限制

① 马尔萨斯的人口抑制方式，诸如旱灾、涝灾、地震等自然灾害和天花、伤寒、痢疾、肺结核、霍乱、白喉、肺炎、鼠疫、疟疾等流行性传染病等，既能够降低人口规模，也能够降低农户规模；而战争、计划生育政策等人为消极因素，也能够降低人口规模和家庭规模；但这些措施相对村庄化更不可接受。

了国家有限投资的效果。但即便如此，“在广大农村……也修建了许多简易公路”①。

5.2.2 生产大队与交易成本转嫁

在我国的传统政治文化中，“国权不下县”，国家最基层政权是县级政府，“县下惟宗族，宗族皆自治，自治靠伦理，伦理造乡绅”，因此乡村的权力结构是一种“长老统治”（费孝通，2008）。20世纪初期，国家权力开始干预农村，保甲制度替代了长老统治，保长作为政府和农村之间的主要联络人，一方面履行国家交付的职责，另一方面维护地方社会的利益。保长虽然有了准官员性质，却是不取酬的。新中国成立后，“耕者有其田”政策增进了农民对新政权的认同，国家顺势设置了村级政权，乡土社会被迅速整合进政权体系。

在农村人口规模、家庭规模和人口集中度一定的条件下，国家把催缴粮食和组织集体行动的任务委托给农村基层政权组织，实现了降低交易成本的目标。为了说明这种关系，假设某农村基层政权组织下辖八个自然村，它们的地理位置如图5-4所示，国家粮食收购部门处在图中的中心位置，四个农村基层政权组织坐落于距离国家粮食收购部门更近的村落a、b、c和d，其中，两个农村基层政权组织各自下辖一个自然村，另外两个农村基层政权组织各自下辖三个自然村（虚线椭圆表示相近的村落隶属一个农村基层政权组织），国家粮食收购部门只与村级政权发生业务关系。

此时，国家粮食收购部门承担的交易成本以三种方式下降。第一，交易对象从八个减少为四个，直接降低了国家的相关业务开支。第二，有些村落把粮食运往农村基层政权组织的距离小于运往国家粮食收购部门的距离，如分别下辖农村基层政权组织a和c且处在偏远位置的四个村落，它们的运输费用直接下降。第三，农村基层政权组织负责把粮食运往国家粮食收购部门，

① 中国社会科学院，中央档案馆.1953—1957中华人民共和国经济档案资料选编：交通通讯卷［M］.郭大力，王亚南，译.北京：中国物价出版社，1998：426-427.便利的交通网络在促进分工方面的贡献，参见［英］斯密.国民财富的性质和原因的研究：上［M］.郭大力，王亚南，译.北京：商务印书馆，1983：16-20.发达交通网络的这种利益，归根结底缘于它降低了卖者和买者、国家和农民之间的交易成本。

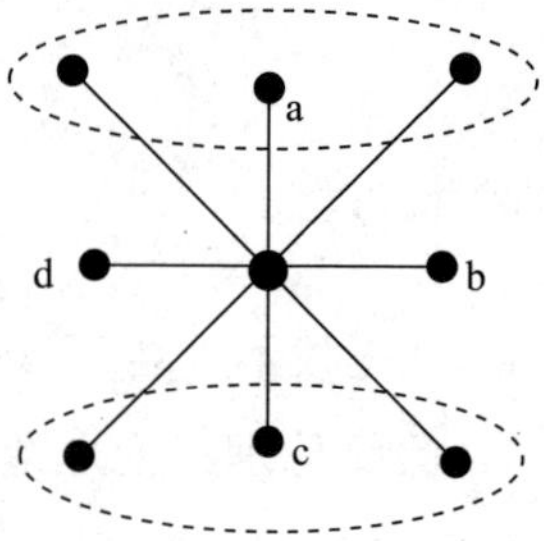

图 5-4　委托—代理下的情形

直接减少了后者运输粮食时的支出。由此可见，这种以委托—代理安排为载体的交易成本转嫁，实际是扩大家庭规模和提高人口集中度的变形①。即是说，国家通过委托—代理机制实现了村落之间的人口联合，减少了交易对象，提高了人口集中度。

但是，从社会的角度看，交易成本不是按照国家节约量而减少，只是国家与农村对既定交易成本的再分担，即以前由国家承担的部分交易成本，现在转嫁给了农村的某些群体或组织，如村委会。当然，它也并非纯粹意义上的交易成本转嫁，由于村级政权的负责人生活在农村，比国家粮食收购部门更了解村民的生产经营情况，因此搜寻相关信息的费用更低。在这个意义上，委托—代理机制降低了交易成本，属于典型的帕累托改进。

相对于村庄化、住宅管理、机械式的家庭联合等方式，委托—代理制度更有助于降低交易成本，副作用更小。但是村级政权负责人不仅追求国家和村民的利益，还追求自身私利。在这种情形下，国家转嫁交易成本的幅度不是随着农村基层政权组织的增多以及规模扩张而增强，而是受制于诸多因素。

第一，代理人的能力、努力程度及其在村民中的威信。在委托—代理制度下，代理人的能力越强、努力程度和威信越高，国家就越信任他们，委托给他们的农村事务就越多，节约的交易成本也就越多。在广大农村，确实存在国家转嫁交易成本的社会基础。例如，一些有声望的带头人经常协调村民

① 村庄规模扩大类似大家庭情形，村庄集中度提高类似人口集中度提高。

之间的冲突①，组织村民修建村里道路、水利设施，防治自然灾害等，也积极宣传国家政策、无偿为国家催粮、动员劳动力、向农民发放救助金等。但是，这些人在处理国家利益和村民利益时，他们的努力程度可能是非对称的：在征购粮食或动员劳动力时，机会主义倾向较大；在争取国家的救助资金、拖拉机等实物补贴时，他们可能中饱私囊，寻求自身利益的最大化。面对这种非对称性，国家缺乏应有的激励措施，无法引导代理人最大化国家或村民的利益。

第二，代理人的权力来源。村级政权是一种非正式的委托—代理制度，其权力主要来自村民的信任、认可，而非国家的任命，国家只是改造了现存的农村治理方式。因此，农村基层政权组织在征购粮食或动员农村劳动力时，主要是通过“道德规劝”、个人威望和邻里关系等说服村民，而非依赖强制性权力。这种非强制性方式的有效性，不仅取决于村级政权负责人的能力、努力程度及其威信，还与村民自身的机会主义倾向相关。在一些无关紧要或者利益损失较小的场合，村民的机会主义倾向较小，愿意配合农村基层政权组织的工作，但是在事关村民重大利益的粮食征购上，村民的机会主义行为必然增多，会用各种理由拖欠或少缴粮食，而生活于“差序格局”中的村组织工作人员不得不默许这类行为。

第三，激励机制的健全程度。一般情况下，代理人获得的各种报酬越大，激励机制越健全；失去代理人身份的惩罚成本越高，代理人的努力程度就越高。理论上，当代理人获得的报酬满足参与约束条件和激励相容约束条件时，代理人的努力程度就高。但是，农村基层政权组织的工作人员不仅没有报酬，或者报酬极低，他们的努力还可能遭受村民的非议，在日常生活中受到众人排挤。出于这种担心，在多数情况下，农村基层政权组织不会努力替国家催缴粮食。

第四，代理人的管辖区域。在图 5-4 中，假设国家不是设立四个村级政

---

① 在土地纠纷、婚丧嫁娶、老弱病残帮扶、宗教事务、重大节日娱乐活动等方面，这些有声望的人发挥着非常重要的作用。这些事务，更多时候是由家族来承担的，但是在一些比较复杂的事务上，范围就不限于血缘关系或亲子的小组合，而是扩大到其他家族或村落了。

权，而是设立两个村级政权，且每个村级政权下辖四个村落，那么国家面对的交易对象就减少为两个；更进一步，如果八个村落只隶属一个村级政权，那么国家的交易对象就只剩一个。据此推论，村级政权囊括的村落越多，国家面临的直接交易对象就越少，所转嫁的交易成本就越多。但是，村级政权规模的扩大必然引起交易成本的迅速增加，而高交易成本不仅会限制村级政权的行动力，还会提高村民的机会主义行为，最终使国家遭受的损失大于村级政权规模膨胀所节约的交易成本。因此，在一些项目或生产活动中，国家与众多农户进行直接交易，而在另一些场合，国家把项目或生产活动委托给代理人，与农户进行间接交易。理论上，当直接交易模式引起的交易成本增加等于间接交易模式引起的交易成本节约时，代理机制就达到了最优规模。

第五，委托人的控制范围和代理人的服从情况。如果代理人的管辖区域比较大，如一个村级政权征购八个村落的粮食，那么国家的直接交易成本就会下降，而农村基层政权组织的交易成本则会上升。在这种情形下，农村基层政权组织就会寻找代理人以转嫁部分交易成本。但是，由于代理人在每一层都没有得到完善控制，处于下一层的代理人就会做一些背离委托人意愿的事情，因此，随着代理层级数目的增加，这种背离的程度就会呈指数化增长（塔洛克，2010）。

现以表 5-1 说明控制范围扩大、服从度下降和层级数上升引起的代理问题。假设每一层委托人所能控制的代理人定义在 2~10 人；委托人的控制力随着控制范围的扩大而减少，即控制范围每增加 1 人，代理人的服从度就减少 5 个百分点，最高服从度为 0.95；层级数随着控制范围扩大而减少。在这些假设条件下，我们发现，随着控制范围扩大和服从度下降，执行委托人意愿的代理人占比从最多的 46.5%迅速下降到 8.5%。当控制范围较小而服从度很高时，顶层委托人与底层代理人之间就会出现很多层级，引起信息损失和控制力下降问题。当控制范围较大而层级数较少时，各层代理人总数增加，导致代理人的机会主义行为增多，服从度降低，委托人的监督成本增加。

表 5-1 不同控制范围的代理问题

指标	控制范围								
	2 人	3 人	4 人	5 人	6 人	7 人	8 人	9 人	10 人
级数	16	10	8	7	6	6	5	5	5
服从度	0.95	0.90	0.85	0.80	0.75	0.70	0.65	0.60	0.55
代理人总数/人	131070	88752	87380	97655	55986	137256	37448	66429	111110
执行委托人意愿人数/人	60891	32699	25297	21844	10675	17389	4706	5634	6150
所占百分比/%	46.5	37.9	29.0	22.4	19.1	12.7	12.6	8.5	8.5

资料来源：[美] 塔洛克．经济等级制、组织与生产的结构 [M]．柏克，郑景胜，译．北京：商务印书馆，2010：85.

国家与农村基层政权组织之间的委托—代理关系就面临这种矛盾。由于村民长期生活在“差序格局”中，农村基层政权组织的控制范围及其服从度只局限在有血缘关系或邻里关系的熟人之间，很难拓展到熟人社会之外，因此，村级政权下辖村落越多，控制范围越广，村民的服从度就越低，愿意执行村级政权意愿的村民就越少。

5.2.3 生产大队的权力边界扩张

相对于国家，农村基层政权组织在处理农村事务方面更具比较优势，但是，在国家与农村基层政权组织的委托—代理关系中，农村基层政权组织的低努力程度、有限权力、无酬或低报酬、管理人口众多和村民服从度低等制约因素，极大地限制了国家转嫁交易成本的范围。考虑到农村基层政权组织代理国家催缴粮食或动员农村劳动力时的各种成本，包括财力支出、劳动时间付出、村民关系恶化等，那么它们的服从度就更低，国家转嫁交易成本的难度就更大。因此，若要让农村基层政权组织有效执行国家意志，节约交易成本，就需要在一定范围内突破这些限制，完成一些蜕变。

第一，权力准国家化。如果村级政权是基层自治组织，没有被纳入国家权力体系，那么它只是一种非正式的沟通桥梁，干预领域仅限于一些无关紧要的事务，存在感不强，因而就没有动力优先考虑国家利益。但是，如果村级政权是国家权力的延伸和拓展，有权支配农村经济活动，如征税、维持治安、推进农村土地改革、征购粮食等，那么就职于农村基层政权组织就是拥有崇高身份、尊贵地位、优秀能力和行政权力的象征。这时，代理人会非常珍视和重视农村基层政权组织的工作，并优先考虑国家利益，而非村民利益或个人利益，以防失去这一职位。

第二，利益补偿准财政化。完全无私奉献的人毕竟是少数，牺牲自己利益为民请愿的人更是少之又少，因此无酬或低报酬工作是难以为继的。在短期，即使受一些感情或理想左右，人们愿意忍受一无所获，但是生活压力最终会打败理想追求。因此，符合人之常情的措施就是给予代理人实际利益，促使其在追求自身利益或价值的过程中实现委托人的利益或价值。对农村基层政权组织而言，这种利益包括权力地位提升、报酬支付、劳役减免以及农村资源再分配中的某些优先权等。当然，利益不能太高或太低，要以满足代理人的参与约束和激励相容约束为依据，让代理人意识到机会主义行为的高昂代价。

第三，组织架构准官僚化。村级政权要贯彻落实国家的方针、政策，就需要相应的组织支撑，如管理人员、办公设施、文具纸张、宣传栏配备等，而不是保持一种松散状态。这种组织结构通常是准官僚化的，如村委会设置村主任、文书、出纳、会计等岗位；也是层级化的，如下设人民调解、治安保卫、公共卫生等委员会，负责专门领域的事务。准官僚化和层级化从组织上把农村基层政权组织实质性地纳入国家权力体系，促使它们按国家意志行事，成为政策上传下达的“最后一公里”，而不是处在一种“无政府”的随机游走状态，即在一些场合积极主动作为，在另一些场合逃避责任。

这些蜕变的实质是规范化、制度化传统的或非正式的农村基层政权组织，提高代理人的无形收益和有形收益，抑制代理人的机会主义行为，从而实现国家利益与村民利益的兼容。也就是说，村级政权拥有了国家权力的认证，不只是作为名义代理人而发挥民间作用，还作为最大化国家利益的实际行动者而发挥作用。由此带来的利益是明显的：既推动了农村基础设施建设，促进农业增长，增进国家农业收益，又从总体上降低了交易成本，节约了国家财政支出。

但是，与规范化、制度化的农村基层政权组织相伴随的，“还有一样东西也接踵而至：官僚机制的自我繁殖和极度扩张”①。既定的国家权力框架本身有一种持续扩张的惯性，如部门数量增多、部门规模膨胀，而村级政权的准国家化从两方面强化了这一现象：一是层级数增多，直接引起基层部门数量呈几何级数增长（见表5-1）；二是基层部门规模扩张，岗位增多。这种扩张不仅要占用大量的人力、财力和物力，消耗巨额财政收入，对生产性活动构成挤出效应，还会引起国家失灵和更加沉重的税负等。

现实中，制约权力扩张远比扩张权力更为艰难，似乎存在一种权力的“棘轮效应”。因为人们普遍相信，一个部门的地位高低和权力大小与部门的重要性大小正相关，越重要的部门，越容易受到上级部门及其领导的重视和支持，因此，人们总是倾向于拔高部门的重要性，扩充人员。正如科尔奈所说，“官僚机构中所有层级的领导干部都知道，随着单位的不断扩张，他们自己的权力和声望也会不断上升，当然也包括很多物质上的奖励”。“对自己工作岗位的认同使得他们倾向于扩张。任何一位单位领导，只要他/她认为自己单位所从事的活动具有重要意义，他/她都真心希望单位的事业能够不断发展壮大。”② 因此，村级政权的权力边界也处在不断膨胀中，而不是稳定在某个水平。

但是，由于控制范围和服从度问题，国家不能有效监督村级政权的行为，村级政权的权力运用就会不同程度地偏离国家意志，因此，在权力扩张中，国家和农村社会之间的利益冲突就会增多。对此，只要国家审慎地授权，规

① ［匈牙利］科尔奈．社会主义体制——共产主义主义政治经济学［M］．张安，译．北京：中央编译出版社，2006：102.

② ［匈牙利］科尔奈．社会主义体制——共产主义主义政治经济学［M］．张安，译．北京：中央编译出版社，2006：154.

定村级政权的权力责任边界，设置外部和内部监督机制，这种膨胀趋势就能够得到遏制。然而，在新中国成立之初，国家出于节约交易成本的需要，并没有清晰界定村级政权的权力，村级政权相当于获得了国家超乎寻常的授权，又缺乏自我实施机制的有效制衡，结果权力越发膨胀——不仅深度干预农业生产领域，还在一段时期内渗透进农民的日常生活领域。

6 制度成本与农业组织扩张

在农业生产中，如果存在规模经济，即农业组织规模越大，效率越高，那么农业合作化就是合意目标。不过，农业生产不同于工业生产，高度依赖于耕地规模、土壤肥力、水分、气候和地形地貌等自然条件，而各地的差异又很大，因此，农业规模经济并不是普遍存在。事实上，劳动互助、合作化主要是在“耕者有其田”政策下，作为缓解生产工具短缺问题而自发出现的。出乎意料的是，它的大量涌现不仅激活了丰富的劳动力资源优势，弥补了资本短缺，还在节约交易成本方面展现出了优势。这一优势与国家和农村基层政权组织的目标结合在一起，促使劳动互助、合作化过程脱离了初始运行轨道。

6.1 制度成本与农业组织规模

农民既要生产粮食等私人物品，又要参加集体行动，生产公共物品，并在不同的场合采取不同的组织形式。同时，农村基层政权组织有两项主要任务：一是监督村民的农业生产活动，并按规定价格、数量和种类向国家上缴粮食；二是动员和组织农村剩余劳动力提供公共物品。由于农村基层政权组织执行这两项任务的效率受农业组织形式影响，因此它对不同的农业组织有不同的偏好。

6.1.1 交易成本与组织成本的比较

任何组织的有效运行都既要协调好内部成员的行动，遏制机会主义行为，又要协调好与外部人员的关系，降低道德风险。与此对应地，任何组织都面临两类制度成本——交易成本和组织成本，农业组织也不例外。如果说交易成本是指市场中的谈判、签约、监督和实施等成本，那么组织成本就是组织者计划和建立一个组织的信息搜寻成本，与合作者交流、重新商谈各种界定和协议，监督各主体的工作表现，并必须惩处表现不佳的组织成员的成本（柯武刚、史漫飞，2000），即“团队生产”中的劳动监督、工作协调和信息交流等成本。

在人力、物力和财力等各种资源一定的条件下，组织规模越大，成员越多，内部的机会主义行为越严重，协调和惩戒成员的组织成本就越高；反之，组织规模越小，机会主义行为越少，组织成本越低。同理，在实现最优规模之前，组织规模越大，交易对象越少，交易成本就越低；反之，组织规模越小，交易对象越多，交易成本就越高。因此，农业组织的选择问题其实是不同组织的制度成本比较问题，即组织成本和交易成本的权衡问题①。

在这些假设下，农业组织成本曲线 C_o 向右上方倾斜，交易成本曲线 C_t 向右下方倾斜（见图 6-1）。理论上，在其他条件一定时，当扩大组织规模（S）增加的边际组织成本（ΔC_o）等于扩大组织规模（S）降低的边际交易成本（ΔC_t）时，制度成本最低，农业组织达到最优规模。具体而言，在交易成本曲线 C_t 和组织成本曲线 C_o 相交的均衡点 E，组织规模 S_E 最优，交易成本和组织成本为 C_E，制度成本最低。任何偏离 S_E 的规模，农业组织都可以通过扩大规模或收缩规模而降低制度成本，从而获取组织制度创新利益。

现实中，各地的资源条件差异很大，如西北地区地广人稀，人均耕地面积多，但是土壤贫瘠、降水量少、多山区；中原地区地域广袤，地理环境优越，气候条件适宜，却人多地少；南方地区年降水量多，却多丘陵。不同的地理资源优势决定了各地的农业产业差异，如北方地区主要种植小麦、玉米、大豆、豌豆、马铃薯等，南方地区主要种植水稻、甘蔗、油菜、茶叶、桑等。这种地理位置和农业资源差异，与粮食作物和经济作物的生产方式差异结合

① 制度成本的阐释详见张五常．经济解释卷二：收入与成本：上篇［M］．北京：中信出版社，2011.

在一起，造成各地组织生产和进行交易的制度成本也不尽相同，由此衍生出了多样化的、大小各异的农业组织形式。

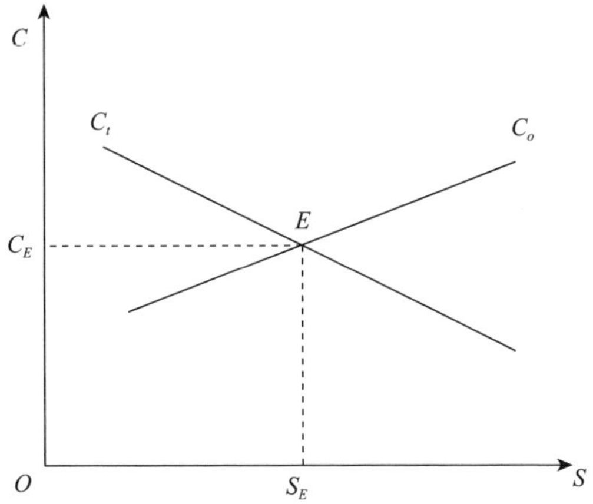

图 6-1　均衡的组织规模

6.1.2　土地改革与农业互助合作

农村土地改革之后，耕地分配趋于均等化，中农和贫雇农占有耕地显著增加，地主和富农占有耕地大幅下降，促使农业组织发生两方面的联动转变：一是农业组织规模的小型化；二是农业组织数量的扩大化①。在这种条件下，农业组织规模 S_1 偏离了最优规模 S_E（$S_1 \leqslant S_E$）（见图 6-2）②。在 S_1 规模水平上，组织成本小于交易成本，二者差距为 ΔC_1。此时，规模扩张引起的组织成本增加小于规模扩张引起的交易成本减少，导致制度成本下降，因此人们就有扩大农业组织规模的动力。只有当组织成本和交易成本相等，即规模回归到最优规模 S_E 时，制度成本最小，农业组织停止扩张。

① 从家庭数量的角度衡量，农业经济组织数量可能并没有扩大，但是如果考虑到家庭农场规模水平，由于贫雇农的耕地占有极为有限，主要作为雇农而存在，所以可以将其忽略。

② 在农村土地改革之前，农业经济组织制度是否处于最优状态，也就是说，是否处在图 6-2 所示的 E 点无关紧要，重要的只是土地改革之后的农场规模小于土地改革之前的农场规模，因而使农场规模偏离了最优规模。如果以前就偏离了最优规模，那么这种偏离更加严重。

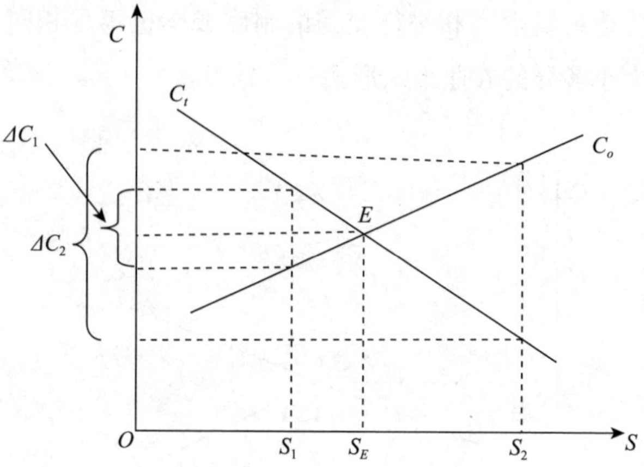

图 6-2 非均衡的组织规模

农业组织规模扩张最初表现为互助组及合作社的发展。如表 6-1 所示，1950 年全国的合作化程度为 10. 91%，其中，东北和华北某些省份的合作化程度较高，如黑龙江、吉林、辽宁、山东、山西、河北的合作化程度分别高达 75. 28%、57. 75%、42. 41%、31. 97%、30. 00%、27. 60%。1951—1953 年，全国合作化程度进一步提高，从 1951 年的 17. 54%发展到 1953 年的 39. 47%；合作化的地域范围也进一步拓宽，从 1950 年的少数省份发展到全国大部分省份。

表 6-1 全国 27 个省份在 1950—1956 年的合作化程度 （%）

省份	1950 年	1951 年	1952 年	1953 年	1954 年	1955 年	1956 年
河北	27. 60	41. 82	41. 99	42. 04	57. 04	57. 95	99. 40
山西	30. 00	36. 02	40. 43	52. 24	61. 64	73. 58	99. 40
内蒙古	8. 41	26. 78	48. 65	49. 99	59. 74	65. 62	91. 70
北京	—	24. 09	58. 41	38. 33	58. 94	56. 11	99. 60
天津	—	—	39. 65	21. 15	35. 29	54. 81	98. 30
辽宁	42. 41	49. 67	60. 69	65. 24	73. 12	68. 80	98. 80
吉林	57. 75	69. 30	78. 34	79. 93	85. 87	81. 92	97. 60
黑龙江	75. 28	72. 42	83. 87	88. 08	90. 56	91. 14	98. 80
山东	31. 97	34. 97	54. 24	48. 68	67. 90	67. 32	93. 30

续表

省份	1950 年	1951 年	1952 年	1953 年	1954 年	1955 年	1956 年
江苏	—	6.96	43.55	36.66	52.61	60.88	96.40
安徽	1.68	7.81	51.62	48.37	60.08	66.58	95.90
浙江	—	3.77	39.40	48.51	56.05	58.5	96.10
福建	—	11.23	47.03	51.10	62.31	70.48	88.90
上海	—	—	37.05	29.35	54.62	65.47	94.50
河南	10.88	34.50	29.97	41.87	58.31	60.32	99.00
湖北	—	15.07	26.70	30.48	63.54	64.99	88.70
湖南	—	0.09	12.25	22.16	55.60	63.82	80.00
江西	—	12.66	18.49	24.60	51.80	66.90	94.60
广东	—	—	13.29	17.30	44.42	50.97	91.80
广西	—	—	27.44	19.57	55.68	60.24	98.60
陕西	9.17	17.99	49.87	45.24	57.77	66.35	91.80
甘肃	6.94	22.74	51.30	44.47	55.25	67.23	92.50
青海	—	22.81	27.80	35.23	47.06	52.08	95.10
新疆	13.23	22.34	34.97	27.60	40.42	58.25	91.90
四川	—	—	44.09	34.34	69.82	71.96	76.70
云南	—	—	23.43	39.01	66.06	66.44	80.40
贵州	—	—	50.00	42.71	67.35	71.84	93.60
全国	10.91	17.54	39.90	39.47	60.32	64.86	91.70

资料来源：黄道霞．建国以来农业合作化史料汇编［M］．北京：中共党史出版社，1992.

互助合作提高了农业劳动生产率，扩大了耕地面积，促进了粮食产量增长，提高了农民生活水平。毛泽东（1967）指出，在农村土地改革之后，农民都是分散的个体生产者，他们都使用着相当落后的生产工具，不能有效地从事农业生产活动，而劳动互助能够提高农业劳动生产率。1951 年 12 月 25 日发布的《中共中央关于农业生产互助合作的决议（草案）》(以下简称《决议（草案）》) 明确指出："农民在土地改革基础上所发扬起来的生产积极性，表现在两个方面：一方面是个体经济的积极性，另一方面是劳动互助的积极性。农民的这些生产积极性，乃是迅速恢复和发展国民经济和促进国家工业化的基本因素之一。”例如，1950 年山西省关于互助组办得较多较好的一些村的调查显示，同抗战前相比，这些村扩大耕地面积 18.65%，增加粮食亩产 55.7%，增加耕畜 96%，增加主要农具 420%。1948—1951 年，东北地区恢复撂荒地、新开生荒地几百万亩，同样与各类互助组的迅速发展密切相关（杜润生，2002）。

在互助组的基础上，发展起来了以土地入股的合作社。如表 6-2 所示，1950 年中有 18 个初级社，平均农户数为 10.4 户；1951 年中有 129 个初级社，平均农户数为 12.3 户①；1952 年中有 3634 个初级社，平均农户数为 15.7 户。这些土地合作社都是为了解决临时性互助组和常年性互助组解决不了的矛盾而发展起来的，具有较高的劳动生产率。1952 年初，农业部对东北、华北 40 个农业生产合作社的抽样调查显示，1951 年这些合作社的粮食平均亩产量超过当地互助组 16.4%，超过当地单干农户 39.2%，各个合作社的总收入，都超过了各社全体成员过去在互助组和单干时的收入总和（杜润生，2002）。

表 6-2　农业生产合作社数及平均户数

年份	合作社数/个	平均户数/户	初级社数/个	平均户数/户	高级社数/个	平均户数/户
1950	—	—	18	10.4	—	—
1951	—	—	129	12.3	—	—
1952	3644	16.2	3634	15.7	10	184.0
1953	15060	18.2	15053	18.1	15	137.3
1954	114366	20.1	114165	20.2	201	58.6
1955	633722	26.7	633213	26.7	529	75.8
1956	992589	111.3	685231	51.2	307358	245.3
*1956	756000	155.9	216000	42.8	540000	198.6
*1957	789000	153.4	36000	44.5	753000	158.6

资料来源：杜润生．当代中国的农业合作制：上［M］．北京：当代中国出版社，2002：408.
注：带*的年份为年末数，其他年份为年中数。

① 按照 1951 年 12 月 15 日《中共中央关于农业生产互助合作的决议（草案）》中的记载，在东北和华北地区已经有 300 多个农业生产合作社。

也正是互助合作的规模经济效应，强化了国家对农业互助合作的偏爱及政策倾斜。《决议（草案）》指出："党中央从来认为要克服很多农民在分散经营中所发生的困难，要使广大贫困的农民能够迅速地增加生产而走上丰衣足食的道路，要使国家得到比现在多得多的商品粮食及其他工业原料，同时也就是提高农民的购买力，使国家的工业品得到广大的销场，就必须提倡'组织起来'，按照自愿和互利的原则，发展农民劳动互助的积极性。"

针对各地社会经济条件和互助合作发展基础，国家确定了差异化的发展路径。《决议（草案）》规定："一、在全国各地，特别在新解放区和互助运动薄弱的地区，有领导地大量地发展互助合作运动的第一种形式（即临时性的季节性的简单的劳动互助）。二、在有初步互助运动基础的地区，必须有领导地逐步地推广第二种形式（即比简单的劳动互助有更多内容的常年互助组）。三、在群众有比较丰富的互助经验，而又有比较坚强的领导骨干的地区，应当有领导地同时又是有重点地发展第三种形式（即土地入股的农业生产合作社）。"

6.2　最优规模约束与代理人目标不一致

最优规模 S_E 的存在表明，农业互助合作不能持续扩大化。如图 6-2 所示，当组织规模膨胀到 S_2（$S_2 \geqslant S_E$）时，组织成本 C_o 高于交易成本 C_t（二者差距为 ΔC_2），此时，成员的机会主义行为严重，人们都有退出合作组织的强烈愿望和动力，农业互助合作处在一种不稳定状态，随时可能解体。鉴于此，《决议（草案）》明确指出，"不顾农民自愿和经济准备的各种必须的条件，过早地、不适宜地企图在现在就否定或限制参加合作社的农民的私有财产，或者企图对于互助组和农业生产合作社的成员实行绝对平均主义，或者企图很快地举办更高级的社会主义化的集体农庄"，都是错误的思想。

中央意识到了合作化进程中的激进行为及其负面后果，并于 1953 年 3 月出台了《关于缩减农业增产和互助合作发展的五年计划数字给各大区的指示》（以下简称《指示》），尝试抑制激进行为。《指示》提出，“中央现正考虑将互助合作的发展计划，五年之内，组织起来的农户，老区控制在占农村总户数的百分之八十左右，新区控制在百分之七十左右。其中农业生产合作社老区平均控制在占农村总户数的百分之四十五左右，新区平均控制在百分之十二左右；常年组，新区控制在占农村总户数的百分之三十左右”。这种“急刹车”把全国各省份的合作化程度基本维持在 1952 年的水平，一些省份的合作化程度甚至在 1952—1953 年有所降低，如北京、天津、山东、江苏、安徽、上海、广西、陕西、甘肃、新疆、四川和贵州（见表 6-1）。

不过，农村基层政权组织节约交易成本的目标倾向于推动农业组织规模及数量扩张。第一，从节约交易成本的角度看，农村基层政权组织更倾向于推动和扶持农业互助合作组织的发展，而非保留高度分散化的家庭经营。第二，分散的家庭经营在供给粮食等私人物品上有比较优势，合作组织在供给水利设施、梯田修整和道路维护等公共物品上具有比较优势，而在新中国成立之初，农村缺乏的正是公共物品。在这样的社会经济条件下，上到中央下到农村基层政权组织，都把建设和维护农村基础设施当作迅速恢复农业生产的重要举措，由此进一步增强了人们对农业互助合作组织的偏爱。第三，农业组织规模越大，越倾向于采取层级化的管理方式，而管理者在科层组织中命令、指挥他人的权力，显然大于家庭经营的场合①，这种权力配置差异使农业互助合作组织获得了更多政策支持。

在这种情形下，尽管存在中央的限制政策，但是各地发展合作社的热情高涨。1953 年 10 月 26 日至 11 月 5 日，在中共中央召开的第三次互助合作会议上，各大区负责人指出，农业生产合作社试办工作都比较成功，绝大多数农业生产合作社比互助组的产量高，在群众中具有良好印象。据华北、华东两大区统计，办得不好的农业生产合作社不到 10%。即使受到《指示》的限制，但各地还是有 4000 多个“自发社”等待批准。据此，各地与会人员认

---

① 阿尔钦和德姆塞茨认为，科层组织和市场中的权力配置在本质上是一致的，但是科斯认为这是科层组织与市场的重要差异。在后期的研究中，科斯更强调交易成本而非权力本身。

为，从互助组基础和群众情绪来看，农业生产合作社数量翻一番或更多一些是能够做到的（杜润生，2002）。正如科尔奈所说，“实行强制增长政策并不是最高层领导违背中下层干部的普遍意愿而强迫他们推行的。恰恰相反，广大中下层干部自己就具有很强的内在扩张动力”①。

于是，中央的合作社政策从限制转为大力发展。1953 年 12 月 16 日发布的《中共中央关于发展农业生产合作社的决议》（以下简称《决议》）指出：“一般说来，互助运动是为农业生产合作社准备了群众经验和领导骨干的条件，互助组的发展是农业生产合作社发展的重要基础。”“发展互助合作运动以提高农业生产力是今后党领导农村工作的中心。”“如果不把互助组看成是逐步引导农民走向社会主义改造的一种初级的过渡的形式，因而不重视互助组的工作，这将是一个重大的错误。”按照这种“逐步联合起来的具体道路”，《决议》指出，“按照各大行政区党的领导机关关于发展当地农业生产合作社所拟定的计划数字，从一九五三年冬季到一九五四年秋收以前，全国农业生产合作社应由现有的一万四千多个发展到三万五千八百多个”。

在扶持政策刺激下，农业合作化进程加速。一是合作组织数量增多。如表 6-3 所示，互助组占比从 1953 年的 39.3%上升到 1954 年的 58.4%，提高了约 20 个百分点，其中，常年组占比从 11.5%上升到 26.2%，季节组占比从 27.8%上升到 32.2%。二是合作化程度提高，主要表现为农业生产合作社增多。如表 6-2 所示，1953 年中初级社为 15053 个、高级社为 15 个，到 1955 年中初级社和高级社分别增长到 633213 个和 529 个。其中，1954—1955 年农业生产合作社从 114366 个增长到 633722 个，比《决议》的计划数高出 14 倍以上。全国的合作化程度更是从 1953 年的 39.47%提高到 1955 年的 64.86%（见表 6-1）。

① ［匈牙利］科尔奈．社会主义体制——共产主义政治经济学［M］．张安，译．北京：中央编译出版社，2006：154.

表 6-3 1952—1956 年全国农业互助组发展情况

年份	组数/万个	户数/万户	比重/%	常年组			季节组		
				组数/万个	户数/万户	比重/%	组数/万个	户数/万户	比重/%
1952	803	4536	39.9	176	1145	10.1	627	3392	29.8
1953	745	4564	39.3	182	1333	11.5	563	3231	27.8
1954	993	6848	58.4	380	3071	26.2	613	3777	32.2
1955	715	6039	50.7	317	3284	27.6	398	2755	23.1
1956	8.5	104	0.9	—	—	—	—	—	—

资料来源：杜润生. 当代中国的农业合作制：上［M］. 北京：当代中国出版社，2002：223.
注：比重指互助组成员占全国农户总数的比重。

农业生产合作社充分调动了农民的生产积极性，促进了农业发展。根据国家统计局抽样调查，1954 年办得好的农业生产合作社每亩耕地平均收入 28.8 元，比个体经营的贫农多 18.5%，而当地富农每亩耕地平均收入只有 27.7 元（杜润生，2002）。按照中央农村工作部《关于全国第四次互助合作会议的报告》中的记载，原建的 10 万个社 90%以上有不同程度的增产。据 1955 年 7 月统计，1954 年春夏以前存在的 10 万个社，有 80%实现了增产，50 多万个新社中的大多数也实现了增产（杜润生，2002）。

在绝大多数农业生产合作社增产的激励下，广大农民群众，特别是贫农，入社和办社的积极性都十分高涨。据中央农村工作部的估计，1955 年春，各地群众自发办社而政府没有批准的，全国有 2 万多个。据安徽省委 1955 年 8 月的报告，安徽就有 1.8 万个“自发社”，而按照另一份报告，浙江当时也有“近万数的自发社”（杜润生，2002）。这种热情和合作社的超预期发展，增强了国家推进合作化的信心，并在 1954 年 10 月的全国第四次互助合作会议上提出，“各地计划在一九五五年春耕以前将农业生产合作社发展到六十万个”。

然而，快速合作化的基础并不牢固，潜藏着解体风险。1955 年 1 月 10 日发布的《中共中央关于整顿和巩固农业生产合作社的通知》指出，“现在全国农业生产合作社已经发展到四十八万余个。在现有社中，约有十万个是一九五四年春夏建立的，还有三十多万个是秋收前后建立的新社。这些新社由于其中有相当部分是无准备或准备很差的条件下建立的，又由于一九五四年十一、十二两个月全党正集中力量进行粮食统购工作，没有对这些新社进行整顿。因而在许多地方陆续有新建社垮台散伙和社员退社的现象发生。整顿和巩固这四十几万个社，已经成为十分迫切的任务”。对此，1955 年 3 月 20 日，中央农村工作部《关于巩固现有合作社的通知》明确要求，“现在春耕季节已到，全国农业生产合作社已发展到六十万个，完成了预定计划。不论何地均应停止发展新社，全力转向春耕生产和巩固已有社的工作”。

尽管“党中央的方针就是根据可能的条件而稳步前进的方针。党在各种不同地区的农村支部，应该在党中央这种方针的指导下，教育自己的党员积极地分别参加这些不同的农业互助和合作”，“在处理互助组和生产合作社内部所存在的任何问题上，有一条原则是必须绝对遵守的，就是贯彻自愿和互利的原则”，但是“有些地方的同志开始犯了强迫命令的错误，例如‘强迫编组’、‘全面编组’、‘搞大变工队’和盲目地追求‘高级形式’等等”，结果，农业合作化脱离了最优数量和规模而走上了激进式变迁的道路。

6.3 合作化加速与结构变化

农业合作化的激进式发展，首先表现为高级社的爆发式增长。尽管中央主要强调互助组和农业生产合作社的发展，如 1955 年 11 月发布的《农业生产合作社示范章程草案》第八十二条明确指出，“本章程主要地适用于初级阶段的农业生产合作社”，在某些时期还限制农业生产合作社的过快发展，但是全国范围内还是出现了一些高级社，且高级社的数量连年增长。如表 6-2 所示，1952 年中全国有 10 个高级社，而到 1955 年中达到 529 个。

“这种成功刺激了中央扩大合作化进程”①，而村级政权以及“官僚体制中的中下层干部与最高领导人具有同样的政治信念，他们也觉得需要有快速

① 参见 1955 年 10 月 11 日中共七届六中全会《关于农业合作化问题的决议》。

的增长。与此同时，庞大的官方意识形态宣传机器也起着推波助澜的作用”①。1956年1月23日，中央政治局在《一九五六年到一九六七年全国农业发展纲要（草案）》中提出：“在1955年已经有60%以上的农户加入农业生产合作社的基础上，要求各省、市、自治区在1956年基本上完成初级形式的农业合作化，达到85%左右的农户加入农业生产合作社。”“要求合作基础较好并且已经办了一批高级社的地区，在1957年基本上完成高级形式的农业合作化。其余地区，则要求在1956年，每区办一个至几个大型（100户以上）的高级社，以作榜样，在1958年基本上完成高级形式的农业合作化。”

在政策和共同信念的支持下，高级社从1955年12月底的1.7万个增加到1956年12月底的54.0万个。初级社规模也呈扩大趋势，从1955年12月底的平均每社23.6户扩张到1956年10月底的平均每社59.6户。相应地，初级社从1955年12月底的188.8万个下降到1956年12月底的21.6万个（见表6-4）。互助组的比重从1954年的58.4%下降到1955年的50.7%，其中，季节组从1954年的32.2%下降到1955年的23.1%。1956年全国农业互助组比重下降到0.9%，参加农户只有104万户（见表6-3）。

高级社的井喷式发展改变了农业组织结构。第一，在人口或农户数量一定的条件下，高级社数量增加引起高级社规模下降，从1955年12月底的平均每社279.7户缩小到1956年12月底的199.0户。第二，高级社数量增加引起全国范围的初级合作社数量下降，从1955年12月底的188.8万个下降到1956年12月底的21.6万个。第三，从全国范围来看，合作社规模扩大了，从1955年12月底的平均39.6户增长到1956年12月底的平均155.9户（见表6-4）。

表6-4　1955年中至1956年底农业生产合作社发展进度

时间（月底）	社数/万个	平均户数/户	初级社/万个	平均户数/户	高级社/万个	平均户数/户
1955-12	190.5	39.6	188.8	23.6	1.7	279.7

① ［匈牙利］科尔奈．社会主义体制——共产主义政治经济学［M］．张安，译．北京：中央编译出版社，2006：154.

续表

时间（月底）	社数/万个	平均户数/户	初级社/万个	平均户数/户	高级社/万个	平均户数/户
1956-01	153.0	62.5	139.4	42.4	13.6	268.5
1956-02	111.8	93.2	88.3	48.9	23.5	259.9
1956-03	108.8	98.0	82.5	49.5	26.3	250.1
1956-04	105.6	102.7	76.8	50.3	28.8	242.2
1956-05	100.4	109.7	70.1	50.5	30.3	246.8
1956-06	94.4	112.4	68.2	51.1	31.2	246.4
1956-07	96.7	115.3	65.4	53.5	31.3	244.4
1956-08	91.6	123.0	58.2	55.8	33.4	239.9
1956-09	85.4	134.4	47.4	55.9	38.0	232.0
1956-10	77.1	150.8	35.9	59.6	41.2	230.1
1956-11	76.4	152.7	27.6	57.6	48.8	206.5
1956-12	75.6	155.9	21.6	48.2	54.0	199.0

资料来源：杜润生．当代中国的农业合作制：上［M］．北京：当代中国出版社，2002：405.

这种发展大大超出了国家的计划。1953 年 12 月 16 日发布的《决议》提出，“根据逐年互助合作运动发展的基础，在第一个五年计划内，即到一九五七年，全国农业生产合作社应争取发展到八十万个左右，参加的农户应争取达到农村总农户数的百分之二十左右”。而直到 1958 年 4 月 8 日，《中共中央关于把小型的农业合作社适当地合并为大社的意见》才提出，“为了便于加强对合作社的领导，为了在乡的范围内发展各种小型工业和文化教育事业，在小社合并为大社以后，每一个乡领导几个农业合作社是适宜的。如果乡的区划较小，可以适当地合并为大乡”。

高级社的快速发展及其效果加深了人们的认识误区：农业组织规模越大，交易成本和组织成本就都越低。其中，交易成本降低是显而易见的，而组织成本降低则并不清晰，除非存在内部规模经济。在这个过程中，由于高级社的发展给农村基层政权组织或国家带来的利益是实实在在的，而国家在短期内无法感受到社员承担的组织成本的影响，因此推动合作化的力量发生了转变——一种最初由农民自发组织的农业生产互助行为，由于政策支持，渐渐带有了国家主导的特征，并按照指示或决议推进；而自发力量逐步萎缩，日益消退，只能扮演微不足道的角色，处于附属地位。

在这种不对称力量的博弈之下，高级社开始向超级、综合性的人民公社发展，且呈不可阻挡之势。1958 年 6 月，若干地区出现了以“公社”命名的大社，如 6 月中旬浙江省诸暨县城南乡的四个高级社合并为“红旗共产主义公社”；6 月底辽宁省安东市的前阳、新安等五个高级社合并为拥有 1.3 万多户的“前阳公社”；河南新乡七里营乡在全乡农业合作化的基础上建立了“七里营人民公社”（杜润生，2002）。在这种形势下，1958 年 8 月 29 日发布的《中共中央关于在农村建立人民公社问题的决议》提出，“所有这些，都说明几十户、几百户的单一的农业生产合作社已不能适应形势发展的要求。在目前形势下，建立农林牧副渔全面发展、工农商学兵互相结合的人民公社，是指导农民加速社会主义建设，提前建成社会主义并逐步过渡到共产主义所必须采取的基本方针”。

截至 1958 年 9 月底，全国农村共有 23397 个人民公社，入社农户占比高达 90.4%，平均每社 4797 户；10 月，有 74 万个农业生产合作社转为人民公社，实现了全国范围内的人民公社化；到 12 月底，共有 23639 个人民公社，入社农户达 12861 户（杜润生，2002）。也就是说，从《中共中央关于在农村建立人民公社问题的决议》下达到人民公社化的完全实现，仅仅用了 4 个月时间。

土地改革之后，如果说农户生产规模偏离了最优规模，而农业互助组和初级社的发展是趋向的帕累托改进，那么高级社和人民公社的发展必然是趋向而偏离的。按照集体行动逻辑，社员的机会主义行为必然引起高级社的低效率。然而，1958 年粮食产量不仅没有下降，反而从 1957 年的 19505 万吨提高到 1958 年的 20000 万吨，增长率为 2.54%（见表 6-5）。1958 年与 1957 年相比，集体总收入提高了 11.6%，纯收入提高了 11.3%，集体提留增加了 1 倍多，人均公积金增加了 4.37 元（杜润生，2002）。

表 6-5 1957—1962 年粮食收购量

年份	总产量/万吨	收购量		净收购量		农业人均产量/斤	农业人均净收购/斤
		绝对数/万吨	占总产量比重/%	绝对数/万吨	占总产量比重/%		
1957	19505	4804.0	24.6	3387.0	17.4	597	125
1958	20000	5876.0	29.4	4172.5	20.9	589	155
1959	17000	6740.5	39.7	4756.5	28.0	457	177
1960	14350	5105.0	35.6	3089.5	21.5	429	118
1961	14750	4047.0	27.4	2580.5	17.5	455	97
1962	16000	3814.5	23.8	2572.0	16.1	479	92

资料来源：杜润生．当代中国的农业合作制：上［M］．北京：当代中国出版社，2002：640.

对此，有几种可能原因。一是出现了有利的自然条件，如气候温和、降水适度等，或者水、旱、霜、冻、风、暴等自然灾害破坏性较小。以自然灾害为例，1957 年和 1958 年受灾面积分别为 2915 万公顷和 3096 万公顷，成灾面积分别为 1498 万公顷和 782 万公顷，成灾面积占受灾面积的比重从 51.4% 降到 25.3%。其中，1957 年水灾和旱灾成灾面积分别为 603 万公顷和 740 万公顷，1958 年分别为 144 万公顷和 503 万公顷。相比 1958 年，1959 年成灾面积、水灾成灾面积和旱灾成灾面积显著提高，分别为 1373 万公顷、182 万公顷和 1117 万公顷；1960 年自然灾害影响更大，分别为 2498 万公顷、498 万公顷和 1618 万公顷①。

二是前期的农田水利设施修缮，使灌溉、河道、机械动力、公路等条件得到大力改善。例如，1952 年农业机耕和灌溉面积分别为 13.6 万公顷和 1995.9 万公顷，1957 年分别增加到 263.6 万公顷和 2733.9 万公顷。1952 年农业机械总动力和化肥施用量分别为 25 万马力和 7.8 万吨，1957 年分别增加到 165 万马力和 37.3 万吨。1949 年铁路营业里程、公路里程和内河航道里程分别仅为 2.18 万千米、8.07 万千米和 7.36 万千米，到 1957 年，铁路营业里

① 国家统计局．中国统计年鉴（1984）［M］．北京：中国统计出版社，1984：190. 其中，成灾面积是指农作物产量比正常年减产 30%以上的耕地面积。

程增加有限，为2.67万千米，而公路里程和内河航道里程分别增加到25.46万千米和14.41万千米，分别增长了215.49%和95.79%。1958年和1959年，铁路营业里程和内河航道里程小幅增长，公路里程则分别增加到42.18万千米和50.79万千米。①

三是滞后效应。1958年9月后，大量高级社合并为人民公社，而粮食种植是在高级社的组织下完成的，人民公社尚未影响粮食产量。如表6-5所示，一旦人民公社主导农业生产，粮食就开始减产，即使到了1962年，粮食产量也没有恢复到1958年的水平。

四是从上到下的乐观情绪。从互助组到初级社再到高级社的成功体验，对美好生活的向往，以及对新生事物的好奇心，无不鼓舞着人们艰苦奋斗和无私奉献，暂时抑制了成员的机会主义动机。

6.4 超级规模与利益分配

人民公社的超级规模 S_2（$S_2 \geqslant S_E$），决定了不同群体的交易成本和组织成本，进而决定着全体利益、共同利益和私人利益的分配方式，即决定着国家利益、人民公社集体利益和城乡居民利益的分配方式。

6.4.1 国家利益

农业组织规模越大，国家征购粮食越容易。人民公社更是提升了国家粮食收购部门的征购效率，提高了收购量，增加了国家农业收入②。如表6-5所示，从绝对粮食收购量来看，1957年为4804.0万吨，在人民公社组建的1958年提高到5876.0万吨，而在人民公社正式运行的1959年更是高达

① 国家统计局．中国统计年鉴（1984）［M］．北京：中国统计出版社，1984：169，175，273.

② 粮食统购统销不仅能够保证日益扩大的工业建设需要，还有利于加快农业合作化进程。中央考虑：面对着成亿的个体户，国家在购销粮食的时候，估计产量，分清余缺，核实余缺数量，工作量很大，既难做到准确无误，也难以做到公平合理。把11000万个体农户组织成为一二百万个农业生产合作社，以社为单位进行购销，那就方便多了。社里可以自行调剂余缺，用集体的力量保证每个农民正常的粮食需要，绝大多数农民可以安心，更可避免受粮商和富农的盘剥。

6740.5 万吨；从净收购量来看，从 1957 年的 3387.0 万吨，增长到了 1959 年的 4756.5 万吨，增长了 40.43%。从相对值来看，1957—1959 年收购量和净收购量占总产量的比重分别从 24.6%和 17.4%提高到 39.7%和 28.0%。

但是，国家粮食收购部门的交易成本随着规模扩张，不是持续下降的，而是呈倒“U”形。由表 6-5 可知，1957—1959 年，随着初级社向高级社进而向人民公社发展，粮食收购量和净收购量的绝对值增加，而收购量与净收购量之差也随之提高。1960—1962 年，伴随着人民公社的调整，农业组织规模下降，收购量与净收购量之差随之下降。这部分差额实际上是国家收购粮食的成本，可以间接衡量国家的交易成本（见图 6-3）。这一现象与理论预期高度一致，即农业组织一旦超过了最优规模，规模扩张就会引起交易成本提高，规模缩小反而能够降低交易成本。由此可见，人民公社的发展具有双重性：一方面能够带来国家的农业收入增长，另一方面会引起国家的交易成本增加。

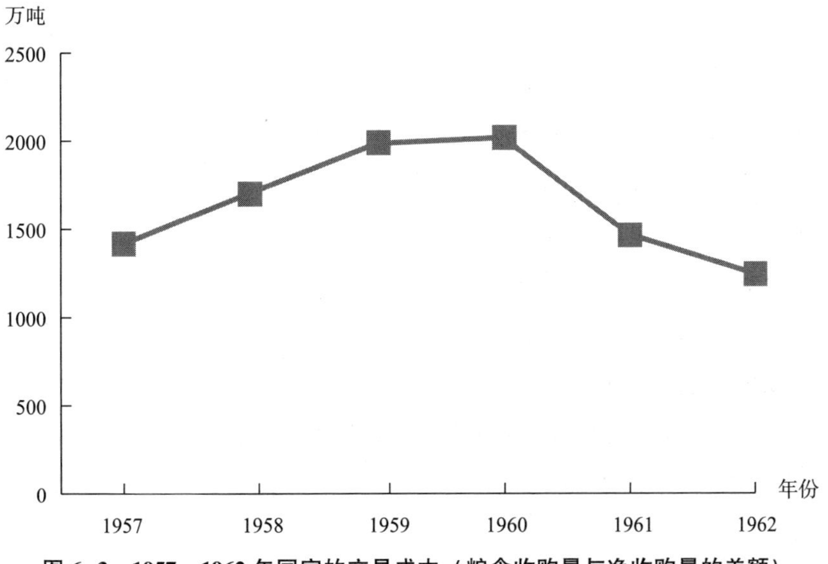

图 6-3　1957—1962 年国家的交易成本（粮食收购量与净收购量的差额）

规模与交易成本之间的负相关性，与国家粮食收购部门和农村基层政权组织的准官僚化有关。在经济发展过程中，它们既是保障城市粮食供应的渠道，也是实现城乡资源互通有无的重要渠道，还是组织农业生产的重要组织，因此重要性不断提高。与之对应的则是非生产性消耗增多，包括农村基层政权组织的办公设施、人员及其酬劳发放，由此消耗了大量粮食等资源。

6.4.2 集体利益与私人利益

粮食收购的高效率和收购量的增长，必然引起人民公社余粮的下降。如表6-5所示，粮食总产量从1957年的19505万吨增长到1958年的20000万吨，而人民公社的余粮基本维持在14000万吨。在1959年和1960年粮食产量下降的条件下，收购量有所降低，但是降幅赶不上粮食产量的下降幅度，导致人民公社的余粮大幅下降。从人均水平来看，1957—1959年人均粮食产量连年下降，而人均净收购量持续增长，结果就是人均余粮从1957年的472斤下降至1958年的434斤，到1959年仅为280斤。

人均余粮下降必然损害农民利益，具体体现为粮食短缺及农民的非正常死亡。如表6-6所示，1958年乡村有55273万人，1959年减少至54836万人，下降了0.79%；1960年人口损失更为严重，与1959年相比下降了3.10%。乡村人口大幅下降，部分是由人口出生率下降引起的，全国出生率从1959年的24.78‰下降至1960年的20.86‰，但主要是由人口死亡率攀升引起的，1959年全国人口死亡率为14.59‰，而1960年死亡率高达25.43‰。

城市人口没有受到严重冲击。如表6-6所示，1960年全国人口下降了-1.49%，城市人口却增长了5.67%，从1959年的12371万人增长到1960年的13073万人，增长了702万人。考虑到当时的农村人口流动管制政策，城市人口增长不可能是由乡村人口流入引起的。即使有，也不是主要原因①，因为乡村人口从1959年到1960年减少了1702万人，二者之间出现了1000万人的缺口。另外，尽管城市职工平均每人每月全部收入和支出下降幅度不大，

---

① 不排除以下可能性：城市人口增长在某种程度上归因于乡村人口的大量涌入，但是，这种人口增长毕竟是有限的，因此，乡村人口下降主要是非正常死亡造成的；即使存在乡村人口涌入城市的事实，那也正好说明城市在解决吃饭问题方面比乡村更成功，而这些农产品主要来自农村。城市人口增长的另一个潜在可能是，进口粮食增多，但是在当时的国际环境下，这种进口粮也有限。

如1957年二者分别为21.13元和18.50元，1964年分别为20.29元和18.39元①，但也说明了城市职工生活停滞的现实。

表6-6 1956—1962年人口变动

年份	总人口		城市人口		乡村人口		出生率/‰	死亡率/‰
	人数/万人	年增长率/%	人数/万人	年增长率/%	人数/万人	年增长率/%		
1956	62828	2.22	9185	10.86	53643	0.87	31.90	11.40
1957	64653	2.90	9949	8.32	54704	1.98	34.03	10.80
1958	65994	2.07	10721	7.76	55273	1.04	29.22	11.98
1959	67207	1.84	12371	15.39	54836	-0.79	24.78	14.59
1960	66207	-1.49	13073	5.67	53134	-3.10	20.86	25.43
1961	65859	-0.53	12707	-2.80	53152	0.03	18.02	14.24
1962	67295	2.18	11659	-8.25	55636	4.67	37.01	10.02

资料来源：国家统计局国民经济综合统计司．新中国五十年统计资料汇编［M］．北京：中国统计出版社，1999.

人民公社动员和组织大量农村劳动力参加集体行动的优势，有效地缓解了农村公共物品短缺现象，推动了当地经济发展。例如，“在兴修水利、造林、抗旱、防涝和收割等工作中，农民打破了几千年来只顾本乡本土的狭隘观念，自带粮食，自备工具，敲锣打鼓，扛着红旗去支援别的地方”②。1958年春，河北全省从水利建设、植树造林到抗旱播种，农业社员到外县支援的人数高达130余万人；浙江省在抢收早稻、抢种晚稻、抗旱中，有200多万人打破城乡、地域界限的大协作，进行大支援（杜润生，2002）。

不过，人民公社提供公共物品的优势对粮食生产构成了挤出效应，使真正从事粮食种植的劳动力减少，在一定程度上导致农作物产量及大牲畜数量的大幅下降。以造林面积为例，1957—1959年完成量分别为435.5万公顷、

① 国家统计局．中国统计年鉴（1984）［M］．北京：中国统计出版社，1984：462.
② 杜润生．当代中国的农业合作制：上［M］．北京：当代中国出版社，2002：506.

609.9 万公顷和 545 万公顷，大幅度高于 1952 年的 108.5 万公顷①。与此相呼应地，粮食产量于 1959 年和 1960 年出现了大幅下降，棉花产量于 1959—1962 年连年下降，油料产量在 1959—1961 年连年下降。此外，牲畜饲料严重不足，大牲畜总头数和生猪存栏数出现大幅下降（见表 6-7）。这一现象其实在农业合作化初期就已经出现。例如，1953 年 3 月发布的《中共中央华北局关于纠正农业生产合作社发展中的盲目冒进偏向的指示》指出，“不少地方一冬无人拾粪，副业生产无人搞，场里庄稼无人收拾，牲口无人喂（甚至有饿瘦饿死者）。有的地方已发生卖牲口、砍树、杀猪、大吃大喝的现象”。

表 6-7　1958—1962 年农业总产值和主要农畜产品总产量增减情况　（%）

年份对比	农业产值	粮食产量	棉花产量	油料产量	大牲畜总头数	生猪存栏数
1958/1957	2.4	2.5	20.1	13.7	-7.3	-7.3
1959/1957	-11.5	-12.8	4.2	-2.2	-5.6	-17.5
1959/1958	-13.6	-15.0	-14.2	-14.0	1.9	-11.0
1960/1957	-22.7	-26.4	-35.2	-53.7	-12.5	-45.6
1960/1958	-24.5	-28.2	-46.0	-59.3	-5.6	-39.8
1960/1959	-12.6	-15.5	-39.8	-52.7	-7.3	-31.7
1961/1957	-24.6	-24.4	-51.2	-56.8	-17.1	-48.2
1961/1958	-26.4	-26.2	-59.4	-62.0	-11.5	-44.2
1961/1959	-14.7	-13.2	-53.2	-55.0	-12.2	-37.3
1961/1960	-2.4	2.8	-24.7	-6.5	-5.3	-8.2
1962/1957	-20.0	-18.0	-54.3	-52.3	-16.2	31.5
1962/1958	-21.8	-20.0	-61.8	-58.1	-19.6	-27.7
1962/1959	-9.5	-5.9	-56.1	-51.2	-11.3	-17.0
1962/1960	3.6	11.5	-29.4	3.2	-4.3	21.5
1962/1961	6.2	8.5	-6.2	10.4	-1.0	32.4

资料来源：杜润生．当代中国的农业合作制：上［M］．北京：当代中国出版社，2002：640.

① 国家统计局．中国统计年鉴（1984）［M］．北京：中国统计出版社，1984：156.

7 委托—代理问题与农业集体化逻辑

1950—1962年农业组织演变大体上依次经历了互助组、农业生产合作社、高级社、人民公社和生产队等几种形态。这不是说某一时间内只存在一种组织形态，而是说在某一时期某种组织形态处于合作化进程中的主导地位。例如，1952年全国共有803万个互助组，其中季节组627万个、常年组176万个，互助组成员占全国农户总数的39.9%，还有3634个初级社、10个高级社。1956年全国基本实现农业合作化，却仍有8.5万个互助组，包括农户104万户，占到全国农户总数的0.9%；1956年底全国有21.6万个初级社和54万个高级社。即使在以生产队为基本核算单位之后，还有少数地区实行以生产大队为核算单位的体制。这种多元化、竞争性的农业组织形态及其产权结构，决定了农业生产效率及其经济主体行为方式，因而塑造了农业组织的演变方向。

7.1 产权集体化路径

土地产权变革是农业组织演变的主要方面，也是农村社会变革的主轴。不过，土地产权变革中也伴随着其他领域的转变，如耕畜、农具等生产要素的集体化，甚至包括生活用品的集体化。

7.1.1 产权深化

所谓产权深化①，专指土地产权由农民私有向集体所有或全民所有转变的过程。在农村土地改革之后，农具、耕畜等生产资料的严重短缺，促成了简单的临时性的劳动互助组的出现。在互助组阶段，尽管常年组有了某些简单的生产计划，但是互助合作是按照自愿互利原则，建立在土地私有基础之上的集体劳动，互助组成员如何使用耕地，完全取决于自身的决策，不受其他农户的干涉。即是说，互助组成员享有完整的土地使用权、转让权和收益权等。

随着国民经济的迅速恢复和农村经济的好转，“因为有了某些公共的改良农具和新式农具，有了某些分工分业，或兴修了水利，或开垦了荒地，就引起了在生产上统一土地使用的要求”②。在这种情形下，以土地入股为特点的农业生产合作社应运而生。在这个阶段，土地仍然是按照自愿互利的原则入股，并根据自愿的原则退股，农户享有土地收益权。但是在生产活动中，农业生产合作社统一经营土地，并通过在农作物之间的合理配置来实现对土地资源的有效使用。因此，在一定的期限内，农业生产合作社成员实际上丧失了独立支配土地的权利，而只能在集体决策中或退社之后行使相关权利。

在这里，农户对土地产权的让渡是短期的，而非长期的。这种暂时性的放弃是基于以下经济原则：所获规模经济利益大于机会成本。一旦外部经济发生变化，土地有了更高的经济价值，那么农户面临的机会成本就会提高，继续留在农业生产合作社就是不合意的。

在高级社阶段，要求退社的社员一般要等到生产年度完结以后才能退社，并带走他入社的土地或者同等数量和质量的土地，但是入社的农民必须把私

---

① 在新古典增长理论中，资本深化和资本广化有其特定含义，本书只是对广化和深化的借用，不同于增长理论中的含义。

② 参见 1953 年 2 月 15 日发布的《中国共产党中央委员会关于农业生产互助合作的决议》。

有的土地转为合作社集体所有，且取消了土地报酬①。由此可见，这个阶段的土地集体所有权进一步制度化。第一，初级社的土地是建立在私有财产基础之上的，而高级社的土地产权是建立在集体所有制基础之上的——尽管入社农户有退社自由，但是这种自由受到了很大约束。第二，初级社中的成员能够获得土地报酬，有利于吸收土地充足的农户加入合作社，而高级社取消了土地报酬，农户丧失了土地收益权，在很大程度上打击了土地富余者入社的积极性。

在公社化阶段，中央从一开始就强调"不要忙于改集体所有制为全民所有制，在目前还是以采用集体所有制为好"②，但是人民公社的发展远远超出了中央的预期，很多地区出现了社有制或全民所有制的社、队。也就是说，土地产权从高级社的集体所有制转向社有制或全民所有制，农民丧失了退社自由和土地产权，只能获得劳动工资和相应的口粮。

在生产队体制下，土地产权从社有制或全民所有制恢复到了队有制。队有制更像高级社阶段的集体所有制，但比集体所有制走得更远——高级社阶段的集体所有制，入社成员有退社自由，拥有土地产权，而队有制下的社员没有退社自由和土地产权。因此，土地产权深化没有随着生产队体制的确立而停滞，而只是收缩了产权深化的范围。

7.1.2 产权广化

在农业合作化进程中，不仅土地从私人财产转变为集体财产，耕畜、大农具、羊群等私人生产资料也不断集体化或公有化，公有化的范围一度扩大到人们的基本生活用品，这就是所谓的产权广化。

生产资料和生活资料的集体化不是同步的，而是随着土地产权深化逐步展开的。在简单的临时性的互助组阶段，主要是劳动力的简单互助协作，包

① 1956年6月30日发布的《高级农业生产合作社示范章程》规定："对于完全丧失劳动力，历来靠土地收入维持生活的社员，应该用公益金维持他们的生活，在必要的时候，也可以暂时给以适当的土地报酬。"

② 参见1958年8月29日发布的《中共中央关于在农村建立人民公社问题的决议》。

括耕畜和部分农具的公用，但是具有显著的临时性和季节性特点，生产要素完全归农民所有，生产活动也是个体经营。相较于季节组，常年组是相对高级的形式，其中有些互助组积累了部分农具和牲畜等，在一定范围内出现了劳动力、耕畜和部分农具的统一调配、统一使用。

初级社扩大了共同使用的财产范围，但对于私有公用的耕畜、农具等生产资料，初级社要给予一定的报酬。如果要把耕畜、农具等私有生产资料集体化，合作社必须给予农民公平的补偿。一些生活用品开始集体化，如 1953 年 3 月发布的《中共中央华北局关于纠正农业生产合作社发展中的盲目冒进偏向的指示》指出了这一现象：有些社“盲目追求公共财产的现象也是严重的，如长治专区新建的千余个农业生产合作社中，有 76% 的将牲口、农具等全部归社公有，有的甚至连棺材寿木、老羊皮袄也归了社”。

高级社把集体化范围扩大到了土地附属物上。《高级农业生产合作社示范章程》规定，“入社的农民必须把私有的土地和耕畜、大型农具等主要生产资料转为合作社集体所有”。社员土地上附属的私有塘及塘里的藕、鱼、苇子等和井等水利建设，大量成片的果树、茶树、桑树、竹子、桐树、漆树和其他经济林等也转为合作社集体所有。也有部分生产资料尚未被纳入集体化范畴，如社员私有的生活资料，以及零星的树木、家禽、家畜、小型农具和经营家庭副业所需要的工具等。

人民公社基本上是无所不包。1958 年 8 月 29 日发布的《中共中央关于在农村建立人民公社问题的决议》指出：“人民公社建立时，对于自留地、零星果树、股份基金等等问题，不必急于处理，也不必来一次明文规定。一般说，自留地可能在并社中变为集体经营，零星果树暂时仍归私有，过些时候再处理，股份基金等可以再拖一两年，随着生产的发展、收入的增加和人们觉悟的提高，自然地变为公有。”然而，随着人民公社的迅速扩大，它很快囊括了公共食堂、幼儿园、托儿所、敬老院、缝衣组、理发室、公共浴堂、幸福院、农业中学、红专学校等，成为农林牧副渔、工农商学兵综合发展的超级组织。在有些地方，社员的自留地、家禽、家畜、自营果林等也收归集体所有。

7.1.3 农业组织形式

如图 7-1 所示，我们用纵坐标表示土地产权深化程度，用横坐标表示其他生产要素的产权广化程度，其中正方向表示各种生产要素的公有化程度提高，负方向表示各种生产要素的公有化程度降低，就会获得产权组合的四个象限，它们囊括了目前所知的各种农业组织形态。

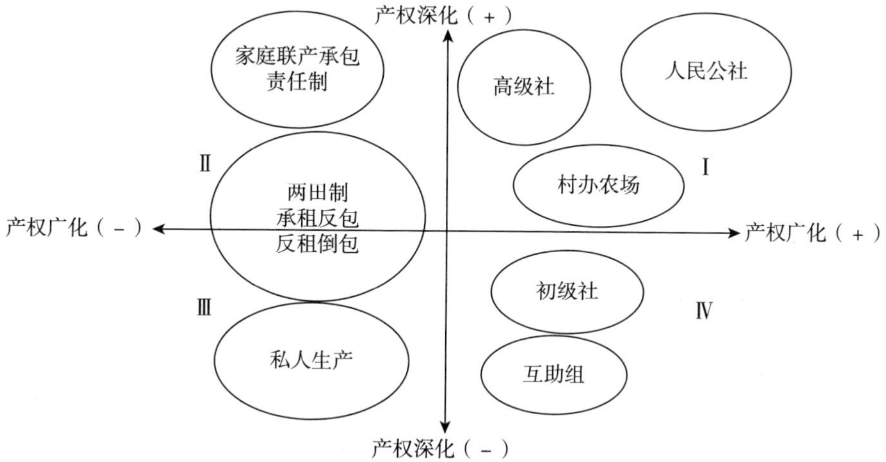

图 7-1 不同产权结构下的农业组织结构

在第Ⅰ象限，土地和其他生产要素的公有化程度都较高，越往右上方延伸，各种生产要素的公有化程度越高，组织规模越庞大，村办农场、高级社和人民公社是其典型形态。在第Ⅱ象限，土地归集体所有，但其他生产要素是私有的，其典型代表就是家庭联产承包责任制。在第Ⅲ象限，所有生产要素都是私有的，因而是纯粹的私人生产。在第Ⅳ象限，土地是私有的，或者是以土地入股，但是出现了少量的公有财产，这种产权组合的典型代表是简单的临时性的互助组、常年互助组和初级社。

从这些组合中可以获得两个结论：第一，土地产权深化程度和其他生产资料产权广化程度不同，农业组织结构就不同，且农业组织结构主要是由土地产权决定的。例如，在第Ⅰ象限和第Ⅳ象限，从下往上的农业组织，本质性差异就是土地产权不同。在第Ⅱ象限与第Ⅲ象限的交界部分，土地产权是集体所有制和私人所有制的某种组合，如两田制、承租反包和反租倒包，此时的农业组织结构既有别于家庭联产承包责任制和私人生产，也有别于初级社、高级社、村办农场和人民公社等。同时，其他生产资料的产权性质也影响农业组织结构。例如，在第Ⅰ象限和第Ⅱ象限土地产权相同的条件下，家庭联产承包责任制与高级社和人民公社存在显著差异。

第二，农业组织规模决定产权深化和产权广化程度。在互助组阶段，各种互助组的扩张是比较温和的、渐进的，而随着农业组织规模的不断扩张，产权深化和产权广化的速度越来越快，从高级社发展到人民公社仅用了一年左右的时间，远少于互助组向初级社过渡的时间。也就是说，农业合作化既是农业组织规模不断扩张的过程，也是土地和其他生产资料不断公有化的过程，且规模扩张与公有化程度之间正相关。

这里最有趣的问题是，农业合作化为什么会引起除土地之外的其他生产资料乃至生活资料的公有化？或者说，为什么农业组织规模越大，公有化程度就越高？从经济角度看，在劳动力富余和生产工具短缺的条件下，危机激活了古老的、长期处于休眠状态的合作记忆，以耕牛队、变工队、互助组等替代资本短缺完全符合比较优势原理。但是，诸如老羊皮袄、食堂、缝衣组、理发室、浴堂等被纳入人民公社，在多大程度上是出于效率原则？理论上，耕牛队、变工队、互助组等亲属或村落之间的“联盟，常因暂时的紧急需要而结成，随着这一需要的消失即告解散”①。

7.2 多任务委托—代理模型

不管是征购粮食还是组织集体行动，国家都主要是通过农村基层政权组织实现的。农村基层政权组织在国家与农民之间的这种桥梁纽带作用，使其既是国家的代理人，又是农民的委托人。因此，国家、农村基层政权组织与

① 马克思恩格斯文集：第四卷［M］．北京：人民出版社，2009：108.

农民之间存在一种双重委托—代理关系，而不是单一的委托—代理关系。同时，在农村基层政权组织与农民的委托—代理关系中，农民要完成多重任务，包括种植粮食、兴修水利、植树造林等，必须在诸多活动之间寻找一种平衡，以实现利益最大化。鉴于此，这里采用 Holmström 和 Milgrom（1991）的多任务委托—代理模型，分析农村基层政权组织和农民行为在农业合作化进程中的作用。

7.2.1 两类生产活动的激励条件

假设农民从事粮食种植和公共物品生产两类活动，产量向量为 $\boldsymbol{x}=(x_1,x_2)$，努力向量为 $\boldsymbol{e}=(e_1,e_2)$，农民的努力成本向量为 $\boldsymbol{C}(e_1,e_2)$，农村基层政权组织的期望收益向量为 $\boldsymbol{B}(e_1,e_2)$，其中，$\boldsymbol{C}(e_1,e_2)$ 是严格递增的凸函数，$\boldsymbol{B}(e_1,e_2)$ 是严格递增的凹函数。由于农民的努力水平决定各种产出，所以 $\boldsymbol{x}=f(e_1,e_2)+\boldsymbol{\varepsilon}$，其中，$\boldsymbol{\varepsilon}$ 是服从正态分布的随机向量，均值为 0，协方差矩阵为 $\sum=\begin{bmatrix}\sigma_1^2,\mathrm{Cov}(\varepsilon_1,\varepsilon_2)\\ \mathrm{Cov}(\varepsilon_1,\varepsilon_2),\sigma_2^2\end{bmatrix}$。

现实中，从事粮食种植和提供梯田、桥梁、道路、河堤、水坝等公共物品的努力水平之间存在替代或互补作用。如把两类活动划分在两期进行，第一期从事公共物品生产活动，第二期从事粮食种植活动，那么第一期的过度消耗可能伤害劳动能力，而这种伤害在第二期难以恢复，从而降低努力程度，进而影响粮食种植。也可能，在粮食种植活动上的积极性，激发了农民的劳动热情，使他们在公共物品生产上也表现出类似的劳动热情。我们假设不同生产活动的产出只取决于劳动者从事此项工作的努力水平及其不确定性，而与劳动者从事其他活动的努力水平无关，因此 $x_i=f_i(e_i)+\varepsilon_i(i=1,2)$。

由于农村基层政权组织的主要任务是代理国家收购粮食和组织农村劳动力生产公共物品，而粮食产量和公共物品供给状况与农民的努力程度相关，因此农村基层政权组织非常关心农民的努力程度。不过，农民的努力程度是不可测的，农村基层政权组织只能借助代理变量来进行间接评估，以此为基础实施征购任务和组织集体行动。具体而言，农村基层政权组织根据农民生产的粮食产量和公共物品数量来确定相应的征购粮和需要征收的农村劳动力。按照这种逻辑，我们假设农民的报酬函数为 $\boldsymbol{s}(x_1,\ x_2)=\alpha+\beta_1x_1+\beta_2x_2$，其中，$\beta_1$ 为农民生产粮食的边际报酬，β_2 为农民生产公共物品的边际报酬，β_1 越小，表示国家征购的粮食越多，农民所得粮食越少。此外，假设农村基层政权组织是风险中性的，而农民则具有不变绝对风险规避的效应函数 $u=-e^{-rw}$（r 为绝对风险规避度量）。

根据这些条件，农民的期望收益和方差分别为

$$E[\boldsymbol{s}(x_1,x_2)]=\alpha+\beta_1f_1(e_1)+\beta_2f_2(e_2) \tag{7-1}$$

$$\mathrm{Var}[\boldsymbol{s}(x_1,x_2)]=\beta_1^2\sigma_1^2+\beta_2^2\sigma_2^2+2\beta_1\beta_2\mathrm{Cov}(\varepsilon_1,\varepsilon_2) \tag{7-2}$$

令 $\boldsymbol{\beta}=\begin{pmatrix}\beta_1\\ \beta_2\end{pmatrix}$，已知 $\boldsymbol{\sum}=\begin{bmatrix}\sigma_1^2,\mathrm{Cov}(\varepsilon_1,\varepsilon_2)\\ \mathrm{Cov}(\varepsilon_1,\varepsilon_2),\sigma_2^2\end{bmatrix}$，因此

$$E[\boldsymbol{s}(x_1,x_2)]=\alpha+\boldsymbol{\beta}^{\mathrm{T}}f(\boldsymbol{e}) \tag{7-3}$$

$$\mathrm{Var}[\boldsymbol{s}(x_1,x_2)]=\begin{pmatrix}\beta_1\\ \beta_2\end{pmatrix}^{\mathrm{T}}\begin{bmatrix}\sigma_1^2,\mathrm{Cov}(\varepsilon_1,\varepsilon_2)\\ \mathrm{Cov}(\varepsilon_1,\varepsilon_2),\sigma_2^2\end{bmatrix}\begin{pmatrix}\beta_1\\ \beta_2\end{pmatrix}=\boldsymbol{\beta}^{\mathrm{T}}\boldsymbol{\sum}\boldsymbol{\beta} \tag{7-4}$$

根据农民的效用函数可知，农民的确定性等价为

$$CE=\alpha+\boldsymbol{\beta}^{\mathrm{T}}f(\boldsymbol{e})-\frac{1}{2}r\boldsymbol{\beta}^{\mathrm{T}}\boldsymbol{\sum}\boldsymbol{\beta} \tag{7-5}$$

进一步，农民的净劳动报酬为

$$W=CE-\boldsymbol{C}(e_1,e_2)=\alpha+\boldsymbol{\beta}^{\mathrm{T}}f(\boldsymbol{e})-\frac{1}{2}r\boldsymbol{\beta}^{\mathrm{T}}\boldsymbol{\sum}\boldsymbol{\beta}-\boldsymbol{C}(e_1,e_2) \tag{7-6}$$

在这里，$f(\boldsymbol{e})=\begin{bmatrix}f_1(e_1)\\ f_2(e_2)\end{bmatrix}$，$\frac{1}{2}r\boldsymbol{\beta}^{\mathrm{T}}\boldsymbol{\sum}\boldsymbol{\beta}$ 为风险成本，T 表示转置。

按照委托—代理理论，要让农民从事粮食种植或集体行动，必须满足参与约束 IR 和激励相容约束 IC。在这里，假设农民的保留收入为 $\overline{W}$（如进城务工所得最高收入），而对于农村基层政权组织给定的激励函数 $\boldsymbol{s}(x_1,\ x_2)$，农民总是选择最优的努力水平 $\boldsymbol{e}=(e_1,\ e_2)$，以最大化其福利水平。这意味着，

农民的激励相容约束条件满足以下要求：

$$(e_1,e_2) \in \max\left[\alpha + \boldsymbol{\beta}^{\mathrm{T}} f(\boldsymbol{e}) - \frac{1}{2} r \boldsymbol{\beta}^{\mathrm{T}} \sum \boldsymbol{\beta} - \boldsymbol{C}(e_1,e_2)\right] \tag{7-7}$$

即

$$(e_1,e_2) \in \max\left[\boldsymbol{\beta}^{\mathrm{T}} f(\boldsymbol{e}) - \boldsymbol{C}(e_1,e_2)\right] \tag{7-8}$$

按照 Holmström（1979）的观点，激励相容约束条件可以用一阶条件代替，因此式（7-8）的 IC 可以转换为以下形式：

$$\beta_1 = \frac{C_1(e_1,e_2)}{f'(e_1)}, \beta_2 = \frac{C_2(e_1,e_2)}{f'(e_2)} \tag{7-9}$$

其中 $C_i(e_1,e_2) = \dfrac{\partial \boldsymbol{C}(e_1,e_2)}{\partial e_i}$ $(i = 1,2)$。

为简单起见，我们假设 $f(e_i) = \varphi_i e_i$，其中 φ_i 是 $f(e_i)$ 的常数 $(i = 1,2)$，则 $f'(e_i) = \varphi_i$，$f''(e_i) = 0$，因此，一阶条件式（7-9）转化为以下形式：

$$\beta_1 = \frac{C_1(e_1,e_2)}{\varphi_1}, \beta_2 = \frac{C_1(e_1,e_2)}{\varphi_2} \tag{7-10}$$

因此，农村基层政权组织的目标是选择 $\boldsymbol{\beta}^{\mathrm{T}} = (\beta_1,\beta_2)$ 解下列最优化问题：

$$\max_{\beta_1,\beta_2}\left[\boldsymbol{B}(e_1,e_2) - \alpha - \boldsymbol{\beta}^{\mathrm{T}} f(\boldsymbol{e})\right] \tag{7-11}$$

$$\text{s.t. (IR)}\ \alpha + \boldsymbol{\beta}^{\mathrm{T}} f(\boldsymbol{e}) - \frac{1}{2} r \boldsymbol{\beta}^{\mathrm{T}} \sum \boldsymbol{\beta} - \boldsymbol{C}(e_1,e_2) \geqslant \overline{W}$$

$$\text{(IC)}\ \beta_1 = \frac{C_1(e_1,e_2)}{\varphi_1}, \beta_2 = \frac{C_1(e_1,e_2)}{\varphi_2}$$

将参与约束 IR 和激励相容约束 IC 代入目标函数，分别对 β_1 和 β_2 求导，就可以得到最优化问题的一阶条件：

$$\begin{cases} B_1 = \left[\dfrac{r\sigma_1^2 C_{11}}{\varphi_1} + \dfrac{rC_{21}\mathrm{Cov}(\varepsilon_1,\varepsilon_2)}{\varphi_2} + \varphi_1\right]\beta_1 + \left[\dfrac{r\mathrm{Cov}(\varepsilon_1,\varepsilon_2)C_{11}}{\varphi_1} + \dfrac{r\sigma_2^2 C_{21}}{\varphi_2}\right]\beta_2 \\ B_2 = \left[\dfrac{r\sigma_1^2 C_{12}}{\varphi_1} + \dfrac{r\mathrm{Cov}(\varepsilon_1,\varepsilon_2)C_{22}}{\varphi_2}\right]\beta_1 + \left[\dfrac{r\mathrm{Cov}(\varepsilon_1,\varepsilon_2)C_{12}}{\varphi_1} + \dfrac{r\sigma_2^2 C_{22}}{\varphi_2} + \varphi_2\right]\beta_2 \end{cases} \tag{7-12}$$

上述一阶条件可以转换为矩阵形式：

$$(B_1,B_2)=(\beta_1,\beta_2)\begin{bmatrix}\dfrac{r\sigma_1^2C_{11}}{\varphi_1}+\dfrac{r\mathrm{Cov}(\varepsilon_1,\varepsilon_2)C_{21}}{\varphi_2}+\varphi_1 & \dfrac{r\sigma_1^2C_{12}}{\varphi_1}+\dfrac{r\mathrm{Cov}(\varepsilon_1,\varepsilon_2)C_{22}}{\varphi_2}\\ \dfrac{r\mathrm{Cov}(\varepsilon_1,\varepsilon_2)C_{11}}{\varphi_1}+\dfrac{r\sigma_2^2C_{21}}{\varphi_2} & \dfrac{r\mathrm{Cov}(\varepsilon_1,\varepsilon_2)C_{12}}{\varphi_1}+\dfrac{r\sigma_2^2C_{22}}{\varphi_2}+\varphi_2\end{bmatrix}$$

（7-13）

式（7-13）可以进一步简化为以下形式：

$$(B_1,B_2)=(\beta_1,\beta_2)\left\{\begin{pmatrix}\varphi_1 & 0\\ 0 & \varphi_2\end{pmatrix}+r\begin{bmatrix}\sigma_1^2\mathrm{Cov}(\varepsilon_1,\varepsilon_2)\\ \mathrm{Cov}(\varepsilon_1,\varepsilon_2)\sigma_2^2\end{bmatrix}\begin{pmatrix}\dfrac{C_{11}}{\varphi_1} & \dfrac{C_{12}}{\varphi_1}\\ \dfrac{C_{21}}{\varphi_2} & \dfrac{C_{22}}{\varphi_2}\end{pmatrix}\right\}$$

（7-14）

由此得到最优化农村基层政权组织利益的 β_1 和 β_2 值：

$$\boldsymbol{\beta}^{\mathrm{T}}=\boldsymbol{B}'\left[\boldsymbol{A}+r\sum\left(\frac{C_{ij}}{\varphi_i}\right)\right]^{-1}(i=1,2;\ j=1,2) \quad (7\text{-}15)$$

其中，$\boldsymbol{A}=\begin{bmatrix}\varphi_1^2 & 0\\ 0 & \varphi_2^2\end{bmatrix}$，$\boldsymbol{B}'=(B_1,\ B_2)$，$B_i=\dfrac{\partial\boldsymbol{B}(e_1,e_2)}{\partial e_i}(i=1,2)$。

至此，我们得到了最大化粮食征购和公共物品供给的最优激励或报酬水平。由式（7-15）清晰可见，最优激励或报酬水平取决于农民的努力程度 φ_i、边际收益 B_i、农民的绝对风险规避程度 r、不确定性 σ_i^2、边际成本变化率 C_{ij}。

因此，农村基层政权组织的中心问题是：在农村劳动力规模一定的条件下，选择一定的 β_1 和 β_2，一方面使从事粮食种植的劳动力的边际产出等于边际成本，另一方面使从事梯田、桥梁、道路、河堤、水坝等的劳动力的边际产出等于边际成本，且二者之间的边际产出和边际成本相等。在这种理想状态下，机会主义行为得到有效遏制，国家、农村基层政权组织和农民面临的制度成本最低。

7.2.2 完全信息与农业组织无差异

农民会对激励作出反应①。在不同的激励水平β_1和β_2下，农民从事粮食生产和梯田、桥梁、道路、河堤、水坝等公共物品生产的努力程度不同。假设$\beta_1 = 1 - v$，令v为单位粮食产量所承担的公粮数，那么β_1就可以衡量公粮上缴对农民行为的影响。例如，当农民上缴公粮数v越少，β_1越大，农民所得越多，从事粮食种植的努力程度就越高；反之，公粮数v越多，β_1越小，农民所得越少，从事粮食种植的偷懒行为就越强。v和β_1的调整也可能影响公共物品的生产成本，如公粮数v降低或β_1提高可能促使农民从公共物品生产转向粮食生产，而公粮数v增加或β_1下降可能促使农民从粮食生产转向公共物品生产。

不过，为了简化分析②，我们暂时排除两类生产活动的成本相互影响的可能性，而是假设：①随机变量$\boldsymbol{\varepsilon}$是独立的，$\mathrm{Cov}(\varepsilon_1, \varepsilon_2) = 0$；②粮食种植和公共物品生产的成本函数独立，即$C_{12} = C_{21} = 0$。在这两个约束条件下：

$$\beta_1 = \frac{\varphi_1 B_1}{\varphi_1^2 + r\sigma_1^2 C_{11}}, \quad \beta_2 = \frac{\varphi_2 B_2}{\varphi_2^2 + r\sigma_2^2 C_{22}} \tag{7-16}$$

从式（7-16）中可以得到以下结论：每种活动的激励水平$\beta_i(i = 1, 2)$独立地取决于农民的努力程度φ_i、边际收益B_i、农民的绝对风险规避程度r、不确定性σ_i^2和边际成本变化率$C_{ij}(i = j)$，而与两种活动的依存成本C_{ij} $(i \neq j)$无关。由于$v_1 = 1 - \beta_1 = 1 - \dfrac{\varphi_1 B_1}{\varphi_1^2 + r\sigma_1^2 C_{11}}$，因此，当农民的机会主义行

① 均衡的激励水平并不要求$\beta_1 = \beta_2$，因为行业不同，从事的生产活动性质不同，那么所获得的报酬也就不同。例如，建筑行业和教师行业属于不同性质的工作，二者之间必然会存在合理的报酬差异。此外，从最终决定因素看，不同行业的报酬差异取决于劳动力的市场供求状况，所以工资报酬差异也是不可避免的。在大多数情况下，公共物品供给和粮食种植也面临报酬差异，因此，当我们说激励差异会引发劳动力在二者之间的波动时，主要是从以下意义上讲的：从事粮食种植和参与集体行动的报酬差异很大。

② 对于复杂问题的深层分析，经济学家通常采用先简后难的策略，如关于市场的分析，人们先是从完全竞争入手，然后放宽限制，逐步分析垄断竞争、寡头市场和垄断市场，从而得出有益结论。这种策略的一个意外好处是，简单问题的分析为评价复杂问题提供了一个参照系。

为、规避风险系数、不确定性和边际成本变化率增大，而边际收益减小时，国家就应该征收大量公粮，减少公共物品的边际报酬；反之，国家就应该征收少量公粮，提高公共物品的边际报酬，以免过重的粮食征购和劳动力征用挫伤农民的生产积极性。

在这里，国家和农村基层政权组织总是能够测度粮食或公共物品的实际产出①，并根据产出确定最优的激励或报酬水平 β_1 和 β_2，农民则根据激励水平从事生产活动。因此，农民以什么样的农业组织形式从事粮食种植或者公共物品生产，对于国家或农村基层政权组织进行产量测度来说都是无关紧要的。也就是说，国家或农村基层政权组织测度产出的难度不会因为农民选择了私人生产或者家庭生产而增加，以至于面临较高的交易成本；也不会因为农民选择了高级社或人民公社而下降，从而面临更低的交易成本。

简言之，不管是从事粮食种植，还是从事公共物品生产，β_1 和 β_2 都独立地取决于该项活动的主、客观因素，如个人偏好、风险和边际成本等，都满足农民的参与约束和激励相容约束，各类农业组织在节约交易成本方面都是无差异的，国家不会为了节约交易成本而偏好某种农业组织形态。

7.2.3 不完全信息与团队生产兴起

现实中，各类生产活动不是独立的，而是存在互补性或替代性关系。据此假设：①粮食种植采取私人生产形式，公共物品生产采取团队生产形式；②农村基层政权组织只能获得团队生产的产量信息，无法获得私人生产的产量信息，或者是获取粮食产量信息的成本非常高昂②；③随机变量 ε_1 和 ε_2 是独立的，$\mathrm{Cov}(\varepsilon_1,\varepsilon_2)=0$，但是粮食种植和公共物品生产的成本函数不再独

① 生产大队能够测度每种生产活动的产量，本身意味着信息是完全的。也正因如此，农民选择什么样的组织形式，对于国家而言无关紧要。不管是哪种组织形式，国家或者生产大队总能够测度农民的实际产量，尽管无法测度他们的努力程度。但是，代理变量产量完全能够引导农民最大化国家利益。对此，也可以从显示偏好的角度加以理解，这里不再赘述。

② 张维迎认为，委托人很难测度团队生产中成员的贡献，就此而言，团队生产的产量信息也是不可得的。但是与私人生产相比，委托人总可以监督团队生产的总产量信息，这种信息可以作为确立激励机制的基础，而在私人生产中，即使这样的基础也难以获得。

立，即 $C_{12} \neq 0$ 或 $C_{21} \neq 0$。在这三个约束条件下

$$x_2 = \varphi_2 e_2 + \varepsilon_2 \text{ 且 } \sigma_1^2 = \infty \tag{7-17}$$

将式（7-17）代入最优化条件式（7-15）中，就得到以下条件：

$$\beta_2 = \frac{B_1 - B_2 C_{11}/C_{12}}{r\sigma_2^2/\varphi_2(C_{21} - C_{22}C_{11}/C_{12}) - \varphi_2 C_{11}/C_{12}} \tag{7-18}$$

即

$$\beta_2 = \frac{B_2 - B_1 C_{12}/C_{11}}{\varphi_2 + (r\sigma_2^2/\varphi_2)(C_{22} - C_{12}^2/C_{11})} \tag{7-19}$$

由式（7-19）清晰可见，激励农民参与公共物品生产的边际报酬 β_2 与两种活动之间的相互依存成本 C_{12} 高度相关。由于 $\boldsymbol{C}(e_1, e_2)$ 是严格递增的凸函数，$C_{11} \gg 0$，$C_{22} \gg 0$，所以 β_2 的符号就取决于相互依存成本 C_{12} 的符号。

由于粮食种植和公共物品生产的成本函数既可能是替代性的，也可能是互补性的，因此，$C_{12}>0$，或者 $C_{12}<0$。当 $C_{12}>0$ 时，从事粮食种植的努力程度提高，就会造成从事公共物品生产的努力程度下降，劳动效率下降，从而间接造成成本上升，且以加速形式上升。当 $C_{12}<0$ 时，一种生产活动的努力程度提高，并不会造成另一种生产活动的边际成本增加，反而会引起边际成本下降。究其原因，诸如努力改善桥梁、道路、河堤、水坝、梯田的劳动付出，降低了农民从事粮食种植的运输成本，提高了农田抗旱能力和粮食产量，间接造成了粮食种植的努力程度下降。可以设想，在梯田分散、道路坑洼不平和水利设施极其落后的条件下，农民不得不努力劳动来应对这些困难①。

当粮食种植与公共物品生产之间呈互补关系（$C_{12}<0$）时，农村基层政权组织应该赋予公共物品生产更高的激励，且这种激励应该随着相互依存成本 C_{12} 的增加而增强，这不仅有利于公共物品生产，还有利于粮食种植。在这

① 这方面的另一个著名例子是关于教育的问题。教师有两个非常重要且相互关联的教学指标：一方面，他要培养学生考大学的能力；另一方面，他还应该培养学生的创造能力。在应试教育的评价体系下，教师可能把更多的精力放在提高学生应付考试的能力上，而不是放在注重培养学生的创造能力上。因此，这两个指标之间存在某种替代性。但是，即使在应试教育环境下，培养学生的创造力和应付考试能力也并不完全冲突，创造力可能会提高学生的应试能力，而应试能力也会或多或少有助于提高学生的创造力。

种条件下，国家和农村基层政权组织要把关注点放在公共物品生产上，而不是放在无法测度产出的粮食生产上。因为，粮食种植与公共物品生产之间的互补关系，以及公共物品产出的可测度性，足以让农村基层政权组织设定出农民从事公共物品生产的最优边际报酬β_2，而当β_2引导农民积极从事公共物品生产时，它也间接地决定了农民的粮食种植行为。也就是说，当农民只从事粮食种植和公共物品生产两项活动时，只要公共物品生产是可测度的，农村基层政权组织就不用专门监督粮食种植活动，农民的自觉选择本身就是最优行为。显然，国家和农村基层政权组织更倾向于生产可测度的产品，如桥梁、道路、河堤、水坝、梯田等，而不是不可测度的粮食。如果这种可测度性与团队生产挂钩，那么各类农业组织就不是无差异的，国家和农村基层政权组织更偏好团队生产，并试图最大化团队生产规模。

但是，各种活动之间通常是替代性（$C_{12} > 0$）的，而非互补性的。粮食种植和公共物品生产之间的替代性司空见惯①。在这种情形下，农村基层政权组织应该赋予公共物品生产更少的激励，且这种激励应该随着C_{12}的提高而降低。究其原因，公共物品生产是可测度的，农民的努力程度易衡量，而粮食种植是不可测度的，农民的努力程度不易衡量。众所周知，人们都倾向于努力劳动并获取应得的报酬，而不是努力劳动却一无所获。农民的生产选择也不例外。因此，过高的β_2会引导农民涌入公共物品生产，而退出粮食种植，从而造成从事粮食种植的劳动力短缺、成本上升，进而造成粮食产量下降。与此对应地，从事公共物品生产的人越来越多，人们也越来越努力，公共物品供给越来越多。

1959—1961年的粮食短缺是这一现象的典型例子。对此，很多学者将其归咎于自然灾害和人民公社体制互相叠加的产物，但是，粮食短缺不完全是

① 我们可以这样理解，在粮食种植和公共物品生产之间存在互补和替代两种关系，但是替代性的影响超过了互补性的影响，因而在总体上体现为替代性关系，而非互补性关系。

当年农作物歉收的结果，部分地与大量农作物遭受破坏有关①。这又是两个方面因素造成的：一方面，1958 年全国出现了跨人民公社的公共物品生产活动，如全民大炼钢铁、修整梯田、植树造林和修建桥梁、公路、大坝等，挤占了大量年轻力壮的农村劳动力。例如，1958 年 9 月，5000 万人（主要是农民）上山炼铁，约 20%的畜力车、手推车，30%的木帆船，参加大炼钢铁的运输，完成的运输量占全国货运量的 20%左右。全国新建的 15 万千米公路，约 2/3 是由人民公社修建的②。另一方面，粮食种植、病虫害防治、收割等农业生产活动，完全留给了老弱病残等群体，他们在季节性的农作物收获方面显得力不从心，导致大量农作物得不到及时收割，农作物遭到严重破坏。

农村基层政权组织的倾向性选择进一步放大了这种失衡：它们把主要精力放在了动员大量劳动力建设大型工程项目上，而不是粮食种植等关系国计民生的“小型”项目上。国家注意到了这一问题，指出要妥善处理好二者的关系。“过去的情况是：民工动员一般偏多，有时影响农业生产；工资待遇一般偏低，且后方补贴较重。为改善这一情况，今后动员民工兴修水利，必须与农业生产统筹考虑，做到尽量不违农时，根据工程需要并照顾安全卫生设备条件，来规定动员数量；提倡精工（强壮民工）、长工（工作时间长些），尽可能地不做突击性的工程……并应注意在农忙季节尽量避免动员民工。”③

总之，当农民从事多项任务时，对于任何给定生产活动的激励，不仅取决于该项活动的可测度性，还高度依赖于其他生产活动的可测度性。如果国

---

① 在人民公社体制下，各种突发性的检查也是习以为常之事。据农村老人口述，在农作物收获的季节，公社或县里领导会下乡检查各生产大队的农作物收获状况，并将其作为各地是否按时完成生产任务的重要指标。在这种评价体系下，每逢上级检查，生产大队或生产队就会组织大量社员进行突击式收割，不管农作物是否成熟。在一定程度上，正是这种出于应付而并不符合农作物生长特点的收割造成了粮食产量下降。

② 人民公社向生产队、社员调拨的准确资源，无法统计。但是，从湖北省麻城县公社向生产队退还财产的清单中可以感受到调拨数量之多。具体如下：现金 320 万元，拖拉机 8 台，抽水机 5 部，动力机 49 部，其他小机器 143 部，各种运输车子 744 部，各种小农具 2697 件，耕牛 1025 头，生猪 9019 头，小家畜 3589 只，蜜蜂 2192 箱。参见苏星．新中国经济史［M］．北京：中共中央党校出版社，1999：437-439.

③ 中国社会科学院，中央档案馆．1953—1957 中华人民共和国经济档案资料选编：农业卷［M］．北京：中国物价出版社，1998：569-570.

家期待农村基层政权组织或农民在粮食种植上花费一定的精力而该项工作又不可测度时，激励报酬就不应该用于公共物品的生产，否则公共物品生产的高报酬就会吸引农村基层政权组织或农民过度地从事公共物品生产。同时，报酬存在所谓的“棘轮效应”，上来容易下去难。正是这种显性或隐性的高报酬，促成了农村基层政权组织和农民对大型项目和超级组织的依赖，也促成了团队生产的兴起和扩张。

7.3 劳动监督难题与集体化

新中国成立初期，农民从事两类替代性生产活动：一是在季节组、常年组和初级合作社等中从事团队生产；二是在自家耕地上从事粮食种植。按照不完全信息条件下的激励机制安排，如果其中有一项生产活动是可监督的，如团队生产，那么自家耕地上的产出可测度性问题就无关紧要，因为根据团队生产的工作绩效，就可以有效地实施奖勤罚懒。同理，如果团队绩效是不可测量的，但只要自家耕地上的粮食种植是可监督的，那么就能够通过各种措施约束私人生产而把劳动力吸引到团队生产中，从而实现团队生产目标。然而事实是，两项活动都很难监督，农民的机会主义行为不可避免。

7.3.1 副业内部化

对于生产活动的不可监督性引起的潜在后果，可以应用式（7-19）加以解释。尽管结论是在团队生产可监督和粮食种植不可监督的条件下得出的，但是可以拓展到两类生产活动都不可监督的情形，或者两类生产活动的可监督性存在差异的情形。不过，现在假设两类生产都是粮食种植，其中一类是私人粮食种植，且不可监督（$\sigma_1^2=\infty$），另一类是团队粮食种植。

在这些假设下，$\beta_2=\dfrac{B_2-B_1C_{12}/C_{11}}{\varphi_2+(r\sigma_2^2/\varphi_2)(C_{22}-C_{12}^2/C_{11})}$是对团队生产的激励。可以看出，如果农村基层政权组织能够完全监督团队生产中的农民努力程度（$\sigma_2^2=0$），那么$\beta_2=\dfrac{1}{\varphi^2}(B_2-B_1C_{12}/C_{11})$，此时激励达到最大。在这种

情形下，由于很容易监督农民的努力程度，农民不会从事私人粮食种植，因此β_2能够激励农民最大限度地从事团队生产。当团队监督变得越来越困难（σ_2^2越来越大）时，激励就会越来越小。当团队生产变得不可监督时（$\sigma_2^2=\infty$），$\beta_2=0$，农村基层政权组织无法监督农民的努力程度，农民只想获取团队生产的高报酬，并把所有付出投入私人生产中，却不做任何有利于团队生产的付出。由此可见，在团队生产不可监督的极端情形下，高报酬无法鼓励农民努力劳动。

此外，在农村土地改革之后，农民的劳动积极性正处于高峰状态，农业具有较高的劳动生产率，农业产量增长较快，因而农民从事团队生产的机会成本很高。同时，国家有限的资金主要用来支持城市工业化，尤其被用来推进资本密集型工业的发展，而对农业的投资相对不足。数据显示，1951 年重工业支出占比为 4. 81%，燃料工业支出占比为 2. 54%，纺织工业支出占比为 2. 26%，轻工业支出占比为 2. 44%，而农业支出占比只有 0. 91%，林垦支出占比为 0. 68%，水利支出占比为 2. 34%、只高于纺织业支出占比；1952 年重工业支出占比为 8. 01%，燃料工业支出占比为 3. 17%，纺织工业支出占比为 1. 17%，轻工业支出占比为 1. 94%，而农业支出占比只有 1. 03%，林垦支出占比为 1. 69%，水利支出占比为 2. 64%①。这种政策差异进一步扩大了私人粮食种植与团队粮食种植之间的利益差异，以及粮食种植与工商业活动之间的利益差异，从而加剧了团队生产中的偷懒倾向和监督难题。

农村基层政权组织没有把团队生产的失败归咎于团队生产的不可监督性，而是归咎于团队生产之外的副业不受监督。现实中，这些副业是纯粹的私人活动，利益归农民所有，团队无法共享，这种利益不一致鼓励了团队成员的偷懒行为。对此，农村基层政权组织采取了简单的处理办法：把一些看似有用且可以监督的私人活动纳入团队生产，同时直接取消或禁止了那些看似用

① 中国社会科学院，中央档案馆 . 1949—1952 中华人民共和国经济档案资料选编：财政卷［M］. 北京：经济管理出版社，1995：1210，1219.

处不大且不可监督的副业，以此来强化团队生产效率①。这是产权深化和产权广化的内在动力。

在团队生产能够有效监督私人活动的条件下，这种内部化能够抑制私人利益与集体利益不一致引起的团队生产偷懒问题。但是，产权广化或副业内部化非但没有突破团队生产的不可监督性，反而因生产活动的复杂化而降低了协作效率，加剧了团队监督难题，并扩大了私人利益与集体利益的不一致问题，而这又刺激了副业的产权广化现象。也就是说，产权广化是为了解决监督问题，却造成了更严重的监督问题。当这种监督难题造成了团队生产的低效率之后，私人活动也就走向了那些起初就被取消或禁止的副业的命运。

7.3.2 自留地限制

产权广化最典型的例子是人民公社体制中的自留地禁止现象。巨型的人民公社面临更为严重的“搭便车”问题，它的管理人员，如公社书记、生产大队队长和生产队队长，都难以监督社员的努力程度。面对这种监督难题，他们不是把原因归咎于巨型的体制或生产活动的性质，而是归咎于社外私人活动。不得不说，这种解释中蕴含着部分事实，即社员在自留地上的努力程度大于在集体土地上的努力程度。但是，应对办法一如既往地简单：不是设法努力改进人民公社的监督和激励办法，而是直接取消了社员的自留地②。对此，1958 年 8 月 29 日发布的《中共中央关于在农村建立人民公社问题的决议》指出，“人民公社建立时，对于自留地、零星果树、股份基金等等问题，不必急于处理，也不必来一次明文规定”，以为这样就可以克服农民的团队偷

① 这种延伸的属性就是说，随着农村基层政权组织认定越来越多的损害是它的村民们必须受到保护以避免蒙受的，它就将生活中越来越多的事情变成自己该管的事了。参见［英］雅赛．重申自由主义——选择、契约、协议［M］．陈茅，徐力源，刘春瑞，等，译．北京：中国社会科学出版社，1997：53.

② 1958 年 9 月 1 日，《红旗》杂志发表了《嵖岈山卫星人民公社试行简章（草稿）》(以下简称《简章（草稿）》)。《简章（草稿）》包括但不限于：将一切财产交给公社；应该交出全部自留地，并且将私有的房基、牲畜、林木等转为公社公有；公社要组织公共食堂、托儿所和缝纫小组等。在人们没有任何文件可以遵循办人民公社的条件下，《简章（草稿）》或“嵖岈山经验”成了其他地区的人们兴办人民公社的参照模式。参见苏星．新中国经济史［M］．北京：中共中央党校出版社，1999：436.

懒问题，让他们专心从事集体劳动，却忽视了以下事实：限制或禁止农民从事私人活动并不意味着他们就会专心从事集体行动，二者之间未必是替代关系。

随着纳入业务的增多，互助组发展成了初级社，初级社合并为高级社，高级社组建为人民公社。此时，团队生产成为超级组织，社员众多且构成复杂，协调行动变得异常艰难，监督也越来越低效。而且，相较于早期纳入项目，后期纳入项目的可监督性更低，进一步加剧了人民公社的监督难题。对此，就像早期限制、禁止和取消社外私人活动一样，人民公社对那些已经内部化且不易监督的活动采取了限制、禁止政策。具体而言，人民公社偏好和支持那些宜于规模化、标准化、清晰化和形式化的特定作物生产，如小麦、裸麦、燕麦、大麦、玉米，而限制、取消那些生产效率很低的作物生产，如水果、蔬菜、小家畜、鸡蛋、奶制品和鲜花①。正如斯科特所说，“规划者明显喜欢单一作物和广泛而严格的劳动分工。整个地区，以及每一个集体农庄都越来越专业化，只生产一种作物，比如小麦、棉花、马铃薯或养牲畜”②。

不宜于人民公社生产的农作物，本来由自留地起着补充作用，在一定程度上有利于保障农作物种植和农产品供给的多样性。但是，随着自留地取消或限制，作物种类随之减少。由此带来了三个方面的冲击：一是农产品消费种类减少，饮食结构简单化，人们的营养跟不上，导致生活质量下降；二是农作物种植单一化，抵御自然灾害的能力下降，且不利于土壤保护，造成土地生产效率低下，农产品供给不足；三是一些资产专用性比较强，改变用途的转换成本较高，造成了闲置浪费，如果树、蔬菜大棚、奶牛场等。由此可见，对于国家和农村基层政权组织来说，内部化或限制的好处是明显的——“通过将一块耕地中的可变因素减至最少，他们大大简化了田间试验，也简化

---

① 人民公社书记、生产大队队长和生产队队长都热衷于可测度的大型工程项目，如桥梁、道路、河堤、水坝、梯田等，包括实行固定计酬，都是通过规范化、极简化而节约监督成本的具体操作。

② ［美］斯科特．国家的视角：那些试图改善人类状况的项目是如何失败的［M］．王晓毅，译．北京：社会科学文献出版社，2019：289.

了推广建议与耕作监督工作，更简化了对收获的控制”①，但它们却忽视了“极简化”的显性损失和隐性损失。

特别是，单一化造成了农业种植知识的集体性流失。在农民自由选择农业生产活动的条件下，有些家庭年均种植品种可以高达21种：谷类包括小麦、玉米、小米、荞麦、胡麻、菜籽，块根作物包括马铃薯、胡萝卜、洋葱，豆类包括小扁豆、豌豆，蔬果类作物包括西葫芦、韭菜、白菜、黄瓜、番茄、西瓜、苹果、桃、核桃、杏子等；养殖类包括猪、鸡、牛、羊、驴、骡、兔、蜂等。他们熟悉每一种作物及其变种，并且知道何时播种、锄草、浇灌，也知道当地的气候、土壤特性。“所有这些知识是存储在地方的集体记忆中的，它们是有关技术、各种种子和生态信息的口头档案。”② 然而，随着自留地限制或取消及单一作物的流行，一些农业知识出现了暂时性甚至永久性失传。

7.3.3 生活集体化

在城乡分工体系比较落后的条件下，农村的产业结构可谓“小而全”，人们从事生活所必需的农林牧渔业及工商业活动，如种植业包括谷类、豆类、蔬菜类、瓜果类和块根作物等种植，每个类下又有许多细分领域；手工业包括手工刺绣、剪纸、麦秸制品制作、玩具制作；建材业包括家具制造、砖瓦生产和房屋建造等。可以设想，这些生产活动构成了一个边际收益系列，其中，一些产品生产技术门槛高，只有少数人有能力生产，供给少、需求大，边际收益高，处于事实上的垄断地位；另一些产品技术门槛低，人人都能生产，成本低、供给多，边际收益低，处于完全竞争状态，人们只获得平均收益。

按照收益最大化原则，人们首先选择从事那些边际收益最大的生产活动或者组合。以种植业为例，假设小麦、玉米、小米、荞麦、胡麻、菜籽的边

① ［美］斯科特．国家的视角：那些试图改善人类状况的项目是如何失败的［M］．王晓毅，译．北京：社会科学文献出版社，2019：335.

② ［美］斯科特．国家的视角：那些试图改善人类状况的项目是如何失败的［M］．王晓毅，译．北京：社会科学文献出版社，2019：348.

际收益依次递减，那么人们就会选择种植小麦，不断扩大小麦种植面积，直至小麦的边际收益低于玉米的边际收益，人们就会转而生产玉米，停止扩大小麦种植面积。当玉米的边际收益等于小麦的边际收益，且继续扩大小麦或玉米种植面积无助于总收益增长而生产荞麦变得有利可图时，人们就开始种植荞麦，以此类推。假设农民的土地和劳动力无限多，那么农民就会把生产活动范围扩大到边际收益更高的其他领域，以致成为无所不包的生产单位。在这种情形下，私人生产实际上已经达到了高级社或者人民公社的状态。

不过，农民面临土地和劳动力约束，不可能生产所有农产品，也不可能从事种植业之外的养殖业、手工业和商业活动。这就是说，那些对社会有用且边际收益较低的产品，始终无人问津，处于被边缘化的状态。这里的“有用”并不意味着人们没有了它们就无法生活，而是说在资源有限的条件下，人们宁愿把有限资源投入更为紧缺或必需的产品的生产上，而不是非必需的产品的生产或消费上。据此推断，当生产条件改观，如收入水平提高、边缘产品需求增加时，这些活动就会变得有利可图，相关领域就会随之崛起。

越来越多的社外活动的内部化改变了这些边缘产品的低边际收益处境。随着人民公社规模的扩张，“搭便车”问题越发严重，监督变得更为不易，内部化产品的边际收益越来越低，而那些尚未被纳入人民公社经营范围且被长期边缘化的产品边际收益相对提高了，社员从事社外活动的动机越发强烈，也刺激了这些领域的兴起和繁荣。也就是说，把越来越多的边际收益较高的私人活动纳入人民公社的过程，既是把有利可图的活动变为无利可图的过程——边际收益进一步降低，也是把无利可图的潜在活动变为公开的有利可图的活动的过程——边际收益相对提高。例如，在人民公社时代，从事手工刺绣、剪纸、麦秸制品制作的妇女越来越多。休闲活动显著增加，如秧歌、戏剧、舞蹈、竞技之类的娱乐活动。这些活动是人类长期生活经验的积累，镌刻在人们的基因或文化记忆中，只不过特定时期的资源约束或社会环境抑制了它们的发展。例如，“舞蹈和竞技；舞蹈尤其是一切宗教祭祀的主要组成部分；每一部落各自庆祝自己的节日”①。在人民公社体制下，这些活动不是在正常劳动时间之外或者闲暇时间开展的，而是在集体劳动过程中进行的，直接挤占了劳动时间，降低了劳动效率，实际上是一种更为隐蔽的偷懒或磨洋工行为。

一项更为典型的生活集体化行为是，越来越多的少年和妇女加入吸烟群体。尽管吸烟有害健康，有损吸烟者的私人利益②，但是在人民公社体制下，加入吸烟队伍能够增进私人利益。其作用机理是：在集体劳作过程中，成年男性总是以吸烟为由进行短暂休息，而妇女没有诸如此类的理由，让她们处于一种相对不利的境地。具体来说，她们一旦停下手头劳动，就会被认为偷懒，轻则遭受批评，重则遭受工分损失。因此，与男性相比，女性付出更多③。在这种情形下，宣称辛苦或劳累不是休息的可验证理由，而吸烟是一种约定俗成的、显示人们辛苦或劳累的非正式文化，表明人们的脑力或体力已经处于高负荷运作状态，不得不借助外力刺激来恢复精力。在这里，吸烟行为体现出的不是消极怠工，而是为了更有效地从事劳动所作出的牺牲和休整。妇女意识到了吸烟和休息或偷懒之间的这种联系，一些人选择加入吸烟队伍，用习俗或者偏见所能接受的方式来获取磨洋工的好处④。之所以说集体劳动中的吸烟行为是一种更为隐蔽的偷懒或磨洋工行为，是因为吸烟通常并不影响劳作过程，不一定非要停下手中工作专门拿出时间吸烟，二者可以同步进行。

另外，在集体劳动过程中，女性和男性事实上处于同等的劳动强度和相同的劳动时长下，如女性犁地、搬运重物和参与大型工程项目建设等。但是，长期以来形成的男耕女织或者男主外女主内的分工模式，塑造了一种社会观

① 马克思恩格斯文集：第四卷［M］. 北京：人民出版社，2009：106.

② 在人民公社时代，农民自己种植烟叶，很少从市场购买烟叶，且种植非常简单，不会花费太多的劳动时间，所以吸烟的生产成本较小。

③ 不要考虑男性和女性的劳动能力差异，因为这种差异在劳动工分中已经得到充分体现。

④ 生产队队长的监督行为充分显示了团队监督的困境。由于生产队队长面临严重的信息不对称问题，不知道谁真的需要休息、谁想偷懒，所以他只能采取“按时休息”策略，其他时间的休息都被当作偷懒行为。尽管从社员的角度看，这是最无效的方法，但是从生产队队长的角度看，这是最省事的方法。也正是在这里，我们清晰地认识到，一项最大化委托人利益的机制是如何导致整个制度陷入无效率的。如果生产队队长能够有效地测度每个人的休息需求，那么就不会导致人们用吸烟的方式来争取属于自己的正常休息时间。

念或文化错觉，即女性从事的工作强度不敌男性，由此造成了男女在分配中的不公平现象。这种不公平分配现象叠加一些不平等文化，使女性在生产中处于不利地位，而妇女解放及其在生产中地位的提升，为她们营造了重新评估自己价值的社会氛围，也使她们有了改变不利竞争处境的自由意志和物质基础。这样，传统观念中的一些禁忌或者男性专属活动，在女性中也开始流行起来。这也验证了恩格斯的一个论点："妇女解放的第一个先决条件就是一切女性重新回到公共的事业中去；而要达到这一点，又要求消除个体家庭作为社会的经济单位的属性。"①

不管如何，在单调乏味的人民公社体制下，刺绣、剪纸、麦秸制品制作等手工业的兴起，在一定范围内对冲了种植业单一化的颓势，保护了农"工"并重的农村产业结构，也部分地保障了多样化的产品供给。同理，秧歌、戏剧、舞蹈、竞技等的发展丰富了人们的精神生活，激发了人们的奉献意愿，减轻了偷懒动机，缓解了监督压力，提高了团队生产效率。但是，在努力程度不可监督的条件下，劳动时间就成了保障团队生产效率的唯一可测度变量，而这些活动进一步挤占了劳动时间，由此引起的产出损失要比产出增长更多。考虑到边缘活动本身是由团队生产中的机会主义行为引发的，而不是为了缓解团队生产的"搭便车"问题产生的，那么时间挤占的产出损失更多。

需要强调的是，提高监督效率的努力及其内部化行为也被国家粮食收购部门和农村基层政权组织降低交易成本的目标强化了。具体而言，在达到最优规模之前，农业组织为缓解监督压力所进行的内部化或规模扩张与国家粮食收购部门或农村基层政权组织为降低交易成本所支持的规模扩张取向一致，二者彼此成就，减少了合作化的阻力，共同成就了农业组织规模和业务范围的迅速扩张，有利于尽快实现团队生产的利益。一旦规模达到最优水平，内部化只会加剧监督问题，内部化行为理应停止，但是节约交易成本的力量依然鼓励规模扩张，如举行爱国丰产增收运动和奖励增产模范等，以此彰显合

① 马克思恩格斯文集：第四卷［M］. 北京：人民出版社，2009：88.

作社相对于单干的优势①，其结果是更广泛的内部化和团队生产的单一化——只有产业结构的单一化才能对冲私人活动内部化所加剧的监督压力。此时，由于农业组织规模超过了最优水平，并在人民公社体制下达到极端水平，因此农业组织内部出现了严重的监督问题或组织成本上升问题，使其比较优势荡然无存，具体体现为产出下降。

归纳起来，为了节约交易成本，国家或农村基层政权组织更愿意把越来越多的私人活动纳入集体行动，而这引起了农业组织的扩张。这种扩张存在一种风险：规模越大，监督劳动越难（提高），激励越少（下降），成员从事私人活动的边际收益越高，如此在监督与偷懒之间形成了一个恶性循环。规模膨胀的这种反噬性，又加快了私人活动的内部化进程，如采取严格限制、取消或者禁止措施。与严格管制相伴随的则是“大规模‘地下的、灰色的、非正规的’经济，它们以千万种方式提供正规经济所不能满足的需求。如果这些地下经济被无情地压制，那么代价就会是经济毁灭和饥饿”②。

当然，人民公社不可能包罗万象，始终存在一些它难以解决的衣食住行需求，因此，总存在一些游离于“正规”经济之外的领域。即使这些领域在单干条件下不具备比较优势，但随着私人活动不断受到人民公社的扩张挤压，这些领域渐渐获得了生机，在“主流领域”休克的过程中焕发出生命力，无意中激活和保护了农业生产知识，并在时机成熟时引领了新的发展。

① 1951年以来，国家采取组织农民生产竞赛和奖励增产模范的办法来推动农业生产运动，而生产竞赛和奖励增产模范也正是推动互助合作的有效方法。参见中国社会科学院，中央档案馆．1953—1957中华人民共和国经济档案资料选编：农业卷［M］．北京：中国物价出版社，1998：103.

② ［美］斯科特．国家的视角：那些试图改善人类状况的项目是如何失败的［M］．王晓毅，译．北京：社会科学文献出版社，2019：362-363.

8 超级规模农业组织的效率和激励机制

理论上，当边际交易成本等于边际组织成本时，农业组织规模达到最优水平 S_E（见图 6-2），规模不再继续扩张。但是，节约交易成本和组织成本的努力引起了农业组织规模的不断膨胀，使其达到 $S_2(S_2 \geqslant S_E)$ 的水平，高级社、人民公社是其典型形态。这样，理论与现实之间就出现了不一致：在农业组织规模达到最优的条件下，为什么还要不断扩张？在这种超级规模的农业组织中，它的效率和激励机制如何？

8.1 利益差异与合作社扩张

各地在自然资源、人力资本和政策扶持方面的差异，造成了应对困难的差异化策略。通常而言，在那些土地贫瘠、交通落后、水资源短缺和人力不足的地区，人们更需要互助合作才能走出生存困境。农业合作化的成功不仅获得了国家的高度认可及政策扶持，也鼓舞和吸引了当地及周边地区的人们加入合作化进程，竞相效仿这些成功经验①。基于农业合作化过程中的这一现象，且为了简化分析，现假设只存在两类合作社：领导型合作社和追随型合作社。其中，领导型合作社具备两个特征：一是在农业合作化的各个阶段，如互助组、初级社、高级社和人民公社阶段等，它们总是领先于竞争者，包括合作化速度、组织规模。二是在努力程度、劳动效率、产出、基础设施建

① 1958 年 8 月 6 日，毛泽东视察河南新乡七里营人民公社后，各地掀起了办人民公社的热潮。典型案例莫过于“农业学大寨”运动。大寨既不要钱，又不要资源，凭着艰苦奋斗的精神，实现了农业的大发展。此后，一股学习风席卷全国。

设和生活质量提升等方面，它们显著领先于竞争者。那些竞争者就是所谓的追随型合作社。

8.1.1 领导—追随模式

一个社会中的制度成本由组织成本和交易成本构成，随着组织规模变化，这两种成本也会出现非对称变化，从而引起制度成本的阶段性调整。就农业合作化而言，在初始阶段，边际交易成本下降的幅度大于边际组织成本增加的幅度，从而引起制度成本下降；随后，当边际交易成本等于边际组织成本时，制度成本最小；一旦农业组织规模超过了最优水平，边际组织成本的增加幅度就会快于边际交易成本的下降幅度，从而引起制度成本上升。因此，农业组织的边际成本曲线 *MC* 和平均成本曲线 *AC* 呈“U”形，如图 8-1 所示。

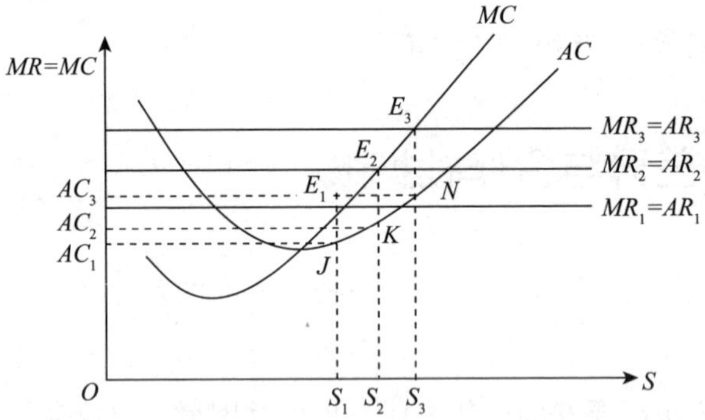

图 8-1　领导—追随模式下的农业组织扩张及低效率

为了简化分析，假设农业组织扩张的边际收益是固定的。在这些假设条件下，当合作化的边际收益等于边际成本（$MR_1 = MC$）时，合作社在 S_1 处实现了均衡。由于平均收益大于平均成本（$AR_1 \geqslant AC_1$），因此合作社获得了超额利润。

即使合作社达到了最优规模，但是一些领导型合作社仍然具有不断扩张规模的内在动力。在竞争者保持合作社规模不变的条件下，任何率先扩大规模的合作社都将获得额外利益，如公粮减免、集体荣誉、财政补贴、资金支持、职位晋升等预期收益。假设此时的边际收益提高到 $MR_2(MR_2 > MR_1)$，那么均衡条件就变为 $MC = MR_2 \geqslant MR_1 \geqslant AC_2$，与之对应的均衡规模是 $S_2(S_2 \geqslant S_1)$。在均衡规模下，$AR_2 \geqslant AC_2$，领导型合作社将获得超额利润。正是这种超额利润鼓励和吸引竞争者模仿及竞相扩张，直至规模达到领导型合作社的水平 $S_2$①。不过，受限于国家财力，追随者并没有获得预期的各项扶持，它们的边际收益始终是 MR_1，而不是 MR_2。这样，追随者不仅没有在利润最大化的规模或均衡条件下进行生产（$MC \geqslant MR_1$），还由于平均收益不变（AR_1），平均成本从 AC_1 提高到 AC_2，产生了严重的利益损失（$AC_2 - AC_1$）×（$S_2 - S_1$）。不过，由于 $AR_1 \geqslant AC_2$，合作社并未亏损。

从社会角度看，合作社扩张不只是合作社成员的私事，也关系社会利益，具有正外部性。第一，在分散经济条件下，人们的“搭便车”倾向造成了集体行动困境，出现了霍布斯所说的人与人之间的冲突，或者恩格斯所说的集团之间的冲突，而在集体经济条件下，这些冲突的私有产权基础消失了，代之以合作的公有产权基础强化了，于是个人主义让位于集体主义，合作取代冲突，机会主义行为得到相对抑制。第二，公共物品的建设，如农村道路、河堤、水坝、电力、饮用水、桥梁、梯田等，不仅促进了农业和乡村的发展，还促进了工商业和城乡之间的产品流通。特别是水资源保护、退耕还林和环境治理为所有人创设了一个相对安全的生活环境。第三，合作社用劳动联合替代了资本不足，缓解了财政压力和就业压力。第四，合作社数量增加为追随者提供了比较成熟的建设和管理经验，增强了合作意愿，降低了合作阻力，具有外部规模经济效应。第五，合作社强化了活动的公共性，弱化了私人性，解放了妇女。对此，恩格斯指出：“随着家长制家庭，尤其是随着专偶制个体家庭的产生，情况就改变了。料理家务失去了它的公共的性质。它与社会不再相干了。它变成了一种私人的服务；妻子成为主要的家庭女仆，被排斥在社会生产之外。”“随着生产资料转归公有，个体家庭就不再是社会的经济单

① 张五常认为，改革开放以来的高速经济增长主要来自县域竞争，而在20世纪80年代之前，农业合作化进程的扩张也是竞争的产物。参见张五常．中国的经济制度［M］．北京：中信出版社，2009.

位了。私人的家务变为社会的事业。孩子的抚养和教育成为公共的事情。”①

这些正外部性使得合作化的社会利益外延要比合作社基于利润最大化的集体利益外延更广。由于国家更多地站在社会利益层面考虑合作化的影响②，因此国家设想的合作社规模往往比合作社能接受的更大。也是基于这一理由，国家倾向于出台相关扶持政策，积极支持带头扩大规模的合作社，把它们塑造为成功典型，以形成良好的示范效应，并在全国进行宣传和推广，引导和鼓励其他竞争者效仿、追随这些领导型合作社。

相应地，这些领导型合作社的边际收益达到了社会边际收益水平 MR_3，并在均衡条件 $MR_3 = MC$ 时实现了最优规模 S_3。在 S_3 规模水平上，尽管平均成本由 AC_2 提高到 AC_3，但是平均收益也由 AR_2 增加到 AR_3，$AR_3 \geqslant AC_3$，因此领导型合作社继续获得超额利润。但是，对于追随型合作社而言，它们的边际收益始终是 MR_1，或者即使部分地得到了政策支持，边际收益提高到 MR_2，也仍然不是在利润最大化的规模或均衡条件下进行生产（$MC \geqslant MR_2 \geqslant MR_1$），而且由于平均收益不变（$AR_1$ 或 AR_2），平均成本进一步从 AC_2 提高到 AC_3，因此，追随者的最理想状态是没有亏损（当 $AR_2 = AC_3$ 时），而当平均成本为 AC_3 且平均收益为 AR_1 时，合作社就会出现严重亏损。在后一种情形下，由于合作社规模出现了急剧膨胀（S_3），平均成本迅速上升（AC_3），因此利益损失（$AC_3 - AC_1$）×（$S_3 - S_1$）相对规模 S_2 时更大。也就是说，合作社规模从 S_2 扩张到 S_3 时出现了亏损。这正是规模扩张引起合作社低效率的微观原因。

据此推论，如果国家把合作化的外部收益（$MR_2 - MR_1$）让渡给追随型合作社，使其边际收益提高，那么追随者的损失就会得到全部（当边际收益等于 MR_2 时）或部分（当边际收益小于 MR_2 时）补偿。在这种情形下，合作社实现了最优或次优效率。但是，随着规模的持续扩大，效率损失越来越多，国家所得不足以补偿效率损失。考虑到国家财力限制和对追随者的支持有限，

① 马克思恩格斯文集：第四卷［M］．北京：人民出版社，2009：87，89.

② “在集体所有条件下，对于负责选取目标的人来说，其他目标（相比效率目标）则更有理由处于优先的位置。”参见［英］雅赛．重申自由主义——选择、契约、协议［M］．陈茅，徐力源，刘春瑞，等，译．北京：中国社会科学出版社，1997：98.

合作社所得补偿更少。因此，对于众多合作社来说，从介于 S_2 和 S_3 之间的某个规模开始（当 $AC=AR_1$ 时）直至 S_3，实则进入了无效率阶段（$MC \geqslant MR_1$ 且 $AC \geqslant AR_1$）。

现实中，人民公社的超级规模和粮食短缺与合作化无效率的理论推演完全一致。微观层面，超级规模（S_3）导致绝大多数人民公社出现了内部低效率（$MC \geqslant MR_1$）；宏观层面，人民公社体制的系统性低效率造成了 1959—1961 年的粮食危机（$AC \geqslant AR_1$）。如表 8-1 所示，在 1953—1958 年的合作化进程中，粮食、棉花、糖料、茶叶、水果等产量持续增长，而从人民公社体制正式发挥作用的 1959 年开始，绝大多数农产品产量大幅下降。

表 8-1　1953—1962 年主要农产品产量　　单位：万吨

年份	粮食产量	棉花产量	油料产量	糖料产量	茶叶产量	水果产量	黄红麻产量
1953	16683	117.5	385.6	771.6	8.5	296.9	6.9
1954	16952	106.5	430.5	958.1	9.2	297.8	6.9
1955	18394	151.8	482.7	970.6	10.8	255.0	12.9
1956	19275	144.5	508.6	1030.1	12.1	310.5	12.9
1957	19505	164.0	419.6	1189.3	11.2	324.7	15.1
1958	20000	196.9	477.0	1563.1	13.5	390.0	13.4
1959	17000	170.9	410.4	1214.7	15.2	425.0	11.3
1960	14350	106.3	194.1	985.5	13.6	397.7	10.1
1961	14750	80.0	181.4	506.5	7.9	284.1	6.2
1962	16000	75.0	200.3	378.2	7.4	271.2	6.6

资料来源：国家统计局国民经济综合统计司．新中国五十年统计资料汇编［M］．北京：中国统计出版社，1999：95.

总之，合作化过程中存在三种力量。一是领导型合作社的拉力。它们敢于冒险，勇于创新，善于发现和创造机会，总是能够领先于同行，化腐朽为神奇，获取合作化的先发优势，并在边际均衡条件下运行。Ostrom（2000）发现，世界上有多种类型的个人，其中一些人比其他人更愿意发起互惠，以实现集体行动的好处。二是国家的推力。出于执政党的理想、理念、价值追求和节约交易成本的目标，国家更加青睐大型农业组织，而领导型合作社的成功强化了这一理念，诱发了更多的政策支持。三是追随型合作社的压力。它们梦想成为领导型合作社的样子，模仿领导者的做法，试图获取超额利润。正如哈耶克所说，“如果取得回报的前景得到改观，那么他们就会在此一特定方向做出更大的努力”①，结果造成集体性的平均成本上升，引起利益亏损。这不仅增加了领导者的组织创新压力，也加剧了追随者的生存压力。正是在这三种力量的合力下，合作社规模不断膨胀，最终趋近超级规模，但除了领导型合作社，整个系统处于低效率状态。此时，规模本身就是问题根源。

8.1.2 追随者的劣势

领导型合作社的成功取决于强大的领导力或创业精神、成员的努力程度、落后的基础设施、贫瘠的耕地和恶劣的自然条件等，而追随者不具备这些条件。它们盲目效仿领导型合作社，不但无法提高生产效率，反而会打击成员的生产积极性。但在实际决策中，人们总是采用典型性或代表性启示法进行决策，根据领导型合作社的成就对农业合作化的收益情况进行推断，而忽视了基础比率②。换句话说，领导型合作社看起来非常成功，比如成员努力劳动、公共物品供给大为改观、产出大幅提高，但是全国范围内农业合作化成功的基础比率非常低，领导型合作社的可复制、可推广性并不大。

第一，为了树立好典型，发挥领导型合作社的示范引领效应，国家会给予领导型合作社一些优惠政策，而这种政策扶持相当于补偿规模扩张引起的损失，且超过了规模扩张引发的损失。也正是这种政策扶持创设了一种情景或者期待——凡是合作就能够获得政策扶持，并影响了人们的决策和行动。但是，在越来越多的互助组合并为初级社、初级社合并为高级社、高级社合并为人民公社的过程中，国家并没有财力来扶持所有合作社，正如安东尼·德·雅赛所说：“对每一个价值都一视同仁地予以扶持，或甚至扶持到同等昌盛的地步（无论程度高低如何），都会像个无底洞似的吸收掉大量资财，除非

---

① ［英］哈耶克. 法律、立法与自由：第一卷［M］. 邓正来，张守东，李静冰，译. 北京：中国大百科全书出版社，2000：66.

② 在统计学中，基础比率是指某一事件所属类别的事实总量，与单独事件无关。

给予每一个价值的资财是小到微不足道的。”① 因此，追随者试图获取政策扶持的想法要么被证实是不现实的，要么扶持是微不足道的，它们还得靠自己②。

第二，在追随者模仿领导者的过程中，人们同样受到了思维定式的影响，赋予领导型合作社以典型性特征或代表性特征，并将看法延伸到所有合作社及其成员身上，他们理所当然地认为，既然自然资源短缺、社会条件落后的地区能办好合作社，那么各方面条件良好的地区更能办好合作社。但是，经济条件越是好的地区，合作社中的机会主义行为就越严重。这些地区拥有良好的自然环境和发达的社会经济条件，诸如梯田、桥梁、道路、河堤、水坝等不是制约它们发展的因素，它们没有像领导型合作社那样强烈的互助需求。

第三，领导型合作社的崛起本身是个稀缺现象，处在众多的农业组织包围之中，不仅面临着内部机制约束，还面临着外部监督和扶持方监督。在这些强有力的约束条件下，领导型合作社不但不会出现机会主义行为，反而会出现过度努力倾向以证明自己的优势所在③。然而，在所有农业组织都扩大规模之后，监督机制就会减弱乃至消失，这就为团队成员的机会主义行为提供了机会，而组织的扩大化本身也助长了这种机会主义行为。

总之，人们习惯关注合作社的个案成功，却忽视了其整体性。从逻辑上讲，主要在于人们忽视了基础比率，没有按照贝叶斯定理进行决策。举例来说，如果人们相信合作社的收益率高于单干的概率是 80%，获得国家扶持的概率是 60%，那么它的实际概率就是 48%。但在合作化进程中，人们忽视了基础比率，犯了合取谬误（conjunction fallaly）：总认为两个事件（合作社收益率高和国家政策支持）联合发生的概率比其中一件事（高收益率或政策扶持）的可能性要

① ［英］雅赛．重申自由主义——选择、契约、协议［M］．陈茅，徐力源，刘春瑞，等，译．北京：中国社会科学出版社，1997：21.

② 这一过程很像完全竞争市场中的产品生产者，在现有价格水平下，每个生产者都有降低价格的激励，以此获得更多利益，但是在完全信息假设下，没有人能够欺骗别人，也没有人比其他人更聪明，结果所有产品的价格都降低到生产成本水平之上，只能获得正常利润。

③ 为了获取未来的超额利润，现在必须作出牺牲。这就像人们进行储蓄一样，为了未来消费，不得不减少当前消费。尽管从当前看，过度努力或减少消费会给自己带来痛苦，但是这种痛苦终究会被未来的偷懒或消费增加补偿，因此，从长期来看这种努力是值得的。

大，而事物的复杂性又会加剧合取谬误。这恰是示范效应的威力。

8.2 人民公社的低效率实质

低效率的实质是，随着合作社规模的扩大，收益未变（AR_1 或 AR_2），制度成本却提高了（$AC_1 \rightarrow AC_2 \rightarrow AC_3$）。制度成本不仅随着规模的扩张而提高（其他因素既定），还随着其他因素的变化而提高（规模既定），因此，人民公社的效率损失比规模扩张引起的效率损失还要大。

8.2.1 不确定性政策与交易成本上升

由合作社规模变化引起的组织成本和交易成本变化，在图 8-2 中体现为沿着 C_o 和 C_t 曲线的移动，曲线本身不发生变动。但是，组织成本和交易成本也受其他因素影响，如观念、道德、信仰、责任感、理性水平、合作文化、集体主义情怀、国家政策、宣传力度和竞争压力等，因此，在合作社规模既定时，这些无形力量变动都会引起组织成本和交易成本曲线的移动。

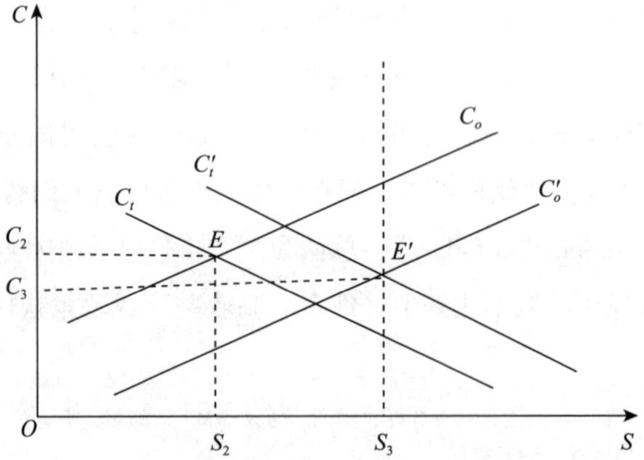

图 8-2　交易成本和组织成本移动与农业组织效率

在历史上，合作社完全是一项新生事物，其建立寄托了数亿人对美好生活的向往，唤醒了上千年来尘封在人们心中的集体主义情怀，合作意识迅速取代冲突，努力取代偷懒，集体理性战胜个人理性，由此极大地降低了合作的协调成本和监督成本，使组织成本曲线 C_o 右移到 C_o' ，如图 8-2 所示。

交易成本的提高过程稍显复杂。在领导—追随利益差异的激励下，每个合作社都想成为领导型合作社，以获取政策红利。但是，每个合作社都面临着两条硬约束：一是完全信息约束。没有一个合作社可以获得更多的信息优势，并据此构筑先发优势。即使是那些领导型合作社，它们的成功也是多重因素结合的偶发产物，其建立过程不像后来看上去的那样一帆风顺和振奋人心，而是充满了荆棘、艰辛和挑战，在很大程度上是逆境中求生的无奈选择①。这种小概率成功与国家战略不谋而合，赢得了政策扶持，成为典型示范对象。客观地说，在领导型合作社建立之初，并没有雪中送炭的政策扶持，也不存在政策扶持的信息优势，而成功之后的政策扶持只是锦上添花，已是众所周知的公开信息。二是资源的稀缺性约束。当且仅当它成为领导型合作社时，它才能够获得巨大的利益，但是这种潜在利益是非常稀缺的。从这两个约束条件可以看出，合作社规模的扩张过程，实际是稀缺资源的竞争过程。

社会很多领域都存在激烈竞争，却很少出现边际收益与边际成本长期背离的现象，而在合作化过程中，合作社规模被推拉到了边际成本大于边际收益、平均成本大于平均收益的地步。究其原因，各种优惠政策本质上具有专有性，面向的是个别的领导型合作社，而不是众多的追随型合作社。但是，国家没有对此进行明确界定，如只有偏远山区、年轻劳动力低于某个比重、农产品种类稀少或者农业产值较低的地区才能够获得政策支持②，由此造成优惠政策的不确定性和非专有性，使其成为一种公有资源，具有了公共物品的

① 闻名天下的大寨村距离县城只有 5 千米，却由于“无可道也”，在民国年间编修的《昔阳县志》中竟然连大寨的村名都没有记载。1950 年，大寨村还是一个处于太行山深处的穷山村，穷山恶水、七沟八梁，全村只有 75 户，800 亩耕地，平均亩产遇到好年景也就 140 来斤。在这种艰难处境下，村民在 1952 年建立了初级合作社，1953 年在支部书记陈永贵的带领下，制定了 10 年造地规划，并提前实现了规划，粮食亩产由 1952 年的 237 斤逐步提高到 1962 年的 774 斤（杜润生，2002）。

② 如果国家没有明确界定某些经济扶持的范围和对象，国家的很多扶贫政策就会失灵，因为在“产权”界定模糊的情况下，很多地区、组织和个人就会加入“公有资源”争夺战中。这方面的典型例子是西欧国家的福利体系。福利在很大程度上是一种公有资源，不是导致人们的偷懒行为，而是鼓励人们过度争夺有限资源，最终导致租值消散。

性质。

在公开政策模糊和忽视基础比率的条件下，所有合作社都会努力争取非专有收入，以独享优惠政策红利。但是，由于合作社数量众多，对公有资源又缺乏掌控力，且排斥其他合作社的成本很高，因此出现了对非专有收入的过度竞争和过度投入，结果是各方所获甚少，收益率极低，造成了“公地悲剧”现象①。在这场争夺中，所有合作社都了解追随者将一无所获，但是又对过度竞争无能为力，甚至抱有一种不切实际的侥幸心理，总认为别人能够做成的事，自己也可以做成，或者至少不能成为拖后腿者。

之所以发生政策的“公地悲剧”，就是因为政策不清晰或者就非专有收入谈判的交易成本过高。如果交易成本足够低，合作社之间可以妥协，比如领导型合作社同意与竞争者共享政策红利，那么后者就不用投入资源进行竞争，也不用扩张规模。此时就出现了共赢局面：领导型合作社获得规模经济收益，追随型合作社获得规模不变收益，且二者都在最优规模上高效率运行，同时获得政策红利。换言之，政策的模糊性和稀缺性，以及领导型合作社高额收益率的诱惑，加剧了合作社之间的竞争，提高了界定产权和达成妥协的交易成本。由于交易成本的这种上升不是规模引起的，而是政策的非专有性引起的，因此在图 8-2 中体现为交易成本曲线从 C_t 移动到 C_t' 。

新的交易成本曲线 C_t' 与新的组织成本曲线 C_o' 相交于新的均衡点 E' 处。此时合作社有两个典型特征：一是在规模水平 S_3 上，组织成本和交易成本相等，因而实现了此规模水平上的制度成本最小化。二是当规模从 S_2 扩大到 S_3 时，制度成本从 C_2 下降到 C_3，这种下降是组织成本的下降幅度大于交易成本的提高幅度引起的。三是在规模 $\overline{S_3}$ 不变的条件下，均衡条件 $MC(\overline{S_3}, Q) = MR_1 = \lambda$ 要求相应的产量增长，这是人民公社建立之初农产品产量增长的内在原因。

由此判断，推动合作化的优惠政策越多，合作社之间的争夺就越激烈，对交易成本的影响也就越大。这种政策效应强化了一种错觉：国家主导了农

① 在经济学中，公有草地上的过度放牧和公海中的过度捕鱼是“公地悲剧”的经典案例。“公地悲剧”的实质是公有资源的非专有性引起的租值消散，即争夺公有资源的投入增加，收益率降低。

业合作化进程，使其脱离了最优规模，造成了合作社低效率。然而，领导—追随模型表明，在农业合作化的各个阶段，国家扶持政策主要是在领导型合作社崛起之后出现的，因而是对领导型合作社的事后奖励，而不是事前鼓励。就此而言，国家干预是农业合作化的结果，不是原因。不可否认，优惠政策改变了追随者的预期和决策，鼓励了合作化，但问题在于，追随者获得的实际支持有限。

8.2.2　观念转变与组织成本上升

建立人民公社体制和保障人民公社体制的良好运行是两回事①。二者之间的主要区别是：在建立人民公社之初，信仰、乐观情绪、集体主义精神、乡土文化、先发优势、政策宣传和夸大的人民公社利益等，激发了农民的合作及奋斗精神，个人利益与集体利益实现了兼容，从而降低了组织成本（见图8-2），确保了人民公社的低成本建立②。

但是，人们加入人民公社之后发现，其所吸纳的成员诉求各异，所要从事的工作千差万别③，彼此之间观念、道德水准、信仰追求和认知能力的差异比看到的或想象的还要大。这本质上是一个异质性群体，因此，那些最初凝聚人心的精神力量或规范迅速减弱、消失。人民公社甚至从两方面改变了人们的思维和行为方式：一是公社成员的“感情、思想和行为变得与他们单独一人时感情、思想和行为颇为不同”④。“个人的才智被削弱了，从而他们的个性也被削弱了。异质性被同质性吞没，无意识的品质占了上风。”⑤ 结果就是非理性决策、行为增多，造成各种隐性成本上升。二是人们意识到，在人

① 俗语“创业容易，守业难”蕴含着制度建立和制度良好运行的重大差异。就人民公社体制而言，快速建立容易，高效率运行难。

② 社会主义精神或者集体主义精神在解放区牢牢建立，克服了私有制下的个人主义精神。类似影响参见［德］韦伯．新教伦理与资本主义精神［M］．刘作宾，译．北京：作家出版社，2017.

③ 杜润生（2002）指出：“绝大多数人民公社刚一建立，就忙于秋收、秋耕、秋种和全民炼钢铁等紧张工作，还没有来得及健全制度，系统地解决由于成立公社而发生的生产、分配、生活福利、经营管理等方面的问题。公社化过程中的失误影响面很大，人们对农村中存在的问题认识混乱。”参见杜润生．当代中国的农业合作制［M］．北京：当代中国出版社，2002：539.

④ ［法］勒庞．乌合之众［M］．冯克利，译．北京：中央编译出版社，2014：7.

⑤ ［法］勒庞．乌合之众［M］．冯克利，译．北京：中央编译出版社，2014：8.

数众多的公社中，偷懒行为不会受到惩罚，导致责任感、荣誉感消失。这样，组织成本就发生了根本性逆转，出现了大幅提高（见图 8-3）。

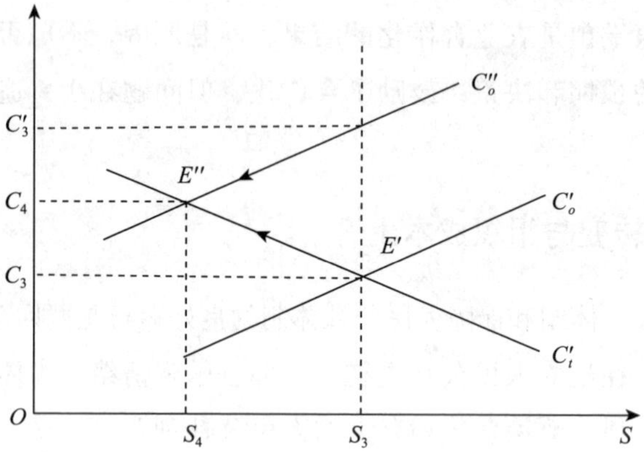

图 8-3　组织成本移动与农业组织效率

在人民公社规模 S_3 和交易成本 C_t' 不变的条件下，当组织成本线从 C_o' 移动到 C_o'' 时，组织成本就从 C_3 上升到 C_3'，制度成本随之上升。在组织成本提高的条件下，S_3 不再是最优规模，S_4 才是新均衡条件下的最优规模。即是说，人民公社的规模 S_3 是不稳定的，缩小规模是趋向稳态的自然选择。

伴随着人民公社的规模收缩，协调和监督的组织成本下降，但也意味着面临更多的交易对象，引起搜寻、谈判、签约和执行契约的交易成本提高。如图 8-3 所示，随着规模收缩，交易成本沿着 C_t' 提高，组织成本沿着 C_o'' 下降，且交易成本的提高幅度高于组织成本的下降幅度。由此可见，若要保持产出不变，实现均衡条件 $MC(\overline{S_3}, Q)=MR_1=\lambda$ 就要求相应的规模收缩。

但是，在人民公社刚刚建立之际就要求其收缩规模，无疑是对前期工作的否定，在观念上面临很大阻力，因此人民公社规模暂时维持在 S_3 水平上。在制度成本提高和规模不变的条件下，均衡条件 $MC(\overline{S_3}, Q)=MR_1=\lambda$ 要求相应的产量下降，这是人民公社确立之后农产品产量下降的原因。

8.2.3　公共物品供给失灵与利益损失

在委托—代理模型和领导—追随模式中，假设梯田、桥梁、道路、河堤、水坝等公共物品供给与农作物生产之间兼具替代性和互补性，即公共物品生产对农作物生产构成了挤出效应，如劳动力、土地、生产工具等方面①，而公共物品改善促进了农作物生产及农产品供给。例如，1960 年 8 月 10 日发布的《中共中央关于全党动手，大办农业，大办粮食的指示》开宗明义地指出，“从根本讲，水利是农业生产的命脉，在同水旱灾害做斗争和增加农作物产量上，水利也确实起了巨大作用”。不过，由于替代性影响超过了互补性影响，因而在总体上体现为替代性关系，造成了农产品供给下降②。

对此，模型假设：农产品供给下降被公共物品供给增加补偿。撇开公共物品与农作物生产的总体替代关系不说，农村公共物品供给增加本身是一项收益，而且具有很强的正外部性。因此，考虑了社会利益的合作化，其实会不断趋近社会边际收益等于社会边际成本的均衡条件，而 S_3 就建立在这一均衡条件之上。这表明，从囊括了公共物品供给和农作物生产的整体角度看，人民公社体制下总体产量水平或许不会出现大幅下降，甚至保持不变。

但是，人民公社的低效率无处不在，并不随着生产活动不同而有所改变。在公共物品供给上，主要体现为理念落后、规划缺乏和统筹不足，凡事一哄而上，结果造成了“撒胡椒面”的局面，公共物品数量和质量都达不到理想要求。例如，《中共中央关于全党动手，大办农业，大办粮食的指示》指出，“去冬今春水利战线拉得过长，三百个大型工程同时上马，材料分散使用，人力物力都来不及，许多工程搞了一半，有的主体工程完工了，不配套，不能发挥灌溉效益；还有少数工程因急于抢修，质量不好，被洪水冲垮了”。

也就是说，无论数量还是质量，公共物品供给都同样处于低效率的失灵状态，并强化了农产品供给下降反映出的人民公社低效率问题。这再次证明，在均衡条件 $MC(\overline{S_3},\ Q)=MR_1=\lambda$ 下，农业组织规模膨胀引起组织成本增加，

---

① 萨伊把征用劳动力建造公共工程看作一项税收。“征用民工建造公共工程像法国旧政权征用民工修造道路那样，总是一种为害很大的课税。”参见［法］萨伊．政治经济学概论［M］．陈福生，陈振骅，译．北京：商务印书馆，1963：508-509.

② 主要农产品增加的年份，也是削减公共生产活动的年份。例如，1960 年 8 月 10 日发布的《中共中央关于全党动手，大办农业，大办粮食的指示》指出，“当前的中心任务是：鼓足革命干劲，掀起一个群众性的增产节约运动的高潮，缩短基本建设战线，保证生产，保粮，保钢”。

进而引起总产量下降。同时证明，合作化不断扩大的过程，也是利益不变或受损（AR_1 或 AR_2）而制度成本不断上升的过程（$AC_1 \rightarrow AC_2 \rightarrow AC_3$）。在这种情形下，那些制度成本增长迅速而收益下降的追随型公社，面临更为严重的效率损失，S_3 的不稳定性日益加剧，并成为人民公社体制下的薄弱环节。

我们还发现，在存量变革的条件下，即劳动力、土地、资本、技术没有任何增进的条件下，人民公社规模收缩和主要农产品产量增加的过程，也是公共物品供给下降的过程。首先，这是由公共物品供给与农业种植的替代关系决定的；其次，动员大规模的集体行动更为艰难。也就是说，人民公社规模收缩同样是有成本的：既包括梯田、桥梁、道路、河堤、水坝等公共物品供给的下降，或者供给力度的下降，也包括这种下降对农业种植造成的负面冲击。

以上负相关关系表明，把公共物品和私人物品同时纳入人民公社是不可行的。更进一步地说，基于社会利益的农业组织规模与基于私人利益的农业组织规模之间存在天然矛盾：农民没有最大化社会利益或最小化社会成本（主要指交易成本）的动力。因此，除非存在一种有助于内部化社会利益的激励机制安排，能够有效地把个人利益和社会利益统一或协调起来，否则个人利益与社会利益的冲突必然导致人民公社的失败。

8.3 工分制的利与弊

在 S_3 的规模水平上，公社容纳的生产活动种类和成员数量达到极值。在这种大型组织中，协调各项活动变得异常困难，机会主义行为问题越发严重①。假设存在一个把协调困难转换为监督困难的系数，那么就可以采用委托—代理模型的结论来分析人民公社的激励机制安排。其中，第一种情形是两类活动的成本函数独立，$\beta_1 = \dfrac{\varphi_1 B_1}{\varphi_1^2 + r\sigma_1^2 C_{11}}$，$\beta_2 = \dfrac{\varphi_2 B_2}{\varphi_2^2 + r\sigma_2^2 C_{22}}$；第二种情形

① 队长把不同的工作任务分配给社员面临以下挑战：社员或者以指派给自己的工作任务量过重为由而采取偷懒行动，或者以能力不够、身体不适等理由拒绝接受工作，而队长难以证实这种声称。在研究中，我们对工作任务增加和社员人数增加引起的监督成本提高分别进行了处理。

是两类活动的成本函数相关，$\beta_2 = \dfrac{B_2 - B_1C_{12}/C_{11}}{\varphi_2 + (r\sigma_2^2/\varphi_2)(C_{22} - C_{12}^2/C_{11})}$。不管何种情形，两类活动的激励报酬与工作任务的监督程度 σ_1^2 和 σ_2^2 都成反比例关系。即是说，工作越难协调，激励报酬就应越低；当协调工作变得非常困难时，采用固定报酬就是最优选择。对于人民公社而言，协调和监督社员变得异常困难，σ_1^2 和 σ_2^2 异常高（$\sigma_1^2=\infty$，$\sigma_2^2=\infty$），因此，固定计酬制取代激励报酬是必然选择。这种劳动计酬制度，就是人民公社体制中的工分制。

8.3.1 工分制的实质

在工分制下，一般用劳动日作为社员投入劳动的计量单位，一个劳动日相当于一个中等劳动力一天完成的劳动量，一个劳动日再分为 10 个工分。年末，队的净收入在扣除国家税收、公共福利金等后，按每个人在一年里累积的工分进行分配。

工分制不是简单的、静态的固定计酬制，而是固定计酬和激励计酬的动态组合，也是众所周知的计时工资和计件工资的动态组合。其中，激励计酬是一种间接的劳动监督方式：公社支付的激励报酬越高，农民努力程度越高，机会主义行为越少，公社承担的直接监督成本就越低，如配备的监工人员减少。相比而言，在固定计酬方式下，劳动报酬与努力程度之间没有必然关系，农民的机会主义行为比较普遍，公社不得不安排专门人员来监督劳动，从而增加直接监督成本。这就是说，计酬方式从激励计酬转向固定计酬的过程，也是劳动监督方式从间接监督转向直接监督的过程。

这种转变的内在动力是，固定计酬取代激励计酬有助于降低监督成本。如果增加的激励报酬小于减少的监督成本，那么提高激励报酬就能够降低机会主义行为，节约监督成本；反之，当增加的激励报酬大于减少的监督成本时，则应该减少激励报酬，而增加直接监督，以此来节约成本；当增加的激励报酬等于减少的监督成本时，二者实现了最优组合。由于人民公社体制的规模过于庞大，机会主义行为普遍，监督异常困难，成员一方面可以获得激励工资，另一方面却可以规避与激励报酬相匹配的劳动，因此激励报酬达不到鼓励成员努力劳动的效果，处于失灵状态，造成了双重成本：过高的激励报酬损失和低效率监督。在这种情形下，取消激励报酬，采用固定报酬是一种帕累托改进。

转变是渐进的。在人民公社建立初期，中共中央要求，“人民公社建成以后，也不必忙于改变原有的分配制度，以免对生产发生不利的影响。要从具体条件出发，在条件成熟的地方，可以改行工资制；在条件还不成熟的地方，也可以暂时仍然采用原有的三包一奖或者以产定工制等等按劳动日计酬的制度，条件成熟以后再加以改变”①。在人民公社体制正式运转之后，协调和监督劳动的困难很快凸显出来，越来越多的公社采用固定计酬，而淡化激励计酬。

工分制本身采取多种形式计算工分，而且它们都不同程度地体现着激励计酬或按件记工的特征。一是按件记工，即工分值按每项任务事先确定，当工作被分配给社员时，他们所挣得的分值是固定的。二是“死分活评”，即按每个社员的劳动力强弱和技术高低评定每工作日应得的工分，再根据劳动中的实际表现进行评议，确定加分、减分或按原定标准记分。三是包工，即把一定的生产任务，按照工作定额预先计算出一定数目工分，包给生产队完成。最初是实行“小包工”的季节性包工，之后出现了“大包工”的常年包工。有些生产队甚至在常年包工基础上规定产量标准，实行超产奖励制。四是“死分死记”，按社员劳动力强弱和技术高低评定每工作日应得工分，再根据实际出勤时间记分②。在四种计酬制度中，前三种都具有计件工资或激励计酬的性质，只有第四种计酬方法是纯粹的计时工资或固定计酬制。

计件工资和计时工资的结合要成为一种最优计酬制度，前提是计件工资

① 参见 1958 年 8 月 29 日发布的《中共中央关于在农村建立人民公社问题的决议》。

② 另一种是简单地按每个劳动者的劳动天数做一个记录，到年终时，由每个劳动者首先提出他自己的评分，在对与他同等的人进行评估之后，每个人按 6~10 分的分值等级获得工分，然后用劳动的天数乘以他的等级，其结果就是他的工分总额；甚至还有另一种形式的工分制，从队的成员中选出一个“标兵”，其余人各自按自己与他的绩效的关系进行评价，并以此来分给他们工分。参见林毅夫．制度、技术与中国农业发展［M］．上海：上海人民出版社，2005：32.

或激励计酬能真正起到监督劳动的效果①。这就要求，在无法完成工作任务的条件下，农民需要承担与其工作任务相匹配的责任，不能只享受利益，却不承担成本。但是，按件记工和包工实际上都预先规定了社员或生产队完成既定任务的应得工分，而不是根据实际工作绩效进行事后确定，因此更像是固定计酬，而非激励计酬。相比之下，“死分活评”记工法具有激励计酬的性质，它事先规定了完成具体任务的应得工分，事后要考察劳动者或生产队的实际绩效。

由此可见，人民公社体制中的计酬制更多地采用了固定计酬制。正因如此，人们通常把工分制和固定计酬制等同起来。对此需要强调：第一，工分制不是纯粹的固定计酬，它包含着激励计酬或计件工资的成分；第二，尽管激励计酬占有一定分量，却微不足道，最终造成了普遍的“大锅饭”问题。

8.3.2 风险偏好与激励计酬弱化

人民公社的建立不仅是成员人数的增加，还纳入了农林牧渔业生产之外的许多非农业生产活动，如公共卫生、教育、公共食堂、工业生产以及行政事务等。在这种巨型组织中，不同的工作任务具有不同的经济效益，而人们的报酬又与效率高度关联，因此谁去种植粮食、谁去建设水利设施、谁去管理公共食堂……都是人们非常关心的事情。

一般而言，不同生产活动的劳动报酬差异取决于两方面因素：一是劳动者的努力程度或劳动投入量②；二是工作性质。假设劳动者的努力程度或劳动量既定，那么报酬差异主要取决于工作性质。现实中，不同生产活动面临着不同的风险。例如，粮食种植极易受土地肥沃程度、天气状况和病虫害等因素的影响，而桥梁、道路、河堤、水坝等建设基本不受类似因素的影响。可以预期，一项生产活动面临的此类外部不确定性越大，其产出波动也就越大。因此，对于不同的生产活动，同量劳动投入的产出差异较大。

---

① 张五常认为，计件工资制是最优的计酬制度，它能够自动地监督劳动者的努力程度，防止他们的偷懒行为，但是他又指出，这种制度可能存在其他问题。

② 第7章已经详细论述，这里不再赘述。

同时，对于具有不同风险倾向的农民来说，这种产出波动会影响他们的生产决策和选择。比如，强化风险偏好者的乐观倾向，促使他们在不确定性较高的粮食种植上追加投入；或者强化风险厌恶者的悲观情绪，促使他们减少在粮食种植上的投入，转而在不确定性较低的生产活动上追加投入。当然，只要预期收入不变，风险中性者对此毫无反应。生活中，大多数农民属于风险厌恶型，而非风险中性或风险偏好型，由此造成了一个困境：如何在有限的无风险或低风险生产活动供给与众多的风险厌恶型需求者之间实现资源配置？

在分散决策下，不管是风险偏好者还是风险厌恶者，各种生产活动的决策和执行都是集于一身的，人们总是能够按照边际均衡条件，在风险活动和无风险活动之间作出符合预期的选择，从而实现各种生产活动的均衡配置。但是在集体经济中，决策者（委托人）与执行者（代理人）是相互独立的，即风险中性的队长是各种活动的决策者，而风险厌恶的众多社员是各项具体任务的实际执行者。这种决策与执行分离结构或委托—代理关系，不可避免地造成劳动者与工作任务之间的错配，如把低风险活动指派给风险偏好者，把高风险活动指派给风险厌恶者，从而造成所有人都不满意的状态①。

尽管社员失去了决策权，不能够自主选择预期收入最大的生产活动，但是他们以变相、迂回的方式实现了分散决策的效果。即人们尽可能地争取从事那些不确定性较小（σ_1^2和σ_2^2较低）、工作较易监督和产出可测度，因而激励报酬高的生产活动（β_1和β_2较高），而非高风险生产活动。如果队长强制指派任务，人们就会进行消极抵抗，如出现偷懒现象，甚至发生蓄意破坏或顺手牵羊行为，并把产量损失完全归咎于该项活动的诸多不确定性，而非劳动者偷懒或努力不足。对此，队长束手无策，因为在高风险生产活动中，很难分清产量下降的主观因素和客观因素。

人们对低风险任务的过度竞争和对高风险任务的逃避，实际上促成了不同工作报酬的均等化。为了分析计酬制度的这种演变，假设人民公社中存在

---

① 以互相偷懒、彼此不满意的温和方式，落入了霍布斯所说的“每一个人对每个人的战争”。

两类任务——风险任务（$\sigma_1^2=\infty$）和无风险任务（$\sigma_2^2=0$）①，其中后者的激励报酬大于前者；在极端情形下，无风险任务同时获得固定报酬和激励报酬，而风险任务只获得固定报酬（$\beta_1=0$）。在这些条件下，无风险任务与风险任务的报酬差异，促使众多的风险厌恶者退出高风险任务，而争相加入无风险任务。例如，1958年人民公社建立之时，大量年富力强或者具有较高生产率的劳动力十分积极地加入集体行动中，从事桥梁、道路、河堤、水坝建造和大炼钢铁等低风险任务，而只留下体弱多病的老人和儿童从事粮食种植等高风险任务。

劳动力错配进一步强化了同酬化趋势。一是随着劳动生产率 $\varphi_i(i=1,2)$ 提高，激励工资 $\beta_i(i=1,2)$ 不断降低，导致无风险任务的报酬与风险任务的报酬趋同②。二是劳动力结构失衡，即从事无风险任务的劳动力供过于求，而从事风险任务的劳动力供不应求，引起无风险任务的激励报酬和固定报酬降低，而风险任务的固定报酬增加。三是随着从事无风险任务的人员增加，监督成本提高，偷懒行为增多，$\sigma_i^2(i=1,2)$ 提高，激励报酬下降。四是长期以来存在的耕地碎片化问题和农村公共物品供给落后问题，造成了粮食种植边际报酬低而公共物品供给边际报酬高的格局③，而劳动力在不同生产任务之间的转移，既提高了风险任务的边际报酬，又降低了无风险任务的边际报酬，从而扭转了这种格局，推动了私人利益和社会利益、私人成本和社会成本的趋同。

只要人们修建桥梁、道路、河堤、水坝等无风险任务的边际报酬高于种植粮食等风险任务的边际报酬，人们就会争相从粮食种植转向公共工程建设。

① 按照风险高低，我们总能够把各种生产活动划分为一个系列，在这个系列的一端，是无风险项目或风险很低的生产活动；在系列的另一端，则是风险很高的生产活动。

② 对于那些具有较高生产率的劳动者，即使支付较低的报酬，他们仍然具有较高的生产率，并不需要过多的激励来促使他们努力工作；对于那些具有较低生产率的劳动者，则需要支付较高的报酬，以激励他们努力工作，提高劳动生产率。

③ 黄宗智把这种现象称作“过密化”。“过密型增长”指的是一个地区的农业总产出有所增长，但其代价是劳动力边际报酬持续递减和农民劳均收入停滞甚至下降。在长江三角洲，它主要体现在“家庭化”的（棉）花—纱—布生产，由家庭辅助劳动力来承担低（于粮食和棉花种植的）报酬的“副业”，最主要是纺纱，其报酬只不到粮食种植的一半。

只有当人们从事无风险任务的边际报酬等于从事风险任务的边际报酬时，劳动力才停止转移，无风险任务的边际报酬就停止下降，从而实现边际报酬均等化。在极端条件下，无风险任务的激励报酬被挤压为零，和风险任务一样，只获得固定报酬。这种基础制度就是工分制的普遍形式。事实也是如此，在人民公社建立的 1958 年，很多公社很快就取消了计件工资，转而采取计时工资。

据此得出：第一，固定计酬制作为工分制的普遍形式，其实是合作社扩大化的内生制度。就像激励计酬制转向固定计酬制一样，人民公社的超级规模导致固定计酬制转向同酬制，如“死分死记”，并固化为工分制的典型形态，形成分配制度上的平均主义。第二，劳动者没有名义上的决策权，却拥有实质上的决策权：消极或积极劳动。也正是通过这样一种方式，他们实现了只有在分散经济条件下才能做到的事情：把风险偏好与生产任务进行最优搭配。这表明，即使在人民公社中，也仍然存在变相的劳动力竞争和资源争夺，不仅推动了农村基础设施建设，还促成了各项活动的同酬化和收入的均等化趋势。

8.3.3 公平观念与固定计酬强化

影响计酬制度的因素可以划分为两大类：内部因素和外部因素。其中，文化观念或意识形态是一种重要的外部因素。乡土中国至少存在两种影响深远的文化观念：一是“均贫富”“等贵贱”的传统文化观念；二是互助合作的集体主义精神。它们是为计酬制度提供养分，还是抑制计酬制度发挥作用，关键取决于计酬制度与它们的关系或契合程度。

为了简化分析，假设文化观念和计酬制度都是离散变量，结果公平和机会公平是文化观念的两种形态，固定计酬和激励计酬是计酬制度的两种形态①，因此，文化观念与计酬制度之间存在四种组合方式，并决定了两种组织形态：偷懒型组织和勤勉型组织（见图 8-4）。

计酬制度 \ 文化观念	结果公平	机会公平
固定计酬	勤勉型组织	偷懒型组织
激励计酬	偷懒型组织	勤勉型组织

图 8-4　文化观念与计酬制度

可以发现，当内生化的计酬制度高度契合了乡村社会的公平观念时，人们追求公平的文化观念就会强化相应的计酬制度。例如，在组合（固定计酬，结果公平）中，追求结果公平相当于一种外部监督机制，确保勤勉劳动是最优选择。如果固定计酬没有带来人们的利益趋同，而是引起了利益分化，那么追求结果公平的文化观念就起不到监督作用，甚至会成为破坏组织稳定的力量，组合（激励计酬，结果公平）就是一种偷懒型组织形态。如果人们更看重机会公平，宁愿接受差异化的分配结果，而把无差异的分配结果看成实质性的不公平，那么固定计酬制就难以为继，如组合（固定计酬，机会公平）是不稳定的，极易被组合（激励计酬，机会公平）取代。

据此推论：第一，在社会公平观念既定的条件下，固定计酬制的内部公平效应和外部示范效应越强，与社会公平意识越接近，固定计酬制就越容易被社会成员采纳，采用速度就越快，范围就越广。第二，在固定计酬制和激励计酬制比例既定的条件下，外部公平意识增强或弱化，也会改变固定计酬制与激励计酬制的比例关系，并加快固定计酬制或激励计酬制的

① 一般而言，任何社会的文化既不是结果公平型的，也不是过程公平型的，而是二者的某种非线性组合。从这个意义上讲，世界上各国的文化形态构成了一个连续序列。甚至在同一个国家，由于各地的自然条件、人口结构和社会风俗习惯不同，也存在众多的文化形态，构成了一个国家的文化序列。因此，只要弄清极端文化形态的特征，那么对于复杂文化序列的分析就相当容易。

采用率。在极端情形下，如果文化观念发生大逆转，人们从偏好机会公平突变为偏好结果公平，那么激励计酬制的优势就会转变为劣势，固定计酬制就会迅速增强。

在计酬制度和外部约束机制不相容的条件下，即使由于一些偶发性因素，出现了一些具有比较优势的临时性组织，它们的前途命运也是悲观的。例如，在组合（固定计酬，机会公平）和组合（激励计酬，结果公平）条件下，计酬制度与文化观念并不相容，而文化观念具有路径依赖特征，在短期内难以改变。若要保持这种制度约束下的组织稳定性，就需要调整内部计酬制度。此时，纵然调整之后的计酬方式满足外部文化观念的诉求，但是强制调整计酬方式并不符合组织内部的最优化要求，以致引起严重的内部治理难题。通常而言，内部激励问题引起的效率损失大于外部监督增强引起的效率提升，因此计酬制度调整非但不能增进组织效率，反而会降低效率。

归结起来，如果组织计酬方式适应当前的文化观念，那么它就能够迅速发展；反之，即使国家大力推广，它也会转瞬即逝。在人民公社中，由激励计酬转向固定计酬，高度契合了人们的社会公平诉求氛围，从而使固定计酬制获得了快速而广泛的发展——即使国家最开始鼓励激励计酬制。人们据此倒果为因，误把固定计酬制看作国家或人民公社追求平均主义分配制度的强制性产物，而不是文化观念约束下计酬制度自发演变的产物。

最后需要强调，人民公社的内在因素决定着计酬方式及其演进方向，外部因素则规定着计酬方式的调整速度。在把外部因素局限于文化观念的条件下，外部非正式约束机制发生突变以致计酬方式调整就是小概率事件。

8.3.4 固定计酬与集体性偷懒

按照委托—代理模型，在其他条件既定的情况下，劳动力努力程度决定产量，即 $x_i = f(e_i)(i = 1,2)$；产量决定报酬，即 $s(x_1, x_x) = \alpha + \beta_1 x_1 + \beta_2 x_2$。据此推论，与工分制或同酬化相对应的是相同的人均产出及其努力程度。在这些条件下，对于生产率不同的劳动者而言，他们完成相同工作任务的时间存在差异：高生产率劳动者能够在更短时间内完成规定工作任务，因而拥有更多的闲暇时间；低生产率劳动者不能在平均劳动时间内完成工作任务，不得不延长劳动时间，因而休息时间不足，劳动强度更高，工作更辛苦。

这种差异部分地解释了劳动期间男性劳动力的吸烟现象。男性劳动力由于劳动生产率较高，能够较快地完成工作任务，因此就能够抽出充足的吸烟和闲谈时间。相比之下，妇女的劳动生产率较低，唯有不间断地高强度劳动①，才能够完成与男性同等的工作量②，并获得工分。然而，低生产率劳动者并不认为吸烟或闲谈是高生产率的结果，而是把其作为偷懒或休息的一种手段，结果吸引越来越多的妇女和青少年加入吸烟队伍。此时，劳动期间的吸烟或闲谈就是纯粹的偷懒行为，而非高生产率的结果。

由此，工分制存在双重影响：一是过度监督引起的过度劳动问题。对于多数低效率劳动者而言，特别是妇女，人民公社中的高强度劳动让她们付出了沉痛的代价，如从事较重的体力劳动导致身体损伤、流产、慢性疾病和预期寿命缩短等③。二是激励不足问题。主要涉及两类人群：第一类是劳动生产率高于平均劳动生产率的那部分劳动力，特别是男性劳动力。在人民公社中，这部分人群拥有较高的劳动生产率，却由于激励计酬缺失，他们的劳动积极性及高生产率没有被完全释放出来，而只是保持在平均劳动生产率水平上。以广东礼乐公社为例，1957 年担肥下田时互相追赶、争先恐后，而在 1958 年时互相让路、等待；1957 年每天可送 200 担的，1958 年只送 50~60 担；1957 年能担 100 斤的，1958 年则担 50 斤④。第二类是纯粹的偷懒者，如通过装病、读书、学懒、吸烟或其他方法达到偷懒目的的少数人群。

---

① 马克思指出了男女之间的这种差异：“妇女和儿童一干起活来，正像傅立叶已经知道的那样，就会拼命地使出自己的全身力气，可是成年男工却很滑头，总是尽量节省力气。”参见马克思恩格斯文集：第五卷［M］. 北京：人民出版社，2009：800.

② 在人民公社中，劳动力之间存在一种性别分工，因此，农业生产活动的效率取决于男性劳动力和女性劳动力的工作匹配程度。在这种条件下，多数女性劳动力总是处于一种高负荷的劳动状态，因为男性劳动力总是跟在她们后面，让她们努力劳动！

③ 人民公社的机会主义行为比较普遍，据此人们认为是机会主义行为导致了农业生产停滞。对此，经历过人民公社体制的人们并不完全认同，那代人比他们的前辈和后辈付出的努力巨大得多。但是，辛苦劳动并不意味着高效率，有很多因素可以破坏农民的劳动成果，农民努力劳动和人民公社产量低下之间并不冲突。

④ 苏星. 新中国经济史［M］. 北京：中共中央党校出版社，1999：441.

在这种情况下，人民公社的生产率变化具有不确定性。当高生产率劳动者的效率损失超过了低生产率劳动者的效率增加时，总体劳动生产率下降；反之，总体劳动生产率提高。实际上，对于既定的劳动报酬，总存在一个最适生产率，确保人们完成与固定报酬或产出相匹配的工作任务。在这里，所谓最适生产率不是潜在的最优生产率，即所有个别生产率得以充分释放的生产率，而是一系列产出中各个产出水平对应的生产率或平均生产率。

据此推论，在个别劳动生产率一定的条件下，最适生产率与最优生产率之间通常存在一个缺口。如图 8-5 所示，假设总的劳动力数量为 L，劳动生产率 P_L 呈线性结构，与某一固定报酬相对应的最适生产率或平均生产率为 P_{L0}。在这一最适生产率下，劳动强度 I_L 为非线性结构——生产率越高，劳动强度越小。究其原因，劳动生产率越高，完成工作就越容易，劳动强度就越小；劳动生产率越低，完成固定任务越困难，就越需要倍加努力。

在这些假设下，个别生产率高于 P_{L0} 的数量为 L_0 的劳动者，完成工作任务非常容易，劳动强度非常低，且增长缓慢，并以观察到的偷懒行为增多和产出下降表现出来。如果激励报酬下降乃至消失，那么高生产率劳动者以最大限度努力从事工作的动力就会消失，偷懒现象就会日趋严重。与此同时，个别劳动生产率低于 P_{L0} 的剩余劳动者 $(L - L_0)$，不得不付出更多努力，以获得工分。由此可见，偷懒现象主要是相对于高生产率劳动者而言的，因此可以称之为相对偷懒或级差偷懒①。这种偷懒行为增多的实质是，他们具有高于平均水平的个别劳动生产率，却没有获得相应的激励报酬，只是获得了平均水平的固定报酬。因此，这不是偷懒问题，而是激励不足问题②。

在众多因素的影响下，固定计酬制不断取代激励计酬制，并在人民公社时期体现为同酬化的“死分死记”形态。在这一过程中，固定报酬虽有所提高，但是与激励报酬的取消相比，增加微不足道。因此，合作化程度不断提

---

① 类似级差地租，这是由劳动者的生产率差异引起的。与此对应地，绝对偷懒类似绝对地租，不管劳动生产率如何，人们都会偷懒，这是由劳动的不可监督性决定的。

② 二者的经济学含义是，偷懒指的是实际劳动量少于与所获报酬相对应的劳动量，激励不足指的是实际劳动量与所获报酬对应的劳动量相等，但是少于最优劳动量。这不是按劳分配，而是按分配劳动。

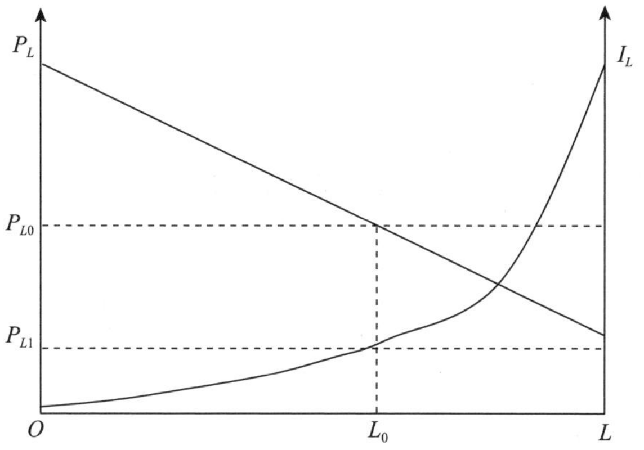

图 8-5 劳动生产率与劳动强度的变化

高的过程，也是平均报酬持续下降的过程。

如果人民公社的固定报酬不断降低，那么激励不足问题就愈加凸显。即使是低生产率劳动者，他们的劳动积极性也同样受挫，生产率降低①。一种极端情形是，当激励报酬完全消失而固定报酬极低时，人民公社的生产率就会降到最低水平，以致低于生产率最低的边际劳动者。如图 8-5 所示，当平均生产率降为 P_{L1} 时，所有劳动者的个别生产率都高于 P_{L1}，均能够轻而易举地完成规定任务，从而出现集体性的绝对偷懒现象。

不过，在合作化初期，季节组、常年组和初级合作社中的成员主要是家庭成员或族人，彼此熟悉，风尚、惯例、习俗、道德和舆论等尚能够约束人们的机会主义行为，偷懒行为还比较收敛。但是，随着高级社、人民公社的建立，社员的关系变得越发疏远，传统规范的约束力下降，而激励机制又没跟上，导致偷懒现象加重。因此，在无法监督人们努力程度的条件下，固定计酬实际上是在鼓励偷懒，而惩罚勤勤恳恳为团队付出之人。

① 在资源稀缺的条件下，“每一个人对每个人的战争”表现为对资源的争夺及其竞争；而在人民公社体制下，“每一个人对每个人的战争”表现为对闲暇或偷懒的争夺及其竞争。

9　农业组织规模收缩与效率提升

人民公社的超级规模和低效率造成了农产品产量下降，引起了大范围的绝对贫困，而那些支撑其兴起和发展的优势基础也不断衰减，因此，人民公社在经济上已经不可行了。然而，脱离人民公社的行为却在观念上和政策上受到抵触和禁锢。随着时间的推移，贫困现象越发严重，观念上的偏爱和坚守终究抵不过物资匮乏的冲击，人民公社的竞争优势和吸引力越来越小，并为生产队体制所取代，后者则孕育出了包产到户或家庭联产承包责任制。

9.1　规模收缩与利益增进

收缩规模是扭转人民公社低效率和高制度成本的根本出路。第一，规模越小，协调、监督劳动越容易，所需要的非生产性劳动和设备投入就越少；第二，规模越小，农业组织数量就越多，竞争性的农业组织与各地的要素禀赋差异结合在一起，决定了各自的比较优势和差异化的农产品生产，从而丰富了农产品种类；第三，规模收缩间接扩大了农村基层政权组织的决策权，它们更倾向于从集体利益或私人利益而非国家利益的角度出发作出经营决策；第四，农业组织数量越多，承担风险的主体越多，风险越分散，抵御外部风险的能力就越强；第五，农业组织规模越小，观念、道德、风尚和习俗的约束力越强，机会主义行为越少，劳动积极性越高，按劳分配越彻底有效。

9.1.1　政策调整与生产队体制确立

收缩规模的潜在利益诱发人民公社规模从 S_3 收缩为 S_4（见图 8-3）。现实中，人民公社的产量下降很快引起了上下反思①。1959 年 3 月，第二次郑州会议提出《关于人民公社管理体制的若干规定（草案）》，把生产大队（相当于高级社）确定为人民公社的基本核算单位，实行以生产大队所有为基础的三级所有制，并规定，应该把生产大队的部分职权下放给生产小队②。

1959 年 4 月，中共中央政治局上海会议纪要《关于人民公社的十八个问题》提出，“现在人民公社的所有制，除了公社直接所有的部分以外，还有生产大队和生产队的所有制；而且基本上是生产队的所有制。……作为包产单位的生产小队，对于土地、耕畜、农具和劳动力有固定的使用权，公社、生产大队和生产队都不能轻易调动”。

1960 年 8 月 10 日发布的《中共中央关于全党动手，大办农业，大办粮食的指示》强调，“进一步整顿巩固人民公社，加强队为基础的三级所有制，至少在五年内不要急于向基本社有制过渡；加强公社的经营管理，认真建立和健全财务管理制度，把劳动力组织好，使用好，做好秋收分配，继续肃清浮夸风、共产风和强迫命令，把广大群众和各级干部的积极性充分调动起来，保证农业生产，首先保证粮食生产”。

1960 年 11 月 3 日，中共中央发出了《关于农村人民公社当前政策问题的紧急指示信》，主要内容包括“以生产队为基础的三级所有制，是现阶段人民公社的根本制度，从一九六一年算起，至少七年不变”“坚决反对和彻底纠正一平二调的错误”“加强生产队的基本所有制”“坚持生产小队的小部分所有制”“允许社员经营少量的自留地和小规模的家庭副业”“坚持各尽所能、按劳分配的原则，供给部分和工资部分三七开”“从各方面节约劳动力，加强农业生产第一线”“安排好粮食，办好公共食堂”“有领导有计划地恢复农村集

---

① 1958 年 12 月 10 日，针对人民公社暴露出来的问题，中共中央八届六中全会通过了《关于人民公社若干问题的决议》。这项决议肯定了农村人民公社的生产资料和产品基本上属于公社集体所有，不能由国家统一调拨、分配；旧债由公社统一偿还；社员可以保留宅旁的零星树木、小农具、小工具、小家畜和家禽等家庭副业；社员个人所有的房屋、衣被、家具等生活资料永远归社员所有；等等。

② 1962 年前，相当于高级社的生产大队被称作生产队，而生产队下辖的生产队被称作生产小队；1962 年后，相当于高级社的生产队被称作生产大队，生产小队被统称为生产队。参见杜润生．当代中国的农业合作制：上［M］．北京：当代中国出版社，2002：548-549.

市，活跃农村经济”等12个方面。

1961年3月，中共中央制定《农村人民公社工作条例（草案）》，其中第三十四条对办公共食堂有了很大松动，要求“公共食堂必须真正实现自愿参加的原则。根据具体情况和社员要求，可以办全部人参加的食堂，也可以办一部分人参加的食堂；可以办常年食堂，也可以办农忙食堂。在居住分散或者燃料困难的地方，也可以不办公共食堂”。第三十七条指出，“人民公社社员可以经营以下的家庭副业生产：耕种由人民公社分配的自留地。自留地一般占当地耕地面积的百分之五，长期归社员家庭使用。经过生产大队批准，开垦零星荒地。饲养猪、羊、兔、鸡、鸭、鹅等家畜家禽，也可以饲养母猪。在条件许可的地方，还可以饲养一两头大牲畜。进行编织、缝纫、刺绣等家庭手工业生产。从事采集、渔猎等副业生产。在屋前屋后种植果树、竹木和其他作物。这些作物永远归社员所有”①。

1961年6月，中央工作会议上修订通过了《农村人民公社工作条例（修正草案）》，规定“生产队办不办食堂，完全由社员讨论决定”，替代了草案中公共食堂“应该积极办好”的规定；同时提出，口粮分配的办法“不论办不办食堂，都应该分配到户，由社员自己支配”。

在这种政策调整背景下，公社停止了扩张，规模开始收缩②。如表9-1所示，1959年，平均每个公社包括的生产大队数高达20.4个，生产队为129.6个，户数为5008户；平均每个生产大队包括的生产队为6.4个，户数为246户；平均每个生产队包括的户数为39户。1960年平均每个公社包含的生产大队数、生产队数都有所下降，但是吸纳的户数增加了，平均每个生产队包括44户，因此在生产队层面上，公社规模反而扩大了。1961年公社包含

① 我们分析了妇女从事编织、缝纫、刺绣等家庭手工业生产的原因，国家现在只是接受了这一既成事实。

② 1962年2月13日，中共中央《关于改变农村人民公社基本核算单位问题的指示》指出，“农村基本核算单位改变为生产队以后，人民公社仍然是一个完整的集体经济组织，公社内部仍然实行统一领导、分级管理，生产队仍然是生产大队这一级经济组织的组成部分”。从这里可以看出，在名义上，甚至在某些职权方面，人民公社的规模没有发生变化，但是在实际中，人民公社的职能已经被有效削减。我们认为，实质性的规模削减比名义上的完整更为重要，正是前者促成了人民公社的规模收缩。

的生产大队数、生产队数显著下降，平均每个生产队包括 26 户，比 1960 年减少了 18 户。

因此发现，尽管 1959—1961 年粮食、棉花、糖料、茶叶、水果、黄红麻等产量仍在下降，但是下降幅度不断缩小，粮食产量则在 1961 年出现了增长。这表明，人民公社在不断趋近最优规模 S_4，效率在不断提高，但是还没有达到最优规模，需要进一步收缩。

于是在 1962 年 2 月 13 日，中共中央发出《关于改变农村人民公社基本核算单位问题的指示》，指出了以生产队为基本核算单位的诸多好处，主要包括四个方面——克服生产队之间的平均主义、保证生产队的生产自主权、适合当前农民的觉悟程度以及有利于改善集体经济的经营管理，并宣布“在我国绝大多数地区的农村人民公社，以生产队为基本核算单位，实行以生产队为基础的三级集体所有制，将不是短期内的事情，而是在一个长时期内，例如至少三十年，实行的根本制度”。1962 年 9 月 27 日，中共八届十中全会通过了《农村人民公社工作条例修正草案》，规定“生产队的规模应该根据土地的数量和远近、居住的集中或者分散、劳动力能够搭配得开、畜力和农具能够配套、有利于发展多种经营等等条件确定。生产队的规模定下来以后，长期不变”。至此，以生产队为基本核算单位的“三级所有，队为基础”的人民公社体制正式确立。

与之相伴的是公社规模的实质性收缩。1962 年，平均每个公社只包括 9.4 个生产大队，74.6 个生产队，1793 户农户；平均每个生产大队包括 7.9 个生产队，191 户农户；平均每个生产队包括 24 户农户（见表 9-1）。从表中可以发现，公社的基本核算单位规模非常接近 1955 年的初级社规模，当时初级社的平均户数为 26.7 户（见表 6-2），略大于 1955 年 12 月初级社 23.6 户的规模（见表 6-4）。

表 9-1 1959—1962 年农村人民公社各级规模

年份	平均每个公社			平均每个生产大队		平均每个生产队户数/户
	生产大队数/个	生产队数/个	户数/户	生产队数/个	户数/户	
1959	20. 4	129. 6	5008	6. 4	246	39
1960	19. 1	118. 9	5207	6. 2	273	44
1961	12. 7	86. 2	2281	6. 8	180	26
1962	9. 4	74. 6	1793	7. 9	191	24

资料来源：杜润生．当代中国的农业合作制：上［M］．北京：当代中国出版社，2002：637.

生产队体制扭转了公社的低效率困境，各主要农产品产量都获得了增长。如表 9-2 所示，粮食产量从 1962 年的 16000 万吨增长到了 1982 年的 35450 万吨，增长了 121. 6%；棉花产量从 1962 年的 75. 0 万吨增长到了 1982 年的 359. 8 万吨，增长了 379. 7%；油料、糖料、茶叶、水果和黄红麻产量分别增长了 490%、1052. 7%、436. 5%、184. 4%和 703%。与之对应地，农民家庭人均纯收入从 1957 年的 72. 95 元提高至 1978 年的 133. 57 元。其中，从集体得到的收入从 43. 4 元提高至 88. 53 元，特别是家庭副业纯收入从 21. 46 元增加至 35. 79 元。截至 1982 年，从集体得到的收入净增加 54. 31 元，达到 142. 84 元，而家庭副业纯收入净增加 67. 01 元，达到 102. 8 元①。即是说，纯收入增长主要来自副业发展。

表 9-2 1962—1982 年各年份主要农产品产量情况 单位：万吨

年份	粮食产量	棉花产量	油料产量	糖料产量	茶叶产量	水果产量	黄红麻产量
1962	16000	75. 0	200. 3	378. 2	7. 4	271. 2	6. 6
1963	17000	120. 0	245. 8	832. 0	8. 4	287. 6	9. 9
1964	18750	166. 3	336. 8	1346. 5	9. 2	—	11. 8
1965	19453	209. 8	362. 5	1537. 5	10. 1	323. 9	14. 0
1966	21400	233. 7	—	1403. 5	10. 6	—	17. 5
1967	21782	235. 4	—	1524. 1	11. 3	—	19. 9

① 国家统计局．中国统计年鉴（1984）［M］．北京：中国统计出版社，1984：471.

续表

年份	粮食产量	棉花产量	油料产量	糖料产量	茶叶产量	水果产量	黄红麻产量
1968	20906	235.4	—	1249.6	11.8	—	19.8
1969	21097	207.9	—	1288.3	12.2	—	17.2
1970	23996	227.7	377.2	1556.0	13.6	374.5	15.7
1971	25014	210.5	411.3	1526.4	15.3	386.3	15.2
1972	24048	159.8	411.8	1873.8	17.0	444.2	19.0
1973	26494	256.2	418.6	1964.3	18.2	518.2	27.9
1974	27527	246.1	441.4	1872.1	19.8	515.3	31.5
1975	28452	238.1	452.1	1914.3	21.1	538.1	35.0
1976	28631	205.5	400.8	1956.3	23.3	540.4	36.6
1977	28273	204.9	401.7	2020.8	25.2	568.5	43.1
1978	30477	216.7	521.8	2381.8	26.8	657.0	54.4
1979	33212	220.7	643.5	2461.4	27.7	701.5	54.5
1980	32056	270.7	769.1	2911.2	30.4	679.3	54.9
1981	32502	296.8	1020.5	3602.8	34.3	780.1	63.0
1982	35450	359.8	1181.7	4359.4	39.7	771.3	53.0

资料来源：国家统计局国民经济综合统计司．新中国五十年统计资料汇编［M］．北京：中国统计出版社，1999：95.

但是，各主要农产品产量增长具有显著的随机波动特征。如粮食产量在经历了1962—1967年的高增长之后，在1968年、1972年和1977年出现了下降；棉花产量不仅在1969—1979年出现了波动，还出现了大幅下降，直至1980年才超过1968年的产量水平，随后又获得了快速增长；油料产量在1962—1975年获得了持续增长，却在1976年、1977年出现了下降，随后又出现了持续增长；糖料和黄红麻产量分别在1965—1975年和1967—1973年出现了波动①。

把1962—1982年的产量波动与1958—1961年的产量波动进行比较是有意义的。具体而言，1958—1961年，所有农产品的产量都出现了系统性的

① 产量波动的最大公约数是1968—1973年，这与当时的政治气候相关，但是产量增长意味着其对农业的影响有限，产量波动主要是由外部不确定性引起的。

大幅度下降，而1962—1982年，各主要农产品的产量变化具有两个特征：从长期看，都保持了增长趋势；从短期看，产量波动具有随机性特征。两个时期的增长和波动差异表明，1958—1961年存在某种强大的系统性低效率致因，甚至掩盖了诸如旱灾、涝灾、病虫害等随机性或不确定性因素（ε）的负面冲击；1962—1982年则不存在这种系统性冲击，随机性因素发挥着关键作用①。

事后来看，这种系统性和随机性干扰差异是人民公社的运行方式差异引起的。1958—1961年，农业组织主要是超级规模的人民公社体制或者以生产大队（相当于高级社）为基本核算单位的公社体制；而1962—1982年，农业组织虽然保留了人民公社的组织架构，却按照1955年的初级社规模水平运行，基础是生产队体制。这种差异的实质是生产、交换、分配和消费的权利归属问题，以及由此引发的激励问题，而这一问题是规模差异造成的。具体而言，在超级规模下，这些权利只会上收②，而在规模收缩条件下，这些权利自然下放。因此，公社的规模本身是问题所在，它的收缩能够增进利益。但同时，这种收缩抑制了集体行动的力量，削弱了个体抵御风险的能力③。

9.1.2 合作化的最适规模

截至目前，我们认为，人民公社体制向初级社回归是一种效率增进，生产队体制具有更高效率，而这隐含着一个假设：初级社实现了最优规模，是一种高效率组织④。但问题在于，这一隐性假设是否成立？

---

① 一个较好的研究，参见 Bai Y，Kung J K. Better incentives or stronger buffer? Weather shocks and agricultural de-collectivization in China［Z］. Hong Kong University of Science and Technology Working Paper，2011.

② 多任务委托—代理模型表明了规模扩张过程中的权利上收逻辑。

③ 一般而言，大型组织比小型组织更易于应对外部风险，但是大型组织为了节约监督成本，通常有减少产品种类的强烈倾向，而当农产品种类比较单一时，大型组织的风险反而增加了。与之相反，小型组织抵御外部风险的能力有限，不得不通过多样化种植来分散风险。

④ 初级社和生产队体制具有不同的土地产权：前者以土地私有为基础，后者以土地公有为基础。

现在运用18个省份1952—1956年的第一产业总产出（y_{it}）①、合作化程度（x_{1it}）②、粮食播种面积（x_{2it}）、乡村从业人员（x_{3it}）以及大牲畜年底头数（x_{4it}）③ 来考察合作化的最优规模。在这里，除变量 x_{1it} 之外，变量 y_{it}、x_{2it}、x_{3it} 和 x_{4it} 都采用对数形式。此外，由于无法完整地获取18个省份1952—1956年的化肥施用量和机械动力数据，所以剔除了它们的影响④。

基于这些数据，运用计量软件 EViews 6.0 进行多次回归检验，获得了两组假设条件下的回归结果：一是假设合作化程度对所有截面成员具有相同的系数，回归结果如表9-3所示；二是假设合作化程度在各观察期的系数不同，回归结果如表9-4所示。从中发现，尽管合作化程度对农业生产的影响不是十分强烈，但是就像理论预期的那样，二者之间的确存在正相关性。

具体而言，变量 x_{1it} 通过了显著性检验，其系数为0.003079。即是说，合作化程度每提高1个百分点，农业产值就会增长0.31个百分点（见表9-3）。x_{1it} 在1952年和1953年没有通过显著性检验（见表9-4），这可能是因为：第一，合作化程度过低，如1950年、1951年和1952年的合作化程度分别为10.91%、17.54%和39.9%⑤；第二，合作社规模过小，如简单的临时性的劳动互助、常年组和农业生产合作社是三种主要形式，初级社和高级社是在1954年和1956年之后才兴起的⑥；第三，合作化程度与农业生产无关。但

---

① 18个省份是天津、山西、辽宁、吉林、黑龙江、上海、江苏、福建、江西、河南、湖北、湖南、贵州、云南、陕西、甘肃、青海和新疆。此外，1952—1956年，由于各省（区、市）的价格水平呈下降趋势或者基本保持稳定，所以本节并没有把第一产业总产值转换为实际总产值。资料来源：国家统计局官方网站。

② 合作化程度指的是参加互助合作组织的农户数占总农户数的比重。数据取自黄道霞．建国以来农业合作化史料汇编［M］．北京：中共党史出版社，1992.

③ 国家统计局国民经济综合统计司．新中国五十年统计资料汇编［M］．北京：中国统计出版社，1999.

④ 这种处理会带来计量误差，但是以下两个方面原因表明其误差是微小的：第一，1952—1956年农业生产主要依靠劳动力、畜力和耕地面积等传统生产要素，化肥和机械动力等投入有限；第二，1952—1956年农民主要使用厩肥，而厩肥的数量与大牲畜头数直接相关，所以厩肥对农业产出的贡献可以通过大牲畜数据间接地加以衡量。换句话说，变量 x_{4it} 既衡量了畜力的贡献，又衡量了农家肥料的贡献。

⑤ 黄道霞．建国以来农业合作化史料汇编［M］．北京：中共党史出版社，1992.

⑥ 杜润生．当代中国的农业合作制［M］．北京：当代中国出版社，2002.

是，在1954年合作化程度变量通过了10%的显著性检验，1955年、1956年更是分别通过了1%、5%的显著性检验。这表明，合作化程度影响农业产出，1952年和1953年之所以没有通过显著性检验，主要是因为合作化程度过低或者合作社规模过小。

表9-3　计量回归结果（Ⅰ）

变量	系数	标准差	t 统计量	p 值
α_0	-3. 773762	0. 260534	-14. 48473	0. 0000
x_{1it}	0. 003079	0. 000642	4. 797953	0. 0000
$\log x_{2it}$	0. 365016	0. 042441	8. 600473	0. 0000
$\log x_{3it}$	0. 452178	0. 056946	7. 940466	0. 0000
$\log x_{4it}$	0. 038443	0. 043089	0. 892182	0. 3748

注：$R^2=0.869326$，$d=1.959914$，$F=141.3683$，$p=0.000000$。

表9-4　计量回归结果（Ⅱ）

变量	系数	标准差	t 统计量	p 值
α_0	-3. 634683	0. 243777	-14. 90984	0. 0000
x_{1i}-1952	0. 000165	0. 001232	0. 133546	0. 8941
x_{1i}-1953	0. 001582	0. 001190	1. 329599	0. 1874
x_{1i}-1954	0. 001779	0. 000904	1. 967596	0. 0525
x_{1i}-1955	0. 002794	0. 000822	3. 397445	0. 0011
x_{1i}-1956	0. 001920	0. 000751	2. 555210	0. 0125
$\log x_{2it}$	0. 371254	0. 041858	8. 869261	0. 0000
$\log x_{3it}$	0. 432703	0. 054562	7. 930409	0. 0000
$\log x_{4it}$	0. 035136	0. 040152	0. 875088	0. 3841

注：$R^2=0.894478$，$d=1.908330$，$F=85.82622$，$p=0.000000$。多次的计量检验表明，模型会出现时期异方差，因此，在两组假设条件下，通过对模型进行相应的广义最小二乘法估计来修正时期异方差和同期相关。

表9-4提供的一个关键信息是：1952—1956年，随着农业组织规模的扩大，其对农业产出的贡献先升后降，且在1955年达到最高。此时，合作化程度每增加1个百分点，农业产值约增长0.28个百分点。由此证实了以下假设：在当时的社会经济条件下，初级社是一种相对有效的农业组织形式，而

它的升级形式，即生产队体制有利于实现这一效率。对此，社会学研究表明，人类团体要依靠彼此熟悉和人际关系而正常运行，最大规模不能超过150人；如果这个团体规模过大，合作秩序就会坍塌，团体就会分裂（赫拉利，2017）。表6-2的数据与这种观点不谋而合，1955年初级社和高级社的平均户数分别是26.7户和75.8户，按平均每户整、半劳动力数2.33人估测①，初级社的规模就小于150人，高级社的规模略高于150人。此时，高级社数量远少于初级社，且都是自发性产生的，不存在低效率问题。据此推论，在社会经济不发生大变动的条件下，生产队体制将保持相对稳定。而1962—1982年各主要农产品产量的增长也表明，生产队的规模是适度的，符合农业经济发展要求。

9.2　初始建设成本下降与组织效率逆转

土地改革之后，耕畜、犁和水车等极度短缺，诱发了耕田队、犁牛队等互助组的兴起，这种临时性的季节性的简单的联合力量的优势在农业生产恢复中发挥了重要作用，影响力不断扩大，成为农业合作化的初始推动力。这种初始状态表明：第一，耕畜、犁和水车等生产资料的投资费用高昂，不是一般农户能承担得起的，劳动互助是突破这种约束的现实选择；第二，“耕者有其田”政策彻底改变了农村的经济基础，家庭成为农业生产的主要组织形态，而耕畜、犁和水车等的短缺问题限制了家庭生产的优势。把这两点结合起来发现，合作社相对家庭生产的优势，也许是初始的生产资料建设成本差异造成的，而不是合作社相对家庭生产的高效率引起的。

图9-1解释了这种可能性。在农业生产中，随着累积产量不断增加，种植知识和经验积累使得单位成本不断下降。据此假设：第一，不管是家庭生产还是合作社，都存在规模经济。第二，与家庭生产相比，合作社中的机会

---

① 1957年平均每户整、半劳动力数为2.33人，1978年平均每户整、半劳动力数为2.27人，1983年平均每户整、半劳动力数为2.84人。参见国家统计局．中国统计年鉴（1984）［M］．北京：中国统计出版社，1984：471.

主义行为非常普遍，面临更高的组织成本，即家庭生产的平均成本（AC_h）低于合作社的平均成本（AC_c）。第三，它们根据相同的农产品需求曲线 D 进行生产决策。在这些假设条件下，家庭生产比合作社更具效率（$AC_h<AC_C$）。

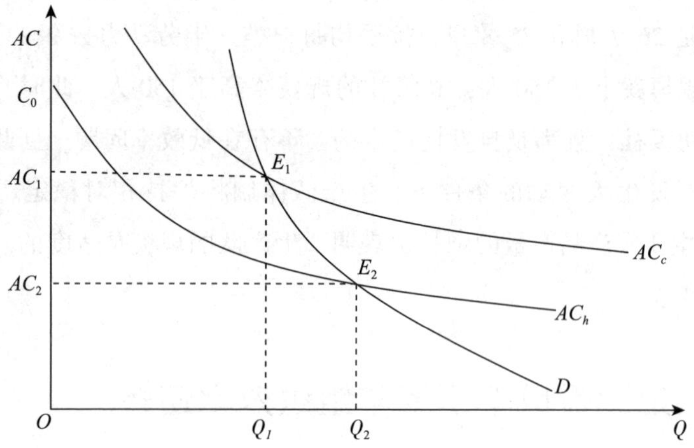

图 9-1　先发优势与低效率合作

土地改革后，生产资料短缺加速了合作化进程，合作社成为农业生产的主要组织形态，而家庭生产成为辅助形式。在人民公社体制下，副业内部化，自留地被取消，生活集体化，家庭在农业生产中的作用基本上可以忽略不计。因此，农业生产活动在 AC_c 曲线上运行，均衡点为（AC_1，Q_1）。此时，成本要高于家庭生产的均衡情形（AC_2），产量又低于家庭生产的情形（Q_2），这一现象与合作化进程中的低产出和家庭联产承包责任制下的高产出高度吻合。

对此，如果合作社不存在先发优势，家庭也克服了前期的建设成本约束，合作社与家庭生产并行，那么在要素禀赋、成本曲线和需求曲线既定的条件下，家庭生产比合作社更具优势，它就会不断扩张，取代合作社而成为农业生产的主要组织形态。此时，节约的平均成本为 AC_1-AC_2。即是说，家庭生产取代合作社是一种帕累托改进，有利于提高效率。但是，家庭面临极高的建设成本 C_0（$C_0 \geqslant AC_1$），这种效率优势是潜在的，不是现实的。

在上述意义上，合作化程度不断提高的过程，实则是扼杀高效率组织的过程。在人民公社体制确立之后，组织成本大幅上升，导致平均成本曲线 AC_c

上移，与既定的需求曲线相交于更高的平均成本和更低的产出处，合作化的优势进一步被削弱。当合作化的平均成本不断接近家庭生产的初始建设成本时，合作化的竞争力和吸引力减弱，农户单干的收益提高。但是，只要 $C_0 > AC_1$，经济将始终按照合作化方式运行，农户也缺乏投资耕畜、犁等工具的行动。在这种情形下，合作化的成本更高，农业产出更低。

合作化是如何取得这种先发优势的？首先是时代的自发产物。在土地改革之后，农民分得土地，但是户均占有耕畜、犁严重不足。在这种社会经济条件下，人们自发地结成耕田队、犁牛队等互助组，有效地缓解了生产工具短缺压力，促进了农业生产。其次是政策扶持的产物。中国革命的终极前途是社会主义和共产主义，而根据经典作家的理论，合作社是动摇私有制基础、促进生产力发展和实现终极目标的理想形式，而互助组、合作社的发展证实了这一论断。因此，农业合作化既是手段也是目标，从而得到了政策扶持。政策扶持极大地降低了合作化进程中的认知和文化阻力，一些领导型合作社还获得了经费、生产工具支持，从而使其平均成本曲线 AC_c 整体下移，与既定的需求曲线相交于更低的平均成本和更高的产出之处。这正是合作化初期主要农产品产量增加和合作化加速的原因，也是合作化在与家庭生产的竞争中脱颖而出的原因。

但是，在人民公社体制后期，财政危机加剧了合作化“瓶颈”。长期的经济停滞——不限于农业生产停滞，严重制约了农业税增量，导致国家财政压力骤增，对农业的支持更是力不从心。政策扶持的减少或者退出，导致一些公社的平均成本曲线 AC_c 迅速上移，甚至超过了家庭生产的初始建设成本 C_0，于是合作化的竞争优势不再，在这些公社内部逐渐产生了各种隐性的包产到户形式。正如马克思所说，“借更改名称以改变事物，乃是人类天赋的决疑法！于是就寻找一个缝隙，当实际利益提供足够的推动力时在传统的范围以内打破传统！”① 总体上，合作化进程中越是受益于政策扶持的，在后期越是受困于政策退出。

① 马克思恩格斯文集：第四卷［M］．北京：人民出版社，2009：68.

同时，经过农业合作化的发展，家庭生产的初始建设成本 C_0 下降，农户单干的基础进一步巩固。例如，耕畜、犁等的供给增加，投资成本下降。人民公社更是推动了道路、河堤、水坝、灌溉、桥梁、梯田等农村公共设施建设，降低了单干的成本。农业机械化也有所发展，出现了联合收割机、播种机、收割机、插秧机和拖拉机等。此外，人民公社的低产出和包产到户的高产出对比，推动了政策转变，放松了对单干的限制，也降低了违规成本。

总之，一方面是合作化的平均成本维持在高位，甚至有所提高；另一方面是家庭生产的初始建设成本下降，即 $C_0 < AC_1$。在这两股力量的作用下，家庭生产势必要取代人民公社体制，并在 (AC_2, Q_2) 处运行。在新的均衡处，农业生产的平均成本下降，即 $AC_2 < AC_1$，而产出增加，即 $Q_1 < Q_2$，因此，这种取代是高效率组织取代低效率组织的帕累托改进过程。

9.3 退社力量积蓄

各地的土地、劳动力、气候、自然资源、基础设施、技术水平、传统习俗、文化观念和风险偏好等主、客观要素禀赋不同，必然派生出多样化的农业组织形态，如劳动互助、人畜换工、合伙种地、耕田队、劳动互助社、犁牛合作社、季节性互助、常年性互助、互助大队、消费合作社、信用合作社、高级社、人民公社、农户家庭经营、家庭农场、专业大户、农民专业合作社和农业产业化龙头企业等，而不是把农户束缚在单一的组织形态中。一个包容、开放的社会更应该创造尽可能多的条件，鼓励、支持和允许各种组织形态的发展和繁荣，从而使人们根据各自的专业特长及比较优势选择农业组织形态，按照自己的自由意志从事生产、交换、消费活动。例如，一些人的个人主义意识强烈，独创精神浓厚，从事家庭生产更能体现他们的专长及价值；另一些人具有很强的团队合作和奉献精神，加入合作社更能施展才华。

这种多样化的农业组织体系本身是一套有利于增进效率的竞争体系。从事家庭生产的农户，为了保持独立性、避免合作化，就会加大投资力度，努力劳动，生产出足够多的高质量农产品，以体现出他们的竞争优势；合作社为了吸引更多农户加入，就会在应对突发性自然灾害、耕地整修、农作物抢收等方面体现出更多的团队合作精神，防止农户退出。理论上，在农户数量一定的条件下，竞争性农业组织越多、农户的选择越多、农业组织之间的竞争越激烈，组织的综合效率就越高。因此，只要这套竞争性体系正常运行，农户加入或退出的情形就会动态发生，直至彼此之间的边际收益达到均衡。本质上，这种多样化的农业组织体系是一套容错机制，为农户提供了试错、纠错的替代方案，而不是将农户限制在某种不匹配的生产组织中。如此一来，在均衡条件下，真正达到了人尽其才、地尽其利、物尽其用、货畅其流的状态。

但是，在合作化进程中，特别是在人民公社体制确立之后，农业组织形式出现了一边倒的合作化，个人主义及家庭生产受到单边抑制。在这种情形下，合作社不是作为补救家庭生产的低效率出现的，而是作为排斥家庭生产的高效率扩大的。由此可见，合作化从一开始就包含着家庭生产范围收缩的代价，先天地蕴含着边界无效扩张的基因。在合作化的初始阶段，如果说合作化的效率优势占据了主导地位，掩盖了家庭生产收缩乃至消失引起的产量损失，二者之间的冲突尚在可控范围之内，那么随着合作化优势的减弱及自发性的家庭生产优势的相对增强，这种内在矛盾加剧了。

退出人民公社的力量不限于家庭生产的吸引力，在更广泛的意义上是指千百年来烙刻在人们的大脑和内心深处的求生本能、自给自足的生产生活经验、机会主义倾向和个人主义价值观等。演化心理学认为："现在人类的各种社会和心理特征早从农业时代之前就已经开始形塑……我们的大脑和心灵都还是以狩猎和采集的生活方式在思维。"① 福山认为："人脑是一系列专门模件。这些模件是由早期人类面临的环境的特殊要求形成的，当代人的大脑也是在那个时代形成的，因此大脑中就包含解决环境造成之问题的固有知识。"② 在社会稳定、经济繁荣时，它们处于休眠状态，就像未曾来过世界一

① ［以色列］赫拉利．人类简史［M］．林俊宏，译．北京：中信出版社，2017：39.

② ［美］福山．大分裂：人类本性与社会秩序的重建［M］．刘榜离，等，译．北京：中国社会科学出版社，2002：228.

样；一旦遭遇危机，它们就会自动激活，释放出非凡的自救能力。例如，土地所有权和使用权分离现象最早起源于氏族社会，正如恩格斯所说，“耕地仍然是部落的财产，最初是交给氏族使用，后来由氏族交给家庭公社使用，最后交给个人使用；他们对耕地或许有一定的占有权，但是没有更多的权利”①。在人民公社体制的后期，这种产权安排变形为以生产队为基本核算单位的“三级所有，队为基础”的人民公社体制，1982 年以后则是众所周知的家庭联产承包责任制。

退社力量在受主流意识形态抑制的环境下，无法以正常形态存在，只能以一种隐性形式作用于经济。例如，在人民公社中，人们最初把更多的劳动投放在自留地上，而在自留地取消之后，从事手工刺绣、剪纸、麦秸制品制作的妇女越来越多，休闲活动也增多。与此同时，公社中的机会主义行为愈加难以控制，而情绪和行动的传染性进一步削弱了公社成员的责任感，最终造成了名义的高投入和实际的低产出现象。

对产出的博弈不限于公社成员之间，如围绕任务、工分和劳动时间的争执，以及违规的顺手牵羊行为等；也包括公社和成员之间有关余粮分配的博弈、公社与国家粮食征购部门有关粮食征购额度的博弈，以及城市与农村有关农产品定价权的博弈；等等。在这些博弈中，农民看似人数众多，力量强大，实则面临集体行动困境，缺少话语权，利益更易受损。

利益受损既伤害了积极推动合作化的先行者，又鼓励了那些最初不愿加入合作社的农户极力挣脱人民公社束缚的冲动，而他们是人民公社艰难运行的中坚力量，有着非同寻常的优势。具体来说，前一类群体具备一定的领导力、创业精神，责任感强，甘于奉献，把集体利益置于个人利益之上；后一类群体拥有一定的劳动技能、生产工具和社会资源，属于熟练劳动力，在同等条件下劳动生产率更高，也有从事副业或其他行业的能力，但更加重视个人利益。如图 8-5 所示，他们处在平均生产率 P_{L0} 的上方。与这两类人群相对的是非熟练劳动力，他们既不具备领导力或奉献精神，又缺乏充足的生产工

① 马克思恩格斯文集：第四卷［M］. 北京：人民出版社，2009：180.

具。在图 8-5 中，他们处在平均生产率 P_{L0} 的下方。

在农民利益受损的条件下，劳动报酬和平均劳动生产率随之下降。这样一来，受抑制的退社力量不断积蓄，高生产率农户留在公社的意愿下降，或者以各种方式消极怠工，愿意留在公社的主要是低效率农户，从而出现逆向选择，或者“劣币驱逐良币”现象。最后的结果是：公社的平均生产率越来越低，高效率劳动者退社的动机越来越强，公社的劳动强度越来越大。当劳动强度超过农户单干的情形时，脱离公社的力量全面激活，低效率农户也会义无反顾地退出公社。这个时候，公社的存在基础彻底消失了。

9.4 家庭联产承包责任制的兴起

经过 20 多年农业集体经济的发展，合作化之初的物质资本短缺问题得到了缓解，削弱了合作经济存在的基础。另外，农村人口数量和结构发生了重大转变，对生产队体制的稳定性构成了威胁。

9.4.1 劳动力增加与包产到户

与合作化之初相比，劳动力的变化以三种方式发生。一是存量相对过剩。互助合作是为解决生产工具短缺问题而自发出现的，却带来了意外收获：合作的规模经济效应提高了劳动生产率，以至于完成同量或更多工作任务所需要的劳动力反而减少，从而出现富余劳动力。同时，合作中的劳动监督难题造成了农村产业结构的单一化现象，这些富余劳动力在其他行业找不到就业机会，不得不从事农业生产。在耕地数量基本稳定的条件下，这只会加剧农业过密化问题或劳动边际报酬递减现象（即农民低收入的原因），提高劳动监督的困难，从而促使合作化范围进一步扩大，而这又减少了其他领域的就业机会。

二是人口自然增长。尽管人民公社体制颇受非议，但是调整之后的人民公社体制还是促进了粮食增长和农村发展。例如，1976 年粮食产量为 5726 亿斤，比 1965 年增加了 1835 亿斤。即使在 1972 年严重旱灾造成粮食减产的情况下，农业收成也有所增长（谢春涛，2011）。粮食增长缓解了生存压力，提高了人口出生率，促进了人口增长。此外，随着农业合作化的推进，农村合作医疗也逐步发展起来，出现了许多“赤脚医生”，极大地缓解了农村缺医少药问题，降低了人口死亡率。如图 9-2 所示，抛去 1958—1961 年的极端情形，1952—1970 年的年均出生率为 36.22‰，而人口死亡率从 1952 年的 17‰降低到 1970 年的 7.6‰。因此，在 1952—1957 年和 1962—1970 年两个时期，人口自然增长率处于高位，特别是后一时期，人口自然增长率显著提高，由此带来了人口的爆炸式增长。例如，1957 年平均每户常住人口为 4.85 人，1982 年提高到 5.46 人①。

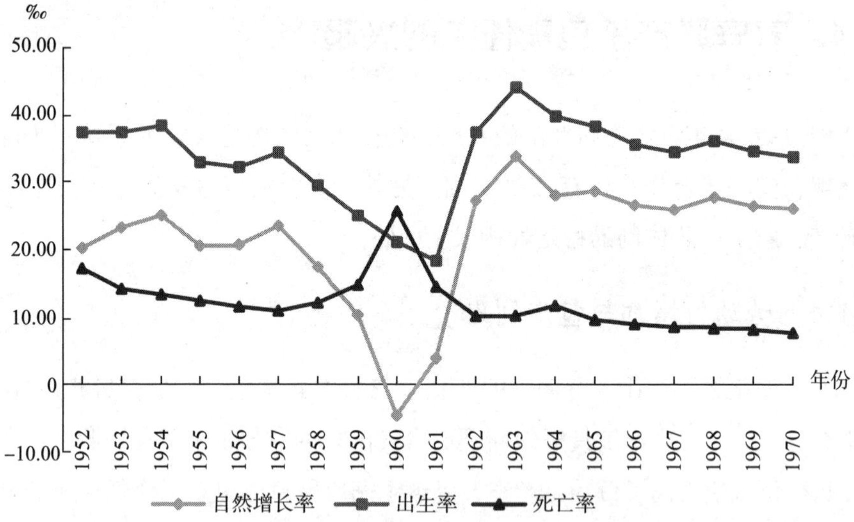

图 9-2　1952—1970 年人口增长

资料来源：Wind 数据库。若无特别说明，下文数据全部来自 Wind 数据库。

三是内涵式增长，即农村劳动力文化水平的提高。“新中国成立时，在全国大陆 5 亿人口中，文盲率高达 80%，全国小学学龄儿童入学率只有 20%左右，初中入学率仅为 6%，每 1 万人口中，高中、大学在校生仅为 8 人和 2

① 国家统计局．中国统计年鉴（1984）［M］．北京：中国统计出版社，1984：471. 关于人口爆炸式增长的原因有不同观点：一种观点认为是国家鼓励的结果；另一种观点认为，由于中国缺乏资本，多生孩子的边际收益大于边际成本，农民把多生孩子作为获取经济利益的一种手段。

人。”① 新中国成立后，国家采取了一系列举措，开展大规模扫盲和人才培养工作，提高国民的教育文化水平。据不完全统计，截至1953年，职工中已扫除文盲近100万人，农民中扫除文盲308万人；1958年7月，全国已有9000余万人参加文化学习，3200万人达到扫盲毕业标准。在全国范围内，已经有近1/4的县、市基本上扫除了青壮年文盲②。从高校规模看，1949年高等学校数为205所，在校学生数为11.7万人，毕业生数为3.1万人，研究生毕业人数为107人，专任教师数为1.6万人。1957年，这五个数据分别增加到229所、44.1万人、5.6万人、1723人和7万人③。

在本质上，扫盲工作和高等教育发展是一项人力资本投资，提高了劳动力的质量和劳动生产率。例如，他们能够娴熟地操作农业机械工具、采用新的农业种植技术、科学使用农作物新种子和化肥等。人力资本投资的核心是把简单劳动变为复杂劳动，在同等条件下，他们可以更快更好地完成更多的工作量，因而变相地增加了劳动力数量。更为重要的是，这些受过教育的一代人，拥有不同于上一代人的认识、创新意识和冒险精神，一旦成为劳动力中的主力，就会更加地自主，敢于作出一些突破传统规范的创新。

劳动力增加及其质量提升难免削弱人民公社的团队合作优势，而强化其固有的机会主义行为劣势，从而推动人民公社解体。这一发展趋势不是人民公社独有的，而是所有大型组织共有的，且开始于原始社会，一直烙刻在人类的文化、制度和行动之中。恩格斯指出：“每个原始家庭，至迟经过几代以后是一定要分裂的。原始共产制的共同的家户经济（它毫无例外地一直盛行到野蛮时代中级阶段的后期），决定着家庭公社的最大限度的规模，这种规模虽然依条件而变化，但是在每个地方都是相当确定的。”④ 即使在家庭内部，这种分裂和解体也时刻上演着：随着子女组建新的家庭，兄弟姊妹妯娌之间的利益冲突增多，协调难度提高，长辈逐渐失去了掌控力，共同生活已经不

① 袁贵仁．中国教育［M］．北京：北京师范大学出版社，2013：1.

② 郝和国．新中国扫除文盲运动［J］．党的文献，2001（2）：71-74.

③ 国家统计局．中国统计年鉴（1984）［M］．北京：中国统计出版社，1984：484.

④ 马克思恩格斯文集：第四卷［M］．北京：人民出版社，2009：50.

可能，只好被迫分家[①]。与这种分裂相随的则是家庭小型化和土地碎片化，前者提高了劳动积极性，抑制了机会主义行为，后者则造成了规模经济损失。

人民公社解体的根源在于成员之间的利益不一致，而成员的数量增加进一步加剧了利益不一致。首先，劳动的不可监督性更加严重，产出下降在所难免；其次，在产出增长缓慢甚至下降的条件下，人口增长造成人均资源减少，资源争夺加剧，而这种争夺进一步提高了公社成员的机会主义行为及离心力，而不是凝心聚力、增强团队合作精神。渐渐地，在公社内部形成了以家族或血缘关系为纽带的不同利益群体，他们提出了各自的利益诉求，以及摆脱困境的新思路。这里的悖论是明显的：农民付出了艰辛的劳动，耗费了大量的物力、财力，而产出很低。对此，所有农民都清楚地知道问题所在。因此，他们有摆脱这种困境的强烈愿望，也有在同等条件下实现增产的具体思路。

实际上，人民公社的起源决定了它的脆弱性。第一，合作本来包含着不稳定因素，特别是在私有制条件下。在合作过程中，一些家庭由于成员少，消费少，剩余多，也可能是由于土地优良，产出多，逐渐积累起了耕畜、农具等，在合作社中占据了更重要的地位和更大的话语权，从而有了摆脱合作社的动力和实力，并利用这个增强了的地位和实力来削弱合作社的地位，以巩固自己的优势。第二，互助组和合作社的产生基础决定了人民公社的命运：一旦生产工具短缺不再是家庭生产的约束因素，人民公社就随时可能解体。第三，在公有制条件下，竞争性组织受到了抑制，无法积累起足够的脱离力量，公社只能以低效率形态存在，而这种低效率最终经受不起“马尔萨斯陷阱”的考验[②]。

当然，人口增长的影响不是立竿见影的，而是要等到增长的人口成为社会的主要劳动力之后才能凸显。现实中，1952—1957 年出生的一代人，进入1970 年以后，正值年轻力壮，食物需求较大。第一，他们主要从事体力劳动，

---

① 在传统社会，人们对大家族有一种执念，更重视集体生活，而非强调个性自由。

② “马尔萨斯陷阱”是指，人口是按照几何级数增长的，而生活资料是按照算术级数增长的，生活资料的增长赶不上人口的增长，最终引起人口下降的现象。把这一现象稍作拓展：在现实中，这种矛盾未必引起人口下降，而诸如生活水平或质量下降，绝对贫困率提高，都是“马尔萨斯陷阱”的表现形式。

能量消耗多，食物需求更多。第二，饮食结构单一，主要热量来源是小麦、大米、玉米、马铃薯等，缺乏肉类、蛋类、蔬菜、花生油、海产品等，缺少人体必需的维生素、矿物质或营养，只能通过量的补充来弥补质的不足。第三，在以生产队为基本核算单位的体制下，尽管农作物产出有所增长，但还是抵不过过快的人口增长。第四，就全社会而言，经济发展落后，居民收入水平很低，恩格尔系数高，食物需求处在高位。第五，这代人开始结婚生子，正好处在上有老下有小的阶段，生活压力骤增，不得不想各种办法以维持生计。

在生活压力下，即使面临生产队的严格管理，这些年富力强的劳动力仍然有极强的动力从事生产队之外的活动，如手工业、商业等，而这进一步加剧了公社的劳动监督难题及其低效率。同时，与超级规模的人民公社相比，以生产队为基本核算单位的公社体制，合作范围显著缩小，成员要么是具有血缘关系的家族成员，要么是在同一地理范围内的街坊邻居，他们彼此熟悉，理解各家的生活不易，又对公社体制心存抵触。因此，在人民公社体制后期，管理趋于松散，更具包容性，对副业的严格限制减少。

宽松的管理、巨大的生活压力和较高的自主意识叠加在一起，促使1952—1957年出生的一代人不再墨守成规，敢于在公社内部尝试一种冒险行动：在保持公粮不变进而保持国家利益不受损的条件下，把土地隐性地承包给家庭，就像安徽小岗村的18户农民所做的那样。“这些个人之所以如此行事，却并不是因为他们知道这些方式是更好的方式，而是因为按照这些行为方式行事的群体要比其他群体更兴旺发达。”① 这种大包干的尝试取得了预料之中的成功，很快为周边地区所效仿，就像组织化进程中的模仿一样。国家意识到了农村社会经济条件的改变，及时放松了过时的生产队体制，并通过“先试点后推广”策略②，将大包干的农业生产方式推广至全国。

改革进程大致是这样的。1979年9月，《中共中央关于加快农业发展若干问题的决定》先是为实行包产到户开了绿灯，允许某些副业生产和边远地区、

① ［英］哈耶克．法律、立法与自由：第二、三卷［M］．邓正来，张守东，李静冰，译．北京：中国大百科全书出版社，2000：509.

② 国家在去组织化进程中的作用和它在组织化进程中的作用完全类似。

交通不便的单家独户包产到户，从而在一定程度上打破了生产队体制。紧接着，1980年3月，《全国农村人民公社经营管理会议纪要》将包产到户的范围进一步放宽到“集体经营长期办得很不好、群众生活很困难的”少数生产队经济。由于当时多数生产队的群众生活很困难，因此，政策本身蕴含着包产到户范围扩大的可能性。事实确实如此，1980年9月，中共中央在《关于进一步加强和完善农业生产责任制的几个问题》中提出：“各业的包产，根据方便生产、有利经营的原则，分包到组、到劳力、到户。”1982年，全国农村已有80%以上的生产队建立了联产计酬的农业生产责任制。当年，《全国农村工作会议纪要》明确确立了家庭联产承包责任制。

9.4.2 包产到户的效率源泉

在劳动力、土地和生产资料一定的条件下，包产到户比生产队体制更具效率，根本原因在于：在包产到户条件下，“交够国家的，留足集体的，剩下的全是农民的”，因此，农民有按照自己的最大工作强度和劳动效率从事生产活动的积极性，消除了劳动生产率损失问题。与此相对地，在公社体制或生产队体制下，农民按照与固定报酬相对应的平均劳动强度和劳动效率从事生产活动，总是存在一部分劳动生产率损失。如图9-3所示，包产到户条件下的农业生产率 P_{LE} 高于公社或生产队体制下的农业生产率 P_{L0}。

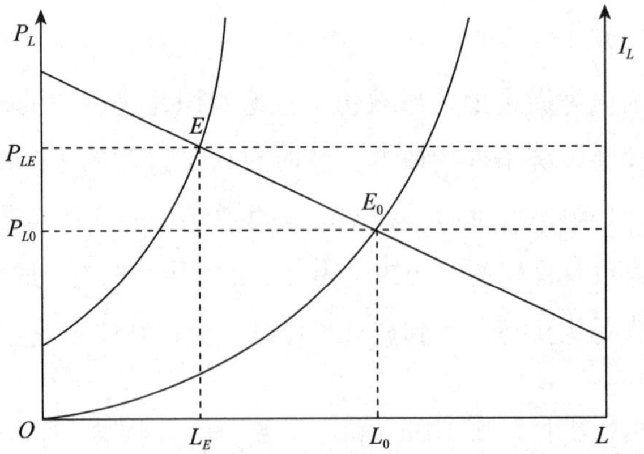

图9-3 包产到户条件下的劳动效率和劳动强度提升

包产到户通过生产组织形态调整，相当于引入了一个基于农民私人利益而非生产队集体利益的竞争性市场。此时，农产品的价值取决于社会必要劳动时间，而那些个别劳动时间高于社会必要劳动时间的农民，就会处于亏损状态，不得不通过各种办法来缩短个别劳动时间。当他们这样做时，又缩短了社会必要劳动时间，促使另一些农民处于亏损状态。这些亏损的农民要么继续提高劳动生产率，要么退出农业生产领域。不管作何选择，他们又会进一步提高劳动生产率，缩短社会必要劳动时间。也就是说，不同于公社或生产队体制下的逆向选择，包产到户形成了一种正向反馈机制，留下来从事农业生产的主要是相对高效率而非低效率的农民①，从而整体性地提高了农业生产率。

缩短个别劳动时间的措施包括改进技术、提高劳动强度、采用化肥和农药等。其中，传统农业技术比较成熟，耕作方法在短期内很难发生颠覆性革新。即使存在一些技术改进，如现代化的种植、养殖技术，但是投入大、见效慢，也不是农民能承受的。相对资本成本，农民的时间成本较低，且长期以来形成了辛勤劳作的传统习惯，因此，数量为 $L-L_E$ 的农民更愿意通过付出更多的体力或脑力，在同样的劳动时间内无缝对接地完成既定工作，从而扭转个别劳动时间过长的不利局面。由此推论，个别劳动生产率越是低于社会生产率，或者个别劳动时间越是高于社会必要劳动时间，劳动强度的增加就越多；反之则越少。如图 9-3 所示，劳动强度 I_L 的这种整体性上移，就是包产到户条件下农民更加忙碌的微观原因。对于个别劳动时间少于社会必要劳动时间的数量为 L_E 的农民来说，他们的忙碌程度则随着社会生产率的提高或社会必要劳动时间的缩短而提高，特别是与公社或生产队体制下的闲暇时间相比，这种减少幅度更大。也正是劳动时间的实际延长和闲暇时间的缩短提高了农业生产率。

① 工农收入差距，以及年轻劳动力进城务工且获得较高收入的现实，似乎与这一结论不吻合，给人们一种高效率劳动者流出、只有低效率劳动者从事农业生产的印象。但是，进城务工人员的高收入，不能表明他们在农业生产上比那些继续从事农业生产的人更具有比较优势。同理，在进城务工方面，那些继续从事农业生产的人也不具有比较优势。简言之，市场把劳动者安排在各自具有比较优势的领域。

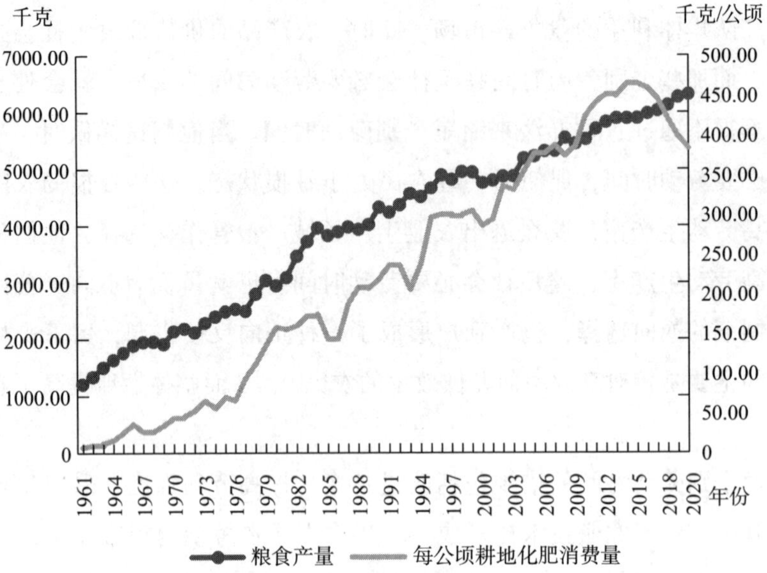

图 9-4　1961—2020 年中国每公顷粮食产量和化肥消费量

此外，一种投入成本低、见效快的增产办法被广泛引进：施用化肥。在传统农业中，农民使用的肥料以人畜粪尿为主，而人畜粪尿的氮、磷、钾成分含量很低，无法实现大幅增产。但是，施用化肥能够有效提高产出，Morrow 实验的结果表明，连续 79 年不施肥料的极为贫瘠的农田土壤，一旦施用矿物质肥料，可大幅提高土壤生产力。1978 年化肥肥料会议认为，发展中国家过去 30 年中增产的粮食，30%是由化肥的施用引起的（段争虎、刘新民，1996）。如图 9-4 所示，1961—2001 年我国每公顷耕地化肥消费量增长趋势与每公顷粮食增长趋势高度吻合，表明了化肥在粮食增产中的重要作用。

不过，化肥施用量与粮食增产之间不是严格的一一对应关系。在化肥施用量减少的情况下，粮食产出也可以保持增长；或者，在化肥施用量大幅增长之后，粮食增产有限。究其原因，化肥是影响粮食产量的重要因素，却不是唯一因素，降水、阳光、温度、种子质量和农药等都是基础性影响因素。

如果说施用化肥旨在提高农作物产出，那么采用农药就旨在降低病虫害造成的损耗。据估计，我国主要农业有害生物 1648 种，其中病害 724 种、虫

（螨）害838种、杂草64种、鼠害22种。在不防治的条件下，平均每年有害生物的危害会造成粮食作物减产15%左右、棉花减产20%以上。开展防治可挽回部分损失，但是每年仍会损失粮食1500万吨、棉花30万吨左右。1950年、1964年小麦条锈病大流行，分别损失小麦500万吨、300万吨（陈献礼，2006）。

农业生产率提升的积极作用是多方面的：一是农产品产出增长，极大地缓解了农产品短缺，解决了温饱问题，促进了农村经济增长，也为工业发展提供了丰富的初级原材料。二是在包产到户条件下，上缴的公粮既定，产出增长减轻了农民的家庭负担，增加了粮食剩余，可供消费或者出售的粮食增多，这要么提高了农民的生活水平，要么增加了储蓄。储蓄增加微观上将为农民的扩大再生产、手工业生产和商业经营活动积累资金，宏观上将形成较高的储蓄率，为城市工业化提供资金支持。三是社会必要劳动时间缩短，单位农产品价值降低，较低的农产品价格极大地降低了城市工人的生活成本和企业的生产成本，有助于塑造低劳动力成本的比较优势。四是在劳动强度不变的条件下，人们的闲暇时间增多，可以有更多时间从事副业和娱乐活动，从而繁荣农村的产业结构，丰富人们的日常生活。

农业生产率提升也存在负面影响。一是在农产品需求基本不变的条件下，农民越是努力，生产率越高，农产品价格下跌就越严重，必然引起“谷贱伤农”现象①。也就是说，农民避免了生产队或公社体制下的逆向选择问题，却陷入了包产到户下的“囚徒困境”。二是化肥和农药滥用，破坏生态环境，影响人们的生命健康。农田使用的任何种类和形态的化肥、农药，都不可能全部被植物吸收利用。例如，各种作物对肥料的平均利用率为氮40%~50%、磷10%~20%、钾30%~40%。如果施用的化肥品种单一，施用量过度，就会流入环境，渗入地下，造成大气、土壤、地下水污染和生物破坏。例如，20世纪50年代，我国东北地区一些农场的土壤有机质含量达9%，80年代降到

① 从个人角度看，不管其他农民作何选择，提高劳动生产率和劳动强度都是最优策略，但是，当所有农民都这样选择时，个人与其他农民的相对优势并没有发生变化，个人的辛勤劳动不仅没有增进利益，反而成了农产品价格下降的原因。

了1%~2%（屈宝香，1994）。

需要强调的是，农业生产率提升引起“谷贱伤农”现象，至少需要满足四个条件。第一，农产品缺乏需求价格弹性，即当供给增加引起农产品价格下降而需求增加时，价格下降幅度大于需求增加幅度，从而造成总收入下降；第二，社会分工不发达，产业结构单一，农民缺乏从事其他生产活动的机会；第三，农民只具备从事农业生产的技能，没有任何其他技能，完全被束缚在土地上；第四，农产品价格完全由市场决定，不存在价格管制。

现实中，这些条件是非常严苛的。随着商品经济的发展，社会分工日益发达，农民的选择机会增多。此外，自然经济一方面限制了社会分工发展，抑制了比较优势发挥；另一方面促进了技能多元化发展和代际传承创新，强化了“干中学”效应。因此，对于多数农民，他们拥有多种技能，而不是被捆绑在农业生产上。特别是我国是个人口众多的大国，解决好吃饭问题始终是国家安全的头等大事，农产品市场不是自由放任的，而是受价格保护的。

10 劳动力转移、土地规模经营与农业安全

家庭联产承包责任制实现了私人利益与集体利益的激励相容，有效地缓解了农民的机会主义行为问题，极大地提高了劳动生产率，促进了农业增长。在土地制度和农业组织形态之外，农业生产还受制于自然条件和物质资本，由于前者是相对稳定的，后者又面临资本边际效率递减规律的约束，因此，包产到户的影响是集中释放的，出场即巅峰。随着时间的推移，农业收益率基本保持稳定，或者呈周期性波动形态①。与此同时，城市工业迅速发展，改变了城乡的相对收入水平及其利益结构，提高了农业生产的机会成本，促使大量劳动力进城务工，从而扭转了农村的人地比例关系，再次引发了农业组织的自发性变革。

10.1 农村劳动力转移与耕地闲置

1980 年以来，我国的劳动力转移趋势符合配第-克拉克定理：随着经济发展和人均收入提高，劳动力先是从农林牧渔业流向制造业，再从制造业流向服务业。相应地，农业劳动力占比不断下降，工业部门的劳动力占比基本稳定或略有上升，服务业部门的劳动力占比显著上升。如图 10-1 所示，1980 年

---

① 蛛网模型表明，对于生产周期较长的农产品，在价格与产量之间存在一种相互影响的波动，即上一年农产品价格高，下一年就会产量增加，并引起价格下跌；价格下跌会引起下一年减产，而这会带来农产品价格上涨。这是“谷贱伤农”的一个重要机制。

农业就业人口占总就业人口的 68.7%，经过 20 年的发展，2000 年农业人口占比已降为 50.01%，2020 年只有 24.73%。造成这一现象的因素既有社会经济发展和劳动力转移的普遍性原因，也有农村经济结构发展的特殊性原因。

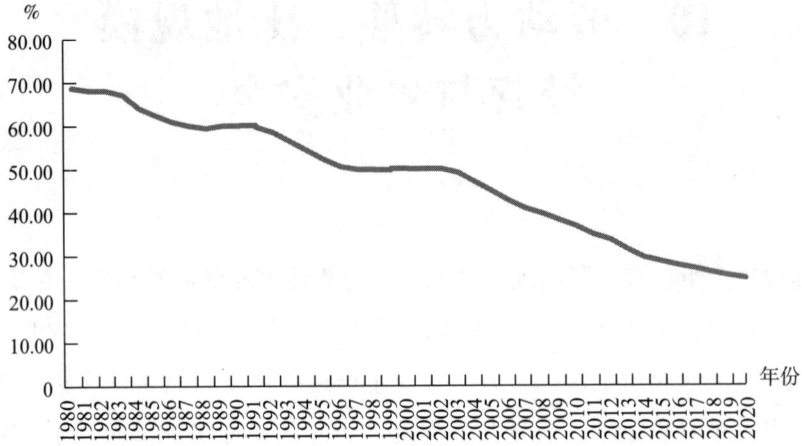

图 10-1　1980—2020 年农业就业人口占总就业人口比重

10.1.1　工农要素收益率发散

工资差异是引起农村劳动力转移的首要因素。如图 10-2 所示，1978—2000 年农林牧渔业、制造业、采掘业和建筑业的工资都稳步上升①，但是，农林牧渔业的工资增长速度明显低于后三者。例如，1982 年农林牧渔业的年平均工资只有 661 元，而制造业、采掘业和建筑业的年平均工资分别为 773 元、869 元和 912 元。在那个平均工资比较低的年代，100 多元的工资差距还是很吸引人的。进入 2000 年，农林牧渔业的年平均工资涨到 5814 元，而制造业、采掘业和建筑业的年平均工资分别涨到 8750 元、8340 元和 8735 元，与农林牧渔业的工资差距持续拉大，进一步推动了农村劳动力的大规模转移。

① 之所以选择制造业、采掘业和建筑业作为参照，主要是因为农民掌握的技能有限，主要进入了这些领域。

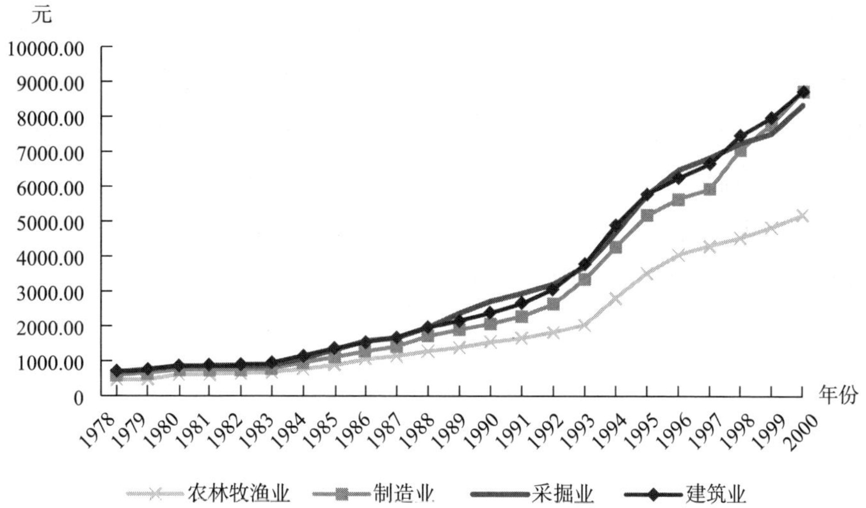

图 10-2　1978—2000 年农林牧渔业及部分第二产业年工资水平

随着工业化的快速发展，工资差距继续扩大。如图 10-3 所示，2021 年农林牧渔业的年平均工资涨到 53819 元，而制造业、采掘业和建筑业的年平均工资分别涨到 92459 元、108467 元和 75762 元。相应地，农林牧渔业与制造业和采掘业的相对工资比分别从 2000 年的 0.66 和 0.70 降到了 2021 年的 0.58 和 0.49，只有农林牧渔业与建筑业的相对工资比从 2000 年的 0.67 提高到了 2021 年的 0.71。这种变化差异主要来自劳动力供求结构的变化：制造业、采掘业越来越多地采用机械化生产，对熟练劳动力的需求增加，那些没有一技之长的劳动力只能流向非熟练劳动力需求更多的建筑业，由此导致制造业和采掘业的相对工资提高，而建筑业的相对工资下降。

劳动力以三种方式流出农村、进入城市。一是以务工形式进入城市，主要从事加工制造业、建筑业和采掘业等。这部分劳动力掌握的技能有限，外出务工的不确定性较大，工作不稳定，随时可能失去就业机会，因此，他们没有放弃农业生产活动，仍然将其作为家庭收入的主要来源，外出务工只是一种补充性的增收渠道。例如，他们往往是在完成春耕之后再外出务工，到了农作物收割时节又返回农村，集中完成收割工作等。第二次全国农业普查结果显示，从事农业生产 1 个月的人数为 1405 万人，从事农业生产 2~3 个月的人数为 6783 万人，从事农业生产 4~6 个月的人数为 1.13 亿人，从事农业生产 7~9 个月的人数为 8294 万人，从事农业生产 10 个月及以上的人数为 1.31 亿人①。由于绝大多数劳动力是季节性流动的劳动力，不会长期留在城市，因此，他们的流动不会冲击农业生产活动，甚至由于他们把全部或部分外出务工收入投入了农业生产活动中，如购买化肥、温室大棚、农业机械等，反而提高了农业生产率，促进了农业发展。

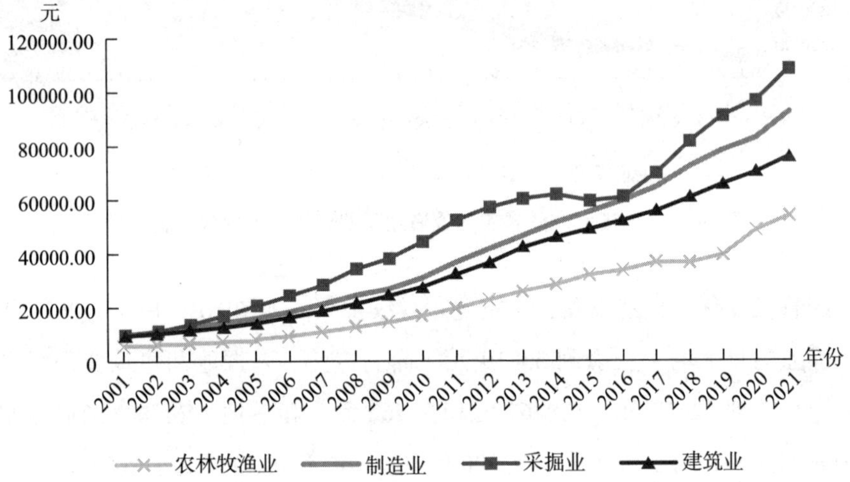

图 10-3　2001—2021 年农林牧渔业及部分第二产业年工资水平

二是年富力强的熟练劳动力离开农村，定居城市。与季节性流动的非熟练劳动力不同，这部分劳动力有一定的文化水平，学习能力强，掌握了一定的技能，在城市能够找到相对稳定的工作，有了在城市长期生活的物质基础。而且，城市在教育、医疗、就业、养老、交通、生活等方面的资源优势，吸引这部分劳动力尽一切努力留在城市。不管从哪个角度看，这部分劳动力流出都对农业发展构成了双重损失：一方面，熟练劳动力流出影响了农业机械化、智能化的采用，从而抑制了农业生产率提升；另一方面，他们的收入主要投向了城市，如购买房产、交通工具和孩子教育等，而不是流回农村，从

① 国家统计局官网（http://www.stats.gov.cn/sj/pcsj/nypc/nypc2/nc/indexch.htm）。

而限制了农村农业投资。即使给农村寄回一点工资，也非常有限。

三是人力资本流失。随着城乡收入差距的拉大和知识重要性程度的不断提高，投资教育的回报明显高于务工和务农收入，农民的教育观念也随之发生改变，开始重视子女教育投资。这样，有限的务工收入和务农收入主要用于子女培养，如学费、辅导班费、生活费和迁移费等，而不是投资于农业生产活动。这些子女一旦学有所成，大多数会留在城市，而不是回到农村——他们所学的专业知识，在农村找不到合适的就业机会，而且他们未掌握农业生产技术。同时，他们毕业之后，又要在城市结婚、买房，安家落户，这些都需要大笔的启动资金，甚至仍然需要农村家庭的支持。由此可见，与熟练劳动力流失相比，人力资本流失造成的劳动力和资金流失更严重，它相当于农村的一项负投资。

把三种劳动力流出方式结合起来可以发现，农业生产率将沿着下降通道演进，这与竞争性市场下农业生产率将趋于提升的结论并不吻合（见图 9-3）。这里的核心差异在于劳动力能否自由流动。工业化、城市化实际上创造了一个开放型的经济体系，劳动力可以自由流动，不再被束缚在农业生产上。而在缺乏这种机会的条件下，劳动力不能自由流动，只能从事农业生产，并与非熟练劳动力之间展开激烈竞争，从而提高农业生产率。

农业劳动力流出的直接后果是大量土地闲置。随着农村年轻劳动力的流出，留在农村从事农业生产的主要是 1940—1960 年出生的几代人。进入 2010 年后，他们中多数人的身体已经不足以支撑他们从事重体力的农业生产活动，而他们的文化程度又不高，不懂得使用现代化的农业机械工具，导致农业生产率较低，无力经营大量耕地。特别是在季节性的农忙时节，他们根本无力应对瞬息万变的气候冲击，来不及种植或收割，一年的劳作可能遭遇重大的天灾破坏，迫使他们不得不放弃偏远或者低质量的耕地。渐渐地，随着这些人的老去，闲置耕地范围进一步扩大，近距离的优质耕地也被撂荒。

在这种情形下，资本是弥补劳动力短缺的重要方式。但是，农村的资本不仅数量少，流出多，而且收益率低，流入少。如图 10-4 所示，在三次产业中，农林牧渔业的净资产收益率最低，2000—2021 年的平均值仅为 2.04%，而工业和社会服务业的平均值分别为5.72%和3.9%。这种资产收益率差异导致资本流向工业和社会服务业，而不是流入农业。由此，城乡、工农发展差距进一步拉大，激励越来越多的农村劳动力进入城市，而不是吸引人们返乡从事农业生产。

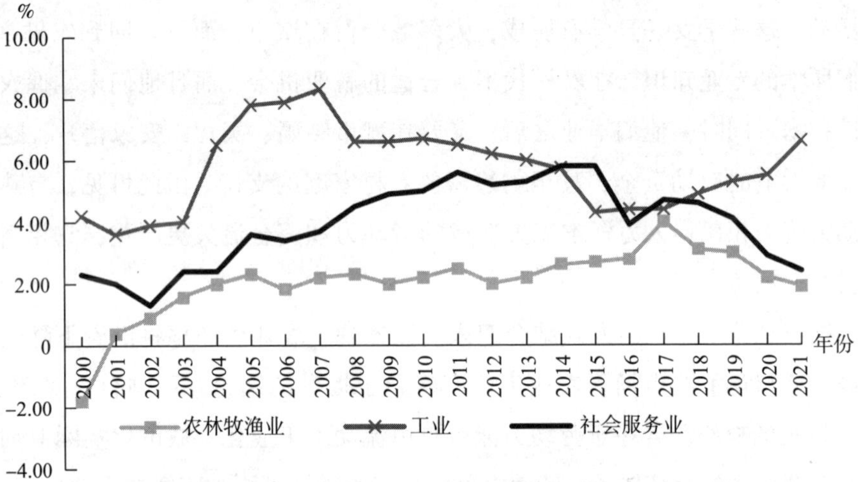

图10-4　2000—2021年三次产业的净资产收益率

10.1.2　土地的兜底功能弱化

土地闲置的另一个重要原因是，土地不再是进城农民的最后保险，兜底保障功能越来越弱。对于进城定居的农民及其子女而言，土地承包权虽然在他们的名下，但是，他们要么在城市从事第二产业或第三产业工作，要么从事个体经营活动，完全放弃了农业生产活动。即使在面临失业或经营状况不佳的条件下，他们回村从事农业生产的可能性也非常低。也就是说，这种放弃是永久性的，而不是暂时性的。原因既有主观方面的，也有客观方面的。

一是过高的心理成本。在城乡发展差距扩大的条件下，人们把进城就业看作一项展现个人能力、追求美好生活品质和获得更高收入的跨越，这也是改革开放以来城市化和工业化快速推进的微观动力。他们作为第一代“开拓者”，一旦成功定居城市，就会获得家乡人的认可和尊重，成为周围人竞相效仿和学习的榜样。反之，如果他们打拼多年，却未能在城市安居乐业，就会成为人们眼中的“失败者”和“舆论焦点”。这种无形的社会压力给人们造成的心理负担远超失业引起的伤害。即使在遭遇生活窘境时，人们也宁愿留在城市苦苦挣扎，不愿返回故土重拾祖辈们的旧业，比如从事种植、养殖和手工业工作。同时，人们的生活习惯存在棘轮效应，只能向上调整，不能向下调整。也就是说，人们在城市生活的时间越长，离开农村社会的时间越久远，对城市生活方式的依赖就会越高，而对家乡和土地的感情依赖就会越低。

二是高昂的农业技能学习成本。在人类与自然抗争的漫长历史中，大致形成了两类技能或经验：一类是显性的，直接用于社会生产活动，如农作物种植技术、手工艺活动等。在实践中，这类技能或经验主要是通过“干中学”，在代际进行传承和改进的。另一类是隐性的，蕴含在人们的生产活动中，只可意会不可言传，主要通过日积月累的生产生活体验，加以长辈们的点拨和自己的悟性才得以掌握，如对播种时间、土壤湿度和病虫害防治的精准掌握等。由此决定了农业部门与工业和服务业部门的重大差异：前者的技术要求是综合性的，而后者是专业性的。这样，对于长时间没有接触农业生产的务工人员来说，掌握农业生产技能的难度更大、成本更高，而从事其他行业的成本反而更低。即使自觉掌握了农业技术，也未必就能立即付诸行动而获取收益，因为农业生产的效益不仅取决于主观努力，还取决于自然条件，且后者往往扮演着更为重要的角色，这进一步降低了人们学习农业技术、投身农业的兴趣。

三是较高的农业生产风险。传统农业高度依赖自然条件，如恰到好处的气温、降水量和光照时间等。任何一项微小扰动，都足以产生蝴蝶效应，对农业产量产生极大的破坏。如在播种时节，雨水迟迟不到，或者连日阴天，光照严重不足；在收割季节，又突降暴雨或冰雹。在现代农业发展起来之后，人们逐渐投资温室大棚和农业机械，有效地降低了农业生产对自然条件的过度依赖，缓解了靠天吃饭的压力，但这种投资是小范围的，并未广泛应用于所有农业部门，特别是有些作物在经济上并不适合采用大棚种植。此外，在水资源紧缺和土地碎片化严重的地区，大棚种植和农业机械都不可行，人们不得不靠天吃饭，而这些地区占了我国农业产区的绝大部分。也就是说，有利的耕地业已得到了充分利用，而条件较差的耕地无法利用现代化的农业技术来抵御自然灾害冲击，根本无法吸引人们的投资，只能被闲置起来。

四是过高的初始投资门槛。在排除农业技术、耕地质量和自然条件约束的情况下，人们返乡务农也不得不面临另一项约束，即需要一定规模的资金用来购买种子、化肥、农药、大棚、农业机械等。这里的前提是，进城务工人员处于失业状态，或者返乡务农的收入高于进城务工。但是，图 10-2 和图 10-3 表明，农林牧渔业的平均工资长期低于工业部门，在可预期的未来，这种工资差距很难逆转。因此，失业是他们返乡务农的重要诱因。矛盾在于，投资农业需要大笔启动资金，而他们没有这部分闲置资金，否则他们就会选择在城市创业，而不是返乡务农。特别是在农业投资收益率长期低于工业和社会服务业投资收益率的条件下（见图 10-4），把一大笔资金投资于风险较高的农业部门并非明智之举，一次失败就意味着未来的生活没有着落乃至倾家荡产。而多数人是风险厌恶型，而非风险偏好型的。因此，他们宁愿手握资金，在城市等待机会，也不会投资一个早已陌生的领域。

五是城市的选择机会更多。城市与农村的一个重要区别是，前者把工业化所需要的人力、资金、土地、技术、原材料、中间产品、销售渠道、保障服务和消费功能等集中于一个区域之内，大幅降低了人们搜寻信息和运输物资的成本，从而使企业和居民享受到了范围经济的好处；后者零星散布于各地，彼此处于地理上的孤岛状态，很难共享资源，结果形成了对“项目”的重复投资，如每家都拥有耕畜、犁和机械化农具等，且在多数时间处于闲置状态，造成了极大的投资浪费，无法形成规模经济和范围经济。

这种差异导致越来越多的资源流向城市，形成了集制造业、建筑业、餐饮业、金融业、教育、科技、卫生、社会服务、文化、体育、公共管理、环保和旅游业等于一体的多样化、多层次的产业结构，衍生出了纷繁复杂的细分领域，创造出了数以万计的工作岗位，为人们提供了广阔的就业机会。相比之下，农村产业结构单一，人们被迫束缚在某种生存技能上，缺乏其他风险对冲渠道。首先，农业极易遭遇系统性或区域性风险冲击，如干旱、低温、风灾、雹灾，植物病、虫、草害，动物疾病，水资源、空气污染，地震、泥石流等。其次，政策风险也不可预料，包括国内货币政策、财政政策和农业政策调整，如取消或增加某项补贴，以及国际市场和贸易政策变动，如国际游资炒作大宗商品等。最后，在各国经济深度绑定的条件下，地缘政治不稳定或局部战争，都会严重冲击农产品市场，降低农村本已脆弱的吸引力。总之，城市的机会广阔而稳定，农村的选择有限而风险又高。

六是子女教育成本。对于进城务工人员来说，让子女享受更好的教育是他们留在城市的重要动因。因此，即使他们掌握农业生产技术，可以获得可观的农业经济收入，也能够快速适应农村的生活方式，但是他们把子女留在城市的潜在成本也异常高。毕竟，子女教育不单纯是获取知识和技能的问题，也不只是享用物质的问题，更重要的是人格、品行、性格、习惯、情怀、兴趣和思维的塑造问题，而家庭教育在这方面发挥着不可替代的作用，如父母陪伴、感情交流、作业辅导、人际关系处理、学习压力疏解、思想困惑释疑等，都是学校无法填充的。孩子的思维尚未定型，缺乏明辨是非的能力，一旦和父母分开，误入歧途的可能性极高，这些都是实实在在的风险点，不是任何一个家庭能承受得起的。另一个选择是，子女随父母回到家乡接受教育，而高昂的转学成本，如耗时的跨地区转学手续、适应新环境的压力、教学内容差异等，都不利于子女教育。权衡之下，即使面临各种艰辛，但是为了子女的未来，他们也不会把希望寄托在土地上。

与扎根城市的务工人员不同，对于季节性流动的务工人员而言，土地的兜底保障功能要强一些。他们进城务工，从事的主要是临时性工作，如建筑工、木工、砌砖工、电工、油漆工、钢筋工、管道工、抹灰工、城市清洁工、钟点工或保姆、厨师、服务员和保安等。这些领域基本上属于完全竞争市场，人员众多，技术含量低，可替代性强，岗位竞争激烈，工资低，收入没有保障，也无法享受城市的各种福利，如五险一金、节假日休息等，而且随时可能失去工作。因此，土地是他们的主要财富，农业是他们的生命线，也是收入的主要来源，农村是他们的生活和精神家园，进城务工只是副业。

因此，对于那些扎根农村的农民来说，土地才拥有兜底保障功能。困难在于，随着 1940—1960 年出生的几代人逐渐老去，或者跟随子女进城颐养天年，以及越来越多的年轻人离开农村，依赖土地生活的农村人越来越少。在城市化进程和城乡发展差距没有逆转的条件下，这种保障功能只会弱化。特别是在经济落后的偏远山区，自然条件恶劣，水资源短缺，交通不便，土地升值潜力小，人口流失严重，土地兜底保障功能的消失更为显著，如一些农村已经演变为无人村，土地、宅基地完全处于无人管理的状态。

10.2 土地集中与资本下乡

经过几十年的发展，农业生产条件发生了根本性转变。比如，新中国成立之初的生产资料短缺问题得到了彻底解决，农村劳动力流出引起土地闲置，农业产值占比下降，比较优势减弱，粮食对外依存度增强，并随着城市化的深入推进呈加剧之势。在这种条件下，家庭联产承包责任制的发展基础被不断削弱，难以适应新的经济条件，制约了现代农业发展。于是，一些新的农业组织应运而生，以不同方式突破了家庭联产承包责任制的局限性，促进传统农业向现代农业转型。

10.2.1 新型农业组织

“历史在重演，不过是在新的基础上重演。”① 20 世纪 50 年代，土地改革和生产资料短缺催生了农业合作化运动；到了 20 世纪 80 年代，人民公社体制走到了尽头，短时间内被效率更高的包产到户取代；经过 20 年的发展，人地关系开始逆转，土地兜底保障功能弱化，农业组织化程度再次提高。

如表 10-1 所示，1996—2000 年东部地区、中部地区和西部地区的新型合作组织获得了较快增长。据估计，2000—2001 年全国已有 140 万个各类合作组织，参加农户约占全国农户总数的 4%，其中浙江省的合作组织发展尤为突

① 斯大林全集：第十卷［M］. 北京：人民出版社，1954：169.

出（黄宗智，2006）。截至 2012 年 3 月底，全国依法注册登记的农民专业合作社达 55 万多家，覆盖了全国 91.2%的行政村，平均每个行政村接近 1 家；实有入社成员 4300 多万人，覆盖全国 17.2%的农户①。如表 10-2 所示，2016 年末，全国共有约 2.07 亿户农业经营户，其中规模农业经营户约 398 万户；农业生产经营单位 204 多万个，其中农民专业合作社近 91 万个，约占农业生产经营单位的 44.6%。分地区看，东部地区规模农业经营户和农业生产经营单位数量最多，分别占全国的 30.0%和 33.6%；东北地区数量最少，分别占全国的 20.8%和 8.3%。

表 10-1　我国农业合作组织地区分布情况

地区	1996 年		1998 年		2000 年	
	组织数量/个	地区占比/%	组织数量/个	地区占比/%	组织数量/个	地区占比/%
东部地区	6613	55.9	14588	48.07	32344	48.5
中部地区	4334	36.7	13588	44.78	21198	31.8
西部地区	877	7.4	2188	7.15	13146	19.7
合计	11824	100.0	30344	100.0	66000	100.0

资料来源：牛若峰．中国产业化经营的发展特点与方向［J］．中国农村经济，2002（5）：4-12.

表 10-2　2016 年末全国各地区农业经营主体数量

地区	农业经营户/户	规模农业经营户/户	农业生产经营单位/个	农民专业合作社/个
东部地区	64793081	1193341	687552	315145
中部地区	64269569	856121	563917	269088
西部地区	66471556	1104975	622187	219707
东北地区	11897440	825969	169910	101206
合计	207431646	3980406	2043566	905146

资料来源：第三次全国农业数据普查［EB/OL］. 国家统计局. http：//www.stats.gov.cn/sj/pcsj/nypc/202302/U020230223531273769774.pdf.

从耕地集中情况来看，农业生产向规模化方向发展。第二次全国农业普

① 回良玉．全面提升农民专业合作社的发展水平和质量［N］．农民日报，2012-07-06.

查结果显示，全国共有2亿户农业经营户，其中，经营耕地40~49.9亩的105万户，50~59.9亩的58.2万户，60~99.9亩的87.7万户，100亩以上的42.9万户。从农业生产经营单位数来看，经营耕地100.1~200亩的7761个，200.1~300亩的3960个，300.1~400亩的2457个，400.1~500亩的1982个，500.1~1000亩的4107个，1000.1~5000亩的4466个，5000亩以上的2436个。第三次全国农业普查数据显示，规模农业经营户和农业生产经营单位实际耕种的耕地面积占全国实际耕种的耕地面积的28.6%。

农业组织化和耕地集中为农业机械化提供了契机。第二次和第三次全国农业普查数据显示，2006年末，全国联合收获机和排灌动力机械分别为55.5万台和1348万套，到2016年末分别增长到114万台和1431万套。农业机械的大量使用，提高了主要农作物的机械化水平。例如，2006年耕地机耕面积、机播面积和机收面积占比分别为58.6%、30.85%和23.32%。2016年小麦机耕面积、机播面积和机收面积占比分别为94.5%、82.0%和92.2%；稻谷机耕面积、机播面积和机收面积占比分别为83.3%、29.0%和80.1%；玉米机耕面积、机播面积和机收面积占比分别为73.7%、69.9%和61.7%①。

比较发现，这种适度规模经营不同于20世纪50年代的农业合作化，更不是向人民公社体制的回归，而是一种组织创新。第一，从组织化起因来看，当前的适度规模经营是由土地闲置促成的，不是由生产工具短缺引起的。以拖拉机为例，1961年全国拖拉机数量仅有5.3万辆，2000年达到98.9万辆，40年时间增长了1766%（见图10-5）。实际上，生产工具的广泛应用提高了农业生产率，加速了农业劳动力转移，促进了农业规模化经营。

① 国家统计局官网（http：//www.stats.gov.cn/sj/sjjd/202302/t20230202_1895954.html）。

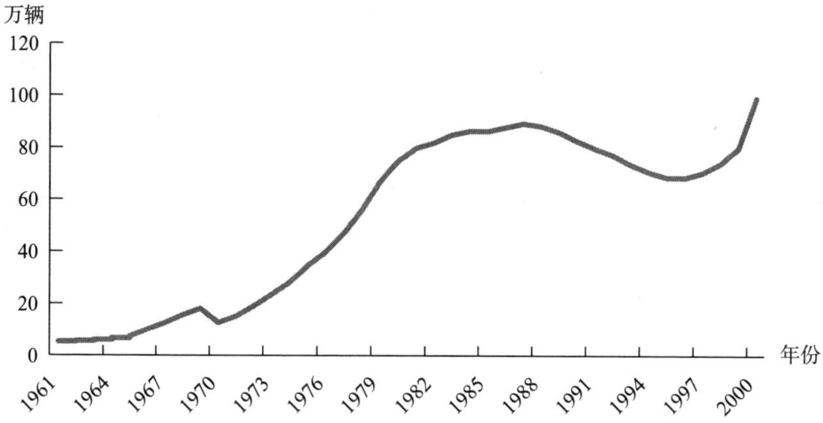

图 10-5 1961—2000 年拖拉机数量

第二，从组织形态来看，农业组织更加多元化，出现了家庭农场、专业大户、农民合作社、农业产业化龙头企业等新型农业经营主体，构成了一个立体式的农业组织体系，打破了人民公社体制和家庭联产承包责任制下比较单一的组织形态。如表 10-3 所示，1996 年农业产业化龙头企业为 5381 个，占比为 45.51%，1998 年达到 15088 个，占比接近 50%；合作组织是第二大类型，且发展迅速，从 1996 年的 3384 个增长到 2000 年的 2.2 万个。2018 年农业产业化龙头企业已达 8.7 万个，家庭农场为 60 万个，在工商部门登记注册的农民合作社有 217 万个①。

表 10-3 我国农业合作组织形式的多样性

组织类型	1996 年		1998 年		2000 年	
	组织数量/个	占组织总数的比例/%	组织数量/个	占组织总数的比例/%	组织数量/个	占组织总数的比例/%
龙头企业	5381	45.51	15088	49.93	27000	41.0
合作组织	3384	28.62	8024	26.44	22000	33.0
专业市场	1450	12.26	4848	15.98	7600	12.0

① 国家统计局官网（http://www.stats.gov.cn/sj/zxfb/202302/t20230203_1900407.html）。

续表

组织类型	1996 年		1998 年		2000 年	
	组织数量/个	占组织总数的比例/%	组织数量/个	占组织总数的比例/%	组织数量/个	占组织总数的比例/%
其他类型	1600	13.61	2384	7.85	9600	14.0

资料来源：牛若峰．中国产业化经营的发展特点与方向［J］．中国农村经济，2002（5）：4-12.

第三，从产权结构来看，土地改革之后，互助合作建立在农民土地所有制基础之上。在农业社会主义改造完成之后，高级社、人民公社就是以土地归集体所有或国家所有为基础。在“队为基础，三级所有”的生产队体制下，土地所有权保留了人民公社体制时期的形态。相比之下，当前的土地产权安排更为灵活——土地所有权归集体或国家，承包经营权归农民，使用权归经营者，从而为适度规模经营和传统农业改造创造了条件，也保障了农民的利益。

第四，从变革方式来看，农业合作化运动和包产到户都是激进式的，主要特征是全局性、快速性和强制性。其中，国家在农业合作化运动中的强制性更为积极主动，而在包产到户中略显被动。同时，强制性与变革速度之间没有必然的相关性，相对于包产到户的快速完成，农业合作化实际上是在一个相对较长的时间内完成的。与此不同，当前的农业再组织化是渐进式的，主要特征是局部性、温和性和自发性，国家的作用主要限于引导、鼓励和支持。

第五，从影响来看，农业合作化和包产到户突然改变了人们已经习惯的生产组织方式，而长期的路径依赖行为很难瞬时调整过来，生产资料也难以及时跟进，这种矛盾必然引起农业产出的剧烈波动。表 6-7 表明，在人民公社体制下，农业产出出现了急剧下跌，1960 年的粮食产量、棉花产量、油料产量和生猪存栏数相比 1958 年分别下跌了 28.2%、46.0%、59.3%和 39.8%。包产到户带来了 1982—1984 年粮食、棉花和油料产量的大幅增长，而在之后又有所下降，特别是棉花产量基本保持长期不变（见图 10-6）。相对而言，农业适度规模经营是在家庭联产承包责任制框架下进行的，调整的只是耕地的组织方式，而不是农民的组织方式及其利益关系，没有引起产出的剧烈波动。

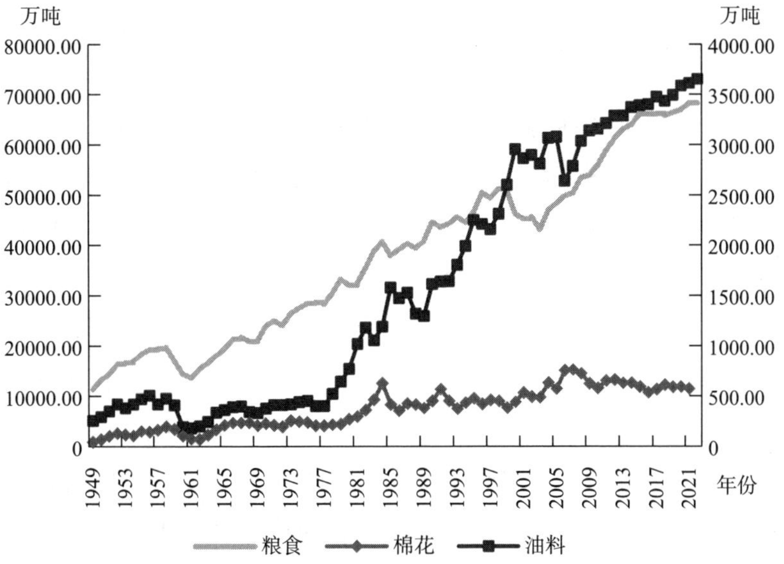

图 10-6　1949—2022 年主要农作物产量

注：左轴表示粮食产量，右轴表示棉花和油料产量。

第六，从变革目的来看，农业互助合作最初是为了缓解生产资料短缺压力，后来的高级社、人民公社成为社会主义经济的实现形式，而实行家庭联产承包制的直接目的是走出人民公社体制的低效率困境，调动农民的生产积极性，提高农业产出。农业适度规模经营的直接目的是形成集生产、加工、运输、销售于一体的农业组织，改变小农户与大市场之间的矛盾，提高农户的谈判优势、融资能力、技术水平和风险抵御能力，并降低农户的交易成本。

组织创新和技术变革的齐头并进，促进了农业生产力的迅速发展。如马克思所说，“一切现代方法，如灌溉、排水、蒸汽犁、化学处理等等，应当在农业中广泛采用。但是，我们所具有的科学知识，我们所拥有的耕作技术手段，如机器等，如果不实行大规模的耕作，就不能有效地加以利用”①。当

① 马克思恩格斯文集：第三卷［M］. 北京：人民出版社，2009：231.

前，工业化、信息化加速了农村人口转移，也为农业机械化、专业化生产提供了物质支持，而土地闲置为规模化经营提供了现实基础，由此诱发了农业的再组织化。

10.2.2 资本与农业发展

农村劳动力流出和土地闲置提供了农业再组织化的可能性。事实上，随着农村人口老龄化和资金趋紧，农村缺乏再组织化的人力、财力和物力基础。即使出现了农户的某种联合，如农民专业合作社，它们的可持续性也充满了不确定性。一种极端假设是，随着城乡发展差距的扩大，越来越多的农村劳动力离开农村，进入城市，直至某个时间节点，农村劳动力所剩无几，农民专业合作社难以为继，农村就会出现严重的“产业空心化”。在这种条件下，粮价急剧上涨，粮食危机难以避免。一个现实的补救措施是加大粮食进口，而正如美国战略理论家布热津斯基所说，“粮食依赖进口，将不仅因成本较高而给中国的经济资源造成紧缺，而且也会使中国更容易受到外部压力的打击”①。

现实不会按照这种极端模式展开，却提供了农业再组织化的可能方式。在农村劳动力流出的条件下，农民不会像农业合作化运动那样成为农业再组织化的主导力量，有限的资金、技术进一步限制了这种可能性。但是，农业“空心化”趋势及粮价上涨提高了农业资本收益率，缩小了其与工业、服务业之间的资本收益率差距，从而增强了资本投资农业的意愿。如图 10-4 所示，农林牧渔业的净资产收益率低于工业和社会服务业，但是总体上呈上升趋势，并且随着农业“空心化”带来的粮价上涨，农业资本收益率提高是大概率现象。也就是说，外部资本而非内部劳动力是未来农业再组织化的主导力量。

资本主导的农业再组织化将重塑农业竞争力。首先，农业向规模化、机械化和专业化生产发展。出于分散风险和满足基本生活需求的需要，家庭联产承包责任制倾向于多元化生产，而资本主导的农业生产将倾向于在某些细

① ［美］布热津斯基．大棋局：美国的首要地位及其地缘战略［M］．中国国际问题研究所，译．上海：上海人民出版社，2007：132.

分领域从事专业化生产，核心是运用泰勒主义原则获取规模经济效益。具体而言，像工业生产一样改造传统农业，把复杂和非重复性的作物种植分解成简单和可重复的运动，使不熟练工可以迅速学会机械化，进行标准化生产，从而克服劳动力的机会主义行为及其监督难题，大幅提高农业生产率，降低平均成本，提高投资收益率。为了实现农业规模化、专业化生产，就需要对地理上零星分布的耕地进行整体规划、修整，使其连片，而农村土地大量闲置及其兜底保障功能弱化，消除了农户的一些惯常顾虑和抵触行为，如担心耕地土壤损坏、失去优质耕地，以及引发邻里之间的土地产权纠纷等①。

其次，农业融资能力提升。当前的金融体系建立在暂时性收入或资产基础之上：个人或生产者收入越高，资产规模越大，融资就越容易，融资成本就越低；个人或生产者收入越低，资产规模越小，融资就越困难，融资成本就越高。而相对小农经济，专业大户、农民合作社、农业产业化龙头企业等的收入流更稳定，资产规模更大，而且所投设备都是专用性资产，如大型联合收割机、农用拖拉机、耕地整修、灌溉设施和温室大棚等，周转周期长，出现道德风险的概率极低，因此更容易获得银行信贷。即使在农业投资面临资本边际效率递减规律约束的条件下，低融资成本仍然有助于刺激农业投资，而不像小农生产那样，民间借贷的高昂利率直接挤压了农业投资利润，甚至挤占了一部分劳动收入，以至于重挫了农业投资积极性。

10.3 资本监管与农业保护

资本下乡是农业发展的重要契机和转折点，正如资本推动了工业化、城市化一样，资本将从整体上重塑农业组织结构和农业竞争力。但是，逐利本性决定了资本的机会主义倾向，如生产短视、虚假宣传、投资冒险等，其中有些倾向是自我实施机制失灵的产物，只能借助国家干预才能加以遏制。

---

① 安徽桐城六尺巷的故事形象地说明了人们对土地的珍视和守护，以及由此引发的邻里纠纷。在土地稀缺且兜底保障功能很强的条件下，让他人三尺并不容易。只有在土地失去这些功能之后，对土地进行统一规划、灵活处置才是可接受的。

10.3.1 农业种植规范与农产品质量守护

在市场经济条件下，资本的直接目的和决定性动机是追求利润最大化。为了实现这一目标，企业会使用化肥、除草剂、杀虫剂等以提高产出，导致残存在谷物、蔬菜、水果以及土壤中的毒素增多。这不仅引发了越来越多的现代疾病，严重威胁了人体健康，还造成了严重的土地和环境污染问题。如图 10-7 所示，1952—1980 年，我国化学农药产量稳步增长，考虑到当时的有限产出及出口管制，少量农药主要归国内使用。1982—1988 年，化学农药产量连年下降，部分是由于农产品主要归农民自用，而他们对农药有天然的不安和抵触心理；部分是由于农民无力承担高昂的农药费用支出。1989—2014 年，农药产量及使用量显著增长，这一现象与农产品的商品化进程高度吻合，表明生产者开始关心产出及盈利，而不像自给自足时那样更加关注产品安全。2014 年之后，农药产量及使用量下降，表明绿色农业越来越深入人心。

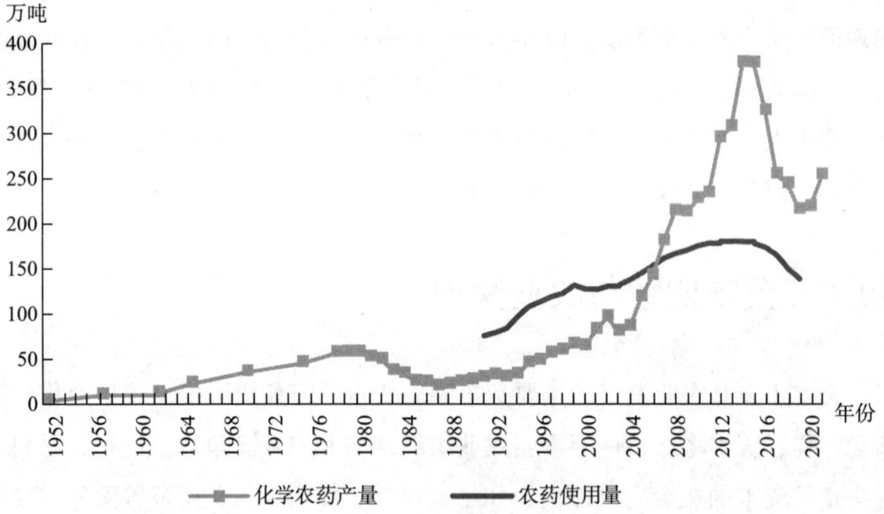

图 10-7 1952—2021 年中国化学农药产量及部分年份农药使用量

提高化肥、农药使用量的原因不仅来自企业利润最大化的压力，还来自人口及其需求增长的压力——“马尔萨斯陷阱”天然地提高了控制化肥、农药使用量的难度。但是，这绝不意味着农业经营者可以不受限制地、毫无差别地使用化肥和农药。第一，化肥与农作物产出之间的相关性不像看上去那样简单，有许多相互作用的因素，如土壤的物理结构、透气性和可耕性等都会影响植物的营养和土壤肥力，长期使用化肥会氧化有益的有机物，破坏土壤的疏松结构，造成土壤碱化，甚至导致耕地的永久性破坏和不可持续。第二，在不同地区，土壤成分、气候、温度、水分、湿度、光照时间和作物种类不同，作物对氮、磷、钾的需求就不同，即使同样剂量的化肥在地区间也会导致产出的巨大差异，过量使用反而会降低产出。第三，除草剂、杀虫剂的无限制使用会破坏当地的生态系统，危害动物、鸟类、昆虫和真菌等微生物的生存环境，而它们之间的关系错综复杂，其中有些是农作物生长不可或缺的共生体。即使有些动物看似无助于农作物生长，但它们是某些鸟类、昆虫、杂草的天敌，它们的减少只会造成后者的泛滥，从而危及农作物的生长环境。

由此可见，问题不在于是否允许使用化肥和农药，而在于是否有节制地使用。这就要求，化肥生产企业、行业协会、科研机构和监管部门细致研究当地的化肥及农药使用条件，从而在副作用最小的情况下最大化产出。在现实中，存在一种利润导向的自我实施机制：随着公众的绿色消费和环保意识日益增强，一些大型农场、农民合作社和农业产业化龙头企业越来越重视个性化消费和差异化品牌建设，主动加大农业科研投入，在一定程度上抑制了化肥和农药的滥用。但是在监管缺位和利益诱惑下，众多农业经营者抱有机会主义动机，没有心思从事农业研究，或者拥有一些过时的所谓科学的农业种植知识，因此，仍然会不自觉地以牺牲土壤、人类健康和生态系统为代价，滥用化肥和农药。

经济增长和人们消费升级为此提供了一个替代方案：以农产品价格上涨为代价换取高品质消费逐渐为民众所接受。在这种情形下，国家通过削减农业发展补贴，划拨出研究化肥和农药使用的专项资金，制定出差异化的使用标准，并通过随机抽样土壤或农作物残留物成分的方式，对主要作物的化肥和农药使用进行实时监控。一旦发现超标使用就进行惩治，包括质量认证不合格、顶格罚款、低价收购和清退等方式，从而形成震慑效应。从长远看，化肥和农药的科学使用既能够保障农产品质量，又能够推动其产出增长及价格下降。

10.3.2 粮食储备制度升级与农产品价格稳定

在小农经济条件下，农产品市场上有无数的供给者，提供同质的或无差别的农产品，相对于整个市场的总供给而言，每一个供给者的产量都微不足道，不足以影响市场价格，他们都是价格接受者。但是，在适度规模经营条件下，生产者提供差异化产品，如差异化的质量、规格、商标、广告、售后服务等，产品有了一定的垄断性，供给者在一定程度上能够左右产品价格。尤其是随着生产规模扩大和效率提升，一些家庭农场、专业大户、农民合作社、农业产业化龙头企业成为某些细分领域或区域内的寡头或垄断厂商。在利润最大化目标下，这种市场势力刺激它们通过各种措施来提高产品价格，如品牌、限售、囤积粮食、削减产出和价格合谋等。而且，大型经营主体掌控了销售渠道，在农产品价格谈判中处于优势地位，进一步增强了农产品价格控制力。

较高的农产品价格提高了农业资本收益率，吸引更多资本下乡，推动传统农业向现代农业转型。但是，人为干预农产品价格，不仅会破坏市场价值规律，扰乱商品相对价格体系，干扰正常经济活动，还会营造出一种价格持续上涨的恐慌情绪，刺激人们争相抢购农产品，引起严重的通货膨胀等经济问题。以大蒜为例，1961—2018 年我国大蒜产量稳步增长，2000 年以来增速进一步提高（见图 10-8），但是大蒜价格波动幅度在 2007 年以后明显加大（见图 10-9），而这种波动很难用基本需求波动来解释，更像是投机的结果。

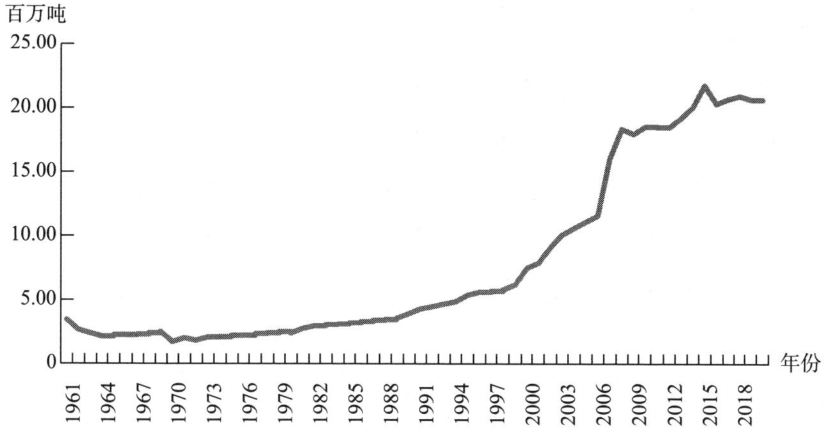

图 10-8　1961—2018 年我国大蒜产量

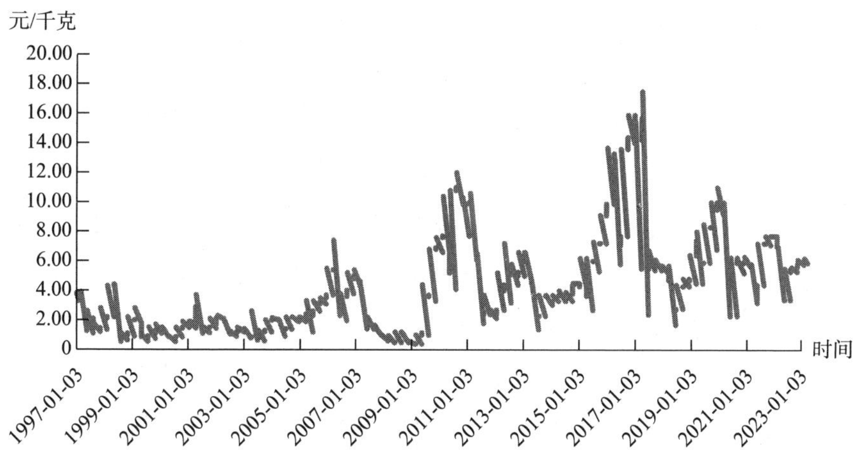

图 10-9　1997—2023 年我国大蒜大宗价

尤其是在危急时刻，如当国家遭遇经济或金融危机、自然灾害、流行性疾病、地缘政治冲突等重大冲击时，资本主导的农业组织为了牟取暴利，有强烈的动机囤积居奇，操纵市场，从而削弱国家应对危机的能力①。一旦国家无力控制农产品价格，价格上涨将会迅速传导至生活资料及其工业品领域，

① 在一些年份，农产品市场频繁出现“蒜你狠”“豆你玩”“姜你军”“葱击波”“糖高宗”等现象，而农民并未从中获利，甚至出现了一种反常现象：农民卖不出去菜，而市民买不起菜。

导致普遍的物价上涨，而这轻则加重民众生活负担、降低企业竞争力及其利润，重则造成企业破产、失业加剧、社会不稳定等问题。

在这种条件下，市场本身出现失灵，并与一些随机干扰因素或不稳定因素之间形成正反馈机制，使之愈演愈烈。此时，尽管存在市场最终由失衡走向均衡的可能性，但痛苦在于，在市场自动实现均衡之前，经济体系已经不可挽回地走向了衰退，且产生了永久性伤害，而这种伤害是社会公众不可承受的。因此，国家提前谋划，创设干预原则和机制就显得极为必要和迫切。正如休谟所说，“一种社会结构应该有一种比较长期的打算，也就是说要有一个比人的一生甚或家族的一代更为长远的打算，所以社会就应该采纳广泛、持久而且高尚的准则，这种准则必须在这种社会存在的全部期间都是适用的”①。

具体措施就是建立和完善主要农产品的国家储备制度。在辉煌的华夏历史上，存在国家稳定农产品价格的制度安排。公元前476年，魏文君接受李悝的建议，在魏国境内实行平籴法，防止“谷贱伤农，谷贵伤民”。汉代将平籴法改为平准法，后来演变为常平仓制度，成为历朝历代调剂粮食供应、稳定粮价的重要制度安排②。大卫·休谟指出：“太平时期积谷存粮，聚宝理财，以备征战防御之需，不搞苛捐杂税，更不指望在动荡不安时期大发横财，这种未雨绸缪的做法看来早就古已有之。”③ 在现代经济体系下，若按照古代方法建立粮食储备制度，不仅成本高昂，而且效率低下。更为现实的策略是，借助日益发达的金融体系，把国家粮食储备制度与期货市场对接起来，通过期货市场来调节农产品价格，从而达到四两拨千斤和一箭双雕的调控效果，一方面应对不确定因素的冲击，稳定农产品价格，保障民众的生活需求；另一方面降低商人和生产者投机的潜在利益，确保农业生产平稳有序进行。

---

① ［英］休谟．休谟经济论文选［M］．陈玮，译．北京：商务印书馆，2021：84.

② 人类从以果实、坚果、根作为食物，到采用鱼类、狩猎为食，再到驯养家畜、栽培食用植物的过程，其实是农业崛起的过程。农业的本质，就是在人口增长与食物短缺的双重压力下，演化出的微观层面的跨时期食物调节机制：人类通过观察、选用、试验和栽培产量较高的食用植物，在自然条件适宜的春季播种进行劳作，换取秋季的粮食大丰收，并作为储备，以应对冬季的食物紧缺问题。

③ ［英］休谟．休谟经济论文选［M］．陈玮，译．北京：商务印书馆，2021：84.

10.3.3　金融风险防范与粮食安全

土地是一种不可再生的稀缺性优质资产，拥有保值、增值和融资等功能，内含着很强的金融属性。第一，从事农业种植，可以获得农产品及其收入。第二，出租土地，可以参与全社会范围内的剩余价值分配，获取地租。第三，把土地进行抵押，可以低成本融资。第四，一些土地下蕴藏着丰富的矿产资源，对其进行开采或转让，能够带来丰厚收益。第五，分散风险，例如在南海泡沫、密西西比泡沫中，都出现了土地抢购及土地租金上涨。1719 年 10—11 月，购置土地的活动大多发生在人们开始甩皇家银行纸币和股票而触发地产价格上升之前（金德尔伯格，1992）。第六，投资其他产业，如修建房屋、养殖场所、厂房、文化休闲设施等，发展房地产业、养殖业、制造业和旅游业等。

土地的金融属性将推动农业信贷扩张。不同于家庭承包制下的小农经济，新型农业经营主体为了获取规模经济效益，都有扩大耕地面积的内在动力，而经过 30 多年的家庭联产承包经营，大量土地条块分割、零星分布，需要进行修整。同时，经营主体需要修缮或扩建灌溉渠道、水塘或水库，购置耕整机、拖拉机、旋耕机、水稻插秧机、排灌动力机械、联合收获机、机动脱粒机、饲草料加工机械、挤奶机、果树修剪机、温室大棚和增氧机等。所有这些建设项目都需要庞大的资金支持，而这不是单个专业大户、合作社和企业依靠资本积累就能够实现的，因此只能向商业银行、农村信用社等金融机构借款。由于金融体系的贷款行为与借款者的抵押资产规模显著相关，而新型农业经营主体相比农户拥有更多的土地，因此更容易以土地为抵押进行融资，推动农业信贷扩张。

此外，农业生产以季节周期为基础，其间既可能遭受干旱、暴雨、洪水、霜冻、冰雹、病虫害等自然灾害，也可能遭遇农产品供求失衡、价格波动、贸易条件变化、资本市场动荡等冲击，导致生产者和消费者面临很多的不确定性，不知道未来的价格如何。这时，他们之间商定一份远期合约，就可以将未来的农产品价格确定下来[①]。随着适度规模经营扩大及农业生产者数量减少，远期交易就会增多，因为专业大户、农民合作社和农业产业化龙头企业比农户拥有更大的信息优势，更具理性决策能力。他们懂得根据历史统计资料、现在及未来的经济形势或经济变动，以及有关经济变量之间的因果关系等知识，提前预估未来风险，并借助金融制度来分散风险而最大化投资收益。不过，非标准化的远期合约限制了信息交流、价格发现和交易流动性，甚至当价格变动对一方有利时，另一方可能选择违约，这促使生产者参与标准化的远期交易，即期货交易，并催生一系列农业金融衍生品。由此可见，农业金融化相当于一种市场化的农业保险体系，通过在现货和期货、近期和远期之间建立风险对冲机制，生产者就实现了风险对冲和套期保值，从而实现最大化利润。

尽管农业与金融的融合创造出了诸多新颖的、能满足国内外资金供求者不同需求的金融工具和交易，扩大了市场容量，提高了金融效率，加大了金融服务农业的力度，但是金融化掩盖了农业生产、交易的本质。农产品价格与资本市场特别是国际资本市场的挂钩和联动，严重削弱了农产品价格与实际供求之间的联系，而强化了与资本的互动。农产品价格波动反映的可能不是市场供求状况，而只是投机资本“多空”博弈双方的力量对比。如此一来，金融市场上的价格波动就会快速传导至农产品市场，并影响农业生产活动。更需警惕的是，金融市场具有极高的不确定性，价格波动是常态，而在国内金融市场开放的条件下，国际投机资本炒作更容易加剧农产品价格的波动性，严重干扰农业生产。《中国农业展望报告2021—2030》指出，农产品价格波动幅度加大，对外贸易依存度高的食用油、棉花、食糖受国际市场影响更大，联动性更明显。

专业大户、合作社和农业专业化龙头企业的套期保值行为强化了另一项金融风险：资金在金融体系空转，而不是用于改善农村基础设施，或者培育

---

① 远期合约是在一个确定的将来时间按确定的价格购买或出售某项资产的协议，旨在规避现货交易风险。远期合约不是标准化的，在签署合约之前，双方可以就交割地点、交割时间、交割价格、合约规模、标的物品品质等进行谈判，以便尽可能满足双方的需要。

新种子等。正如马克思所说，“进行投机的批发商人是拿社会的财产，而不是拿自己的财产来进行冒险的”①。随着市场扩大，农业金融产品买卖完全变成了一种“空气交易”，而不是实物交易。即使存在实物交易，那也是将来的事情，所以只要这种金融合约没有到期，“空气交易”就会持续存在下去（钱塞勒，2012）。在极端情形下，粮商巨头以资本运作的方式控制种子、化肥、回收等一系列环节，可以轻易操纵农产品期货市场。这不仅会洗劫套期保值者，引起严重的金融恐慌，造成巨额的财富损失，还会迫使一些人放弃土地，靠卖地偿债（金德尔伯格，1992），直接威胁国家粮食安全。

根据风险产生的潜在来源，可以从三个方面进行防范。一是培育和发展我国的国际性大粮商。目前，国际大粮商占领了世界粮食市场的绝大部分市场份额，在大宗商品领域占据着主导地位，而从耕地资源角度来看，我国的食物供给30%左右要依赖国际市场，其中有些重要农产品高度依赖进口，且集中度很高。例如，从2020年的进口情况来看，大豆进口中的64.1%来自巴西、25.8%来自美国，二者合计占大豆进口总量的近90.0%（陈锡文，2021）。因此，我国的粮食进口主要来自国际大粮商，而不是当地农民或合作社。在这样一个背景下，国内的粮食供给安全保障较低。对此，先以各地的专业大户、合作社和农业产业化龙头企业为基础，以国家粮食储备体系为依托，积极引导和支持发展全国性的大粮商，以此为基础，打造出我国的国际性大粮商就尤为重要。可以预期，这种整合将为按市场化原则运行的粮商提供强大的国家背书，促使其积极拓展海外业务，也提高了国家粮食储备体系的运行效益，迫使国际投机资本三思而后行。

二是规范全国系统性重要农业经营主体行为②。有些农业经营主体与金融机构深度绑定，直接或间接渗透到国民经济的各个领域，可谓牵一发而动全身，一旦出现问题，就会引发金融海啸、粮食危机。鉴于此，在它们遭受冲击的情况下，国家通常会及时出手救助，防止危机蔓延。但是，国家救助又

① 马克思恩格斯文集：第七卷［M］. 北京：人民出版社，2009：498.

② 评定系统性重要农业经营主体的指标，包括主体规模、与其他行业特别是与金融机构的关联度、在市场中的可替代性、在全国乃至全球的影响力等。

会诱发道德风险，如肆意扩张债务，从事冒险投资，而将投资失败的风险完全转嫁给国家及其纳税人。这种“大而不倒”现象置国家于两难境地。一项不完美的补救措施是对这些主体实施资本、资产监管，如对现金占比、最低资本比率、资产负债率、贷款占比、风险资产占比等作出严格限制①。

三是完善金融市场、加强金融监管。金融市场的内在缺陷是进行金融监管的主要依据，金融市场失灵主要源自三个方面。第一，委托—代理问题，即金融机构为了追求自身利益最大化，往往采取激进的投资策略，将客户、股东的财产置于高风险中。第二，金融机构的高杠杆率问题，即由于高杠杆率可能带来高倍的回报，金融机构有放大杠杆率的机会主义行为倾向。第三，集体行动困境，即从微观利益出发的高杠杆率和信贷扩张选择，导致经济体系不可持续的信贷繁荣及其泡沫破灭。在适度规模经营发展引起信贷需求增长的条件下，金融机构有了新的利润增长点，但是农业的脆弱性和新型农业经营主体的盲目性，也进一步加剧了金融市场的内在不稳定性。

针对这些问题，监管机构一方面要针对农业领域的季节性特点、资产类别、性质以及债务构成，借鉴《巴塞尔协议》界定农业资产的风险等级，确定银行等金融机构的贷款比例或额度，约束金融机构的机会主义行为；另一方面要在期货产品开发、合约设计、机构投资者持仓比例、保证金设置、信息披露等方面尽可能地与国际接轨，以此为动力培育出我国具有国际竞争力和较强风险管理能力的全球性期货公司，夯实农产品现货及期货市场的微观基础。

总之，之所以要强化监管，是因为在市场失灵的条件下，唯有扩大国家边界或框架才能应对风险挑战；之所以要对新型农业经济主体加以规范和约束，是因为现代农业发展改变了传统经营模式，其影响力及边界超越了农业领域。

---

① 类似针对银行业资本和风险监管的《巴塞尔协议》，以及针对房地产企业的“三条红线”：资产负债率不能超过 70%、净负债率不能超过 100%和短期债务比例不能超过 1 倍。

11 农民的收入增长“瓶颈”与城乡融合发展

现代农业发展有一种倾向：“单一作物种植、机械化、杂交品种、使用化肥和农药、资本密集，这些都给农业带来前所未有的标准化。”① 标准化倾向促进了农业规模化经营，提高了农业生产率，增进了人类福祉，却造成了资源的集中和收入分配的非均等化、消费结构的简单化和生态系统的脆弱化等问题，与生物的多样性发展和人类的多样化需求之间产生了冲突。究其思想根源，这种发展模式源于形而上学的经济发展理念，即把经济系统看成机械式的生产函数，生产行为被简单化为产出与技术、劳动、土地、资本等少数生产要素之间的关系，且假设生产要素之间受边际报酬递减规律约束。但是，农作物生产是一个复杂的生态系统，涉及土壤结构、地貌、气候、湿度、水分、动植物、真菌等，而对其中有些要素的长期忽视，造成了难以挽回的生态灾难，如一些动植物灭绝、水资源污染、土壤破坏等。正如赫拉利所说，“虽然整体人类的能力大幅度提升，但却不一定能改善个别人类的福祉，而且常常让其他动物深受其害”②。为了人类福祉，现在是时候贯彻新发展理念了。

① ［美］斯科特．国家的视角：那些试图改善人类状况的项目是如何失败的［M］．王晓毅，译．北京：社会科学文献出版社，2019：371.

② ［以色列］赫拉利．人类简史［M］．林俊宏，译．北京：中信出版社，2017：391.

11.1 生产结构与分配结构

马克思指出："分配关系和分配方式只是表现为生产要素的背面。个人以雇佣劳动的形式参与生产，就以工资的形式参与产品、生产成果的分配。分配的结构完全决定于生产的结构。"① 生产结构包括两个方面的内容：一是产业结构，如从事的是农业、制造业还是服务业？如果是农业，那么是以种植业为主，还是以畜牧业、渔业和副业为主？农业种植是单一作物种植还是多样化种植？库兹涅茨倒"U"形曲线描述了产业结构与收入分配之间的关系②。二是农业组织结构，如在农户和农民专业合作社主导农业生产的条件下，农户获得工资、地租和利润；而在专业大户、农业产业化龙头企业等主导农业生产的条件下，专业大户或农业产业化龙头企业获得利润，土地所有者和承包者获得地租，劳动者获得工资③。因此，农业收入分配结构取决于生产组织结构和产业结构。

11.1.1 组织结构与收入分化

新型农业组织兴起表明，适度规模经营既不是通过封建时代的小农破产及其土地兼并方式实现的，也不是通过新中国成立之后的农民劳动互助合作及其国家干预完成的，而是在农村人口流出及土地撂荒背景下，主要通过资本下乡完成的。基于此，土地成为资本扩张和增殖的载体，地租失去了封建时代的魔力，不再是造成收入差距的决定性力量，资本及其收益率显著高于经济增长率才是农业收入分化的根本力量。

---

① 马克思恩格斯文集：第八卷［M］. 北京：人民出版社，2009：19.

② 在农业社会向工业社会过渡的早期阶段，收入分配迅速扩大，紧随其后的是短暂的稳定，在增长后期，收入差距逐渐缩小。理论上，可以把倒"U"形关系拓展到更为一般的产业结构及其部门细分领域。

③ 利润所得，既指农民以土地、机械动力和技术等入股专业合作社享有的分红，也指专业大户和农业产业化龙头企业从事农业生产取得的利润；地租就是承包土地经营权流转所得，却没有超越传统意义上的地租范畴。劳动所得，主要指受雇于专业大户、农民合作社和农业产业化龙头企业的农民获得的工资。

在适度规模生产条件下，土地流转收入难以成为农民的主要收入来源。第一，我国人均耕地少。如图 11-1 所示，1961 年人均耕地面积为 0. 16 公顷（2. 4 亩），2020 年只有 0. 80 公顷（1. 2 亩），60 年减少了 50%。在仅有的耕地中，有市场流转价值的耕地更少，多数耕地游离于市场之外，特别是偏远山区的耕地很难成为资本追逐的对象。第二，每亩流转地租金低。如图 11-2 所示，2020 年种植小麦、花生、棉花和甘蔗的流转地每亩租金分别为 34. 62 元、29. 00 元、45. 02 元和 48. 46 元；种植甜菜和苹果的流转地每亩租金略微高些，分别为 58. 03 元和 83. 87 元；只有种植粳稻的流转地每亩租金相对较高，但也只有 146. 99 元。第三，土地流转市场不健全。尽管一些地区的人均耕地面积较大，如西部地区，按理说可以为农民带来更高的地租收入，但是西部地区社会经济发展落后，土地流转市场不健全，租金低，而东部地区和中部地区社会经济发达，租金相对高些，却缺乏大量耕地。也就是说，耕地面积往往与租金成反比，耕地多并不必然弥补租金低的缺点。

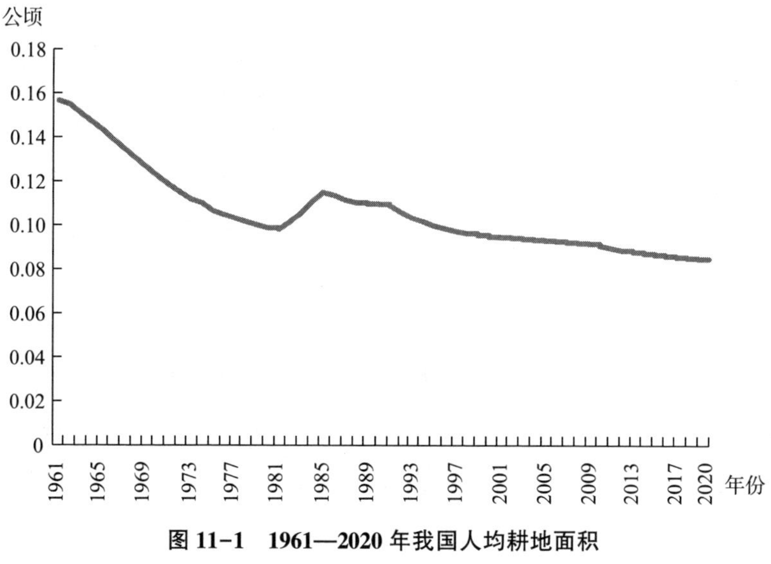

图 11-1　1961—2020 年我国人均耕地面积

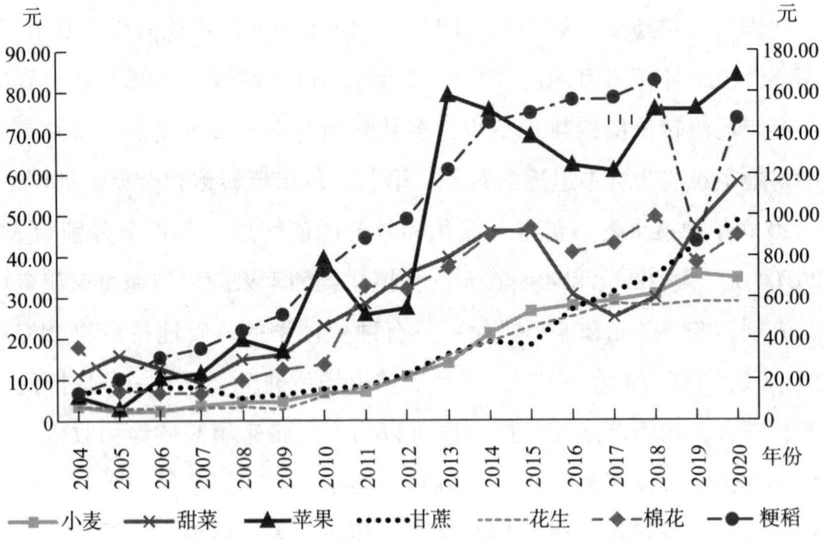

图 11-2　2004—2020 年主要农作物每亩流转地租金

注：粳稻的租金显著高于其他农作物，为清晰显示，以右轴表示。

劳动所得同样不乐观。第一，劳动日工价较低。图 11-3 显示，2004 年从事农业种植的日工价为 13.7 元/亩，经过十多年的发展，工价有所增长，但 2020 年还是不足 100 元/亩。第二，每亩耕地所需劳动量少。如图 11-4 所示，2020 年小麦、粳稻、玉米和甜菜的雇工天数不足 1 天；棉花和甘蔗的劳动需求相对多些，分别为 2.5 天和 4.6 天；只有苹果的劳动需求较多，接近 2 周。由于劳动所得=劳动日工价×雇工总天数，而农作物基本上集中在几天之内就要完成种植或收割，因此只有在从事多种农作物种植的条件下，雇工天数才会增加。然而，农业生产的季节性特征决定了劳动天数延长的自然限度。第三，农业机械化削减了劳动所得。机械化、集约化一方面提高了资本有机构成，减少劳动需求，导致一些农民失去这部分收入来源；另一方面加剧了劳动者之间的竞争，导致劳动日工价下降，直接降低就业人员的劳动收入。

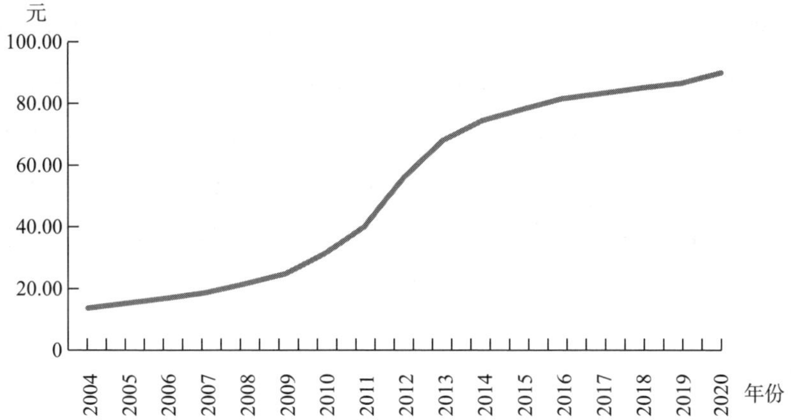

图 11-3　2004—2020 年每亩人工成本（劳动日工价）

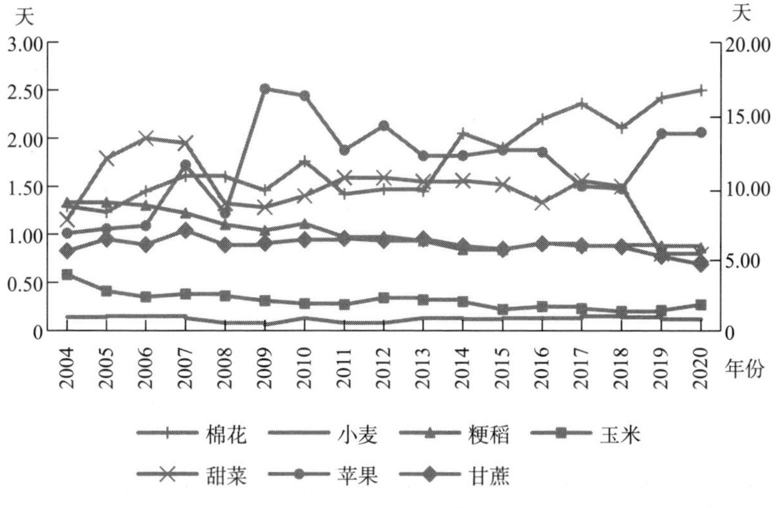

图 11-4　2004—2020 年每亩劳动量需求（雇工天数）

注：苹果和甘蔗的雇工天数显著高于其他农作物，为清晰显示，以右轴表示。

对于多数农民来说，利润更是遥不可及。在完全竞争市场条件下，平均利润=平均利润率×预付资本，其中，平均利润率=剩余价值总量÷总资本。由于任何一家生产者的剩余价值和资本只是整个社会剩余价值总量和总资本的极小一部分，无法左右平均利润率，因此对于任何一个生产者而言，平均利润率都是既定的，所获利润仅与预付资本量相关。然而，多数农民从事小农经济，投入资本有限，所获利润可以忽略不计，而数量有限的家庭农场、专业大户、农业产业化龙头企业等则投入了庞大资本，可以获得丰厚利润。如图 11-5 所示，2002—2020 年种植小麦的亩均净利润为 44.47 元，而根据第二次全国农业普查结果，全国共有 2 亿户农业生产经营户，仅有 293.8 万户的耕地超过 50 亩，占比不到 1.5%，耕地超过 100 亩的农业生产经营单位数不到 2.5 万个。

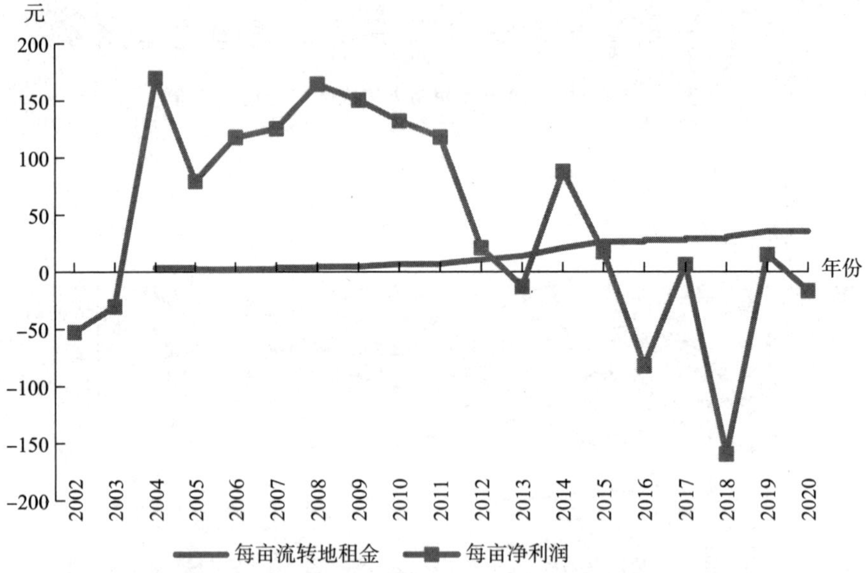

图 11-5　2002—2020 年种植小麦的每亩流转地租金和净利润

理论上，在耕地流转合同期内，地租稳定，农产品价格上涨将为经营者带来超额利润，而随着合同到期，超额利润将转化为地租，归土地承包者或农户所有。困难在于，与地主的土地所有制不同，在家庭联产承包责任制下，众多的、分散的农户不能像地主一样行动，他们在地租的重新谈判中处于弱势，无法把农产品价格上涨的利益转移到自己手中，因此地租增长缓慢。如图 11-5 所示，2002—2020 年种植小麦的亩均地租只有 15.6 元，显著低于净利润。而且，随着农村人口流出及农业生产规模扩张，农业经营户的总利润会持续增长，地租则由于每家可流转的耕地规模固定而不存在类似增长。也就是说，在农业再组织化中，家庭农场、专业大户、农业产业化龙头企业等获得了农业增长的主要成果，而农民所获有限，从而扩大了小农经济与规模经营者之间的资本收入差距。

还有一些强化农业劳资收入差距的因素。例如，新型农业经营主体主要存在于机械化、规模化和现代农业程度较高的地区，无法在落后的偏远山区铺开，而区域之间的这种投资差异必然按照行业平均利润率造成区域间的收入差异。如表 11-1 所示，根据第三次全国农业普查结果，全国能正常使用的机电井、排灌站、灌溉用的水塘和水库、温室、大棚及渔业养殖用房等，在地区间存在显著差异。此外，在规模经营条件下，对生产的控制从熟练工转换到管理者手中，管理者的地位和特权提高，非熟练工的地位和收入相对降低。

表 11-1　农田水利设施

指标	全国	东部地区	中部地区	西部地区	东北地区
能正常使用的机电井数量/万眼	659	206	208	152	92
排灌站数量/万个	42	18	16	7	1
灌溉用的水塘和水库/万个	349	43	224	78	4
温室占地面积/千公顷	334	130	41	95	69
大棚占地面积/千公顷	981	474	186	215	106
渔业养殖用房面积/千公顷	7.6	4.5	1.7	1.0	0.3

资料来源：第三次全国农业普查（http：//www.stats.gov.cn/sj/pcsj/）。

11.1.2　产业结构与收入分配

马克思指出：“如果其他条件不变，不同生产部门所使用的资本的周转时间不同，或者这些资本的有机组成部分的价值比率不同，那么，同时并存的不同生产部门的利润率就会不同。”究其原因，等量资本“所推动的活劳动不等，因而所创造的剩余价值从而利润也不等，所以，它们的利润率，即那个正好由剩余价值对总资本用百分比计算得出的利润率也就不同”①。如图 11-6 所示，花生、小麦、玉米、大豆和油菜籽的每亩成本利润率不同，其中，2004—2021 年花生的年均利润率高达 41.33%，油菜籽的年均利润率却是 -1.05%，二者相差了 42.38 个百分点，其中，一些年份的利润率差异达到了 73.11 个百分点，而且这种差异长期存在。

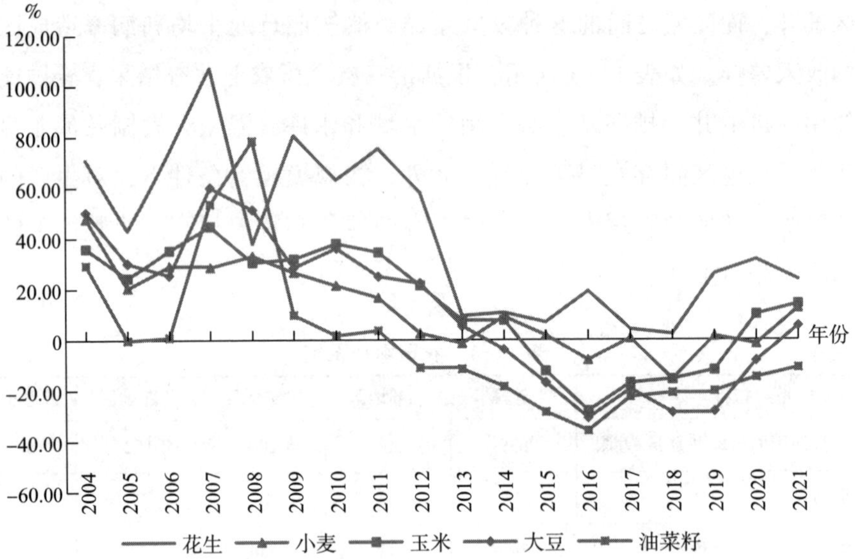

图 11-6 2004—2021 年每亩成本利润率

由于资本有机构成的真正基础是技术构成，正如马克思所说，“一定量的生产资料，必须有一定数目的工人与之相适应；也就是说，一定量的已经对象化在生产资料中的劳动，必须有一定量的活劳动与之相适应。这个比率在不同的生产部门是极不相同的，甚至在同一个产业的不同部门，也往往是极不相同的，尽管在彼此相隔很远的产业部门，这个比率偶尔可能完全相同或大致相同”②。而在单一化生产条件下，社会产业结构整齐划一，不存在部门间的技术构成差异。据此推论，多样化生产是部门间技术构成差

① 马克思恩格斯文集：第七卷［M］. 北京：人民出版社，2009：161，167.

② 马克思恩格斯文集：第七卷［M］. 北京：人民出版社，2009：162.

异及产业结构形成的现实基础，进而是由资本有机构成决定的利润率差异的现实基础。

为了考察单一化种植和多样化种植的差异，我们假设：①社会只种植小麦或玉米两种产品，生产每种产品只使用劳动和土地两种生产要素，且土地面积稳定。②市场完全竞争，劳动和土地的报酬等于边际产出；在其他要素不变的条件下，追加土地的边际产出（*MP*）递减。③小麦的边际产出大于玉米的边际产出，农作物租金存在差异，如图 11-2 所示。在上述假设下，图 11-7 中的 *MN* 为土地规模，*EF* 和 *CD* 分别为小麦和玉米的边际产出线。

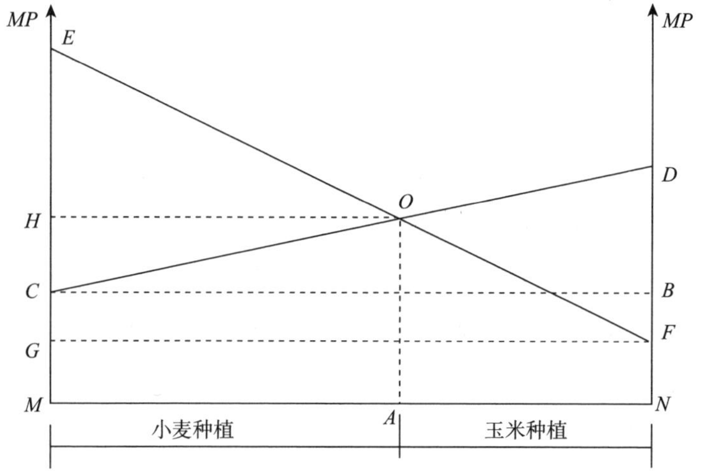

图 11-7　单一化种植或多元化种植

首先，考虑单一化种植的情形。此时，人们追求规模经济利益，所有土地用于生产某种作物，要么种植小麦，要么种植玉米，二者只选其一。在生产小麦的场合中，小麦总产出为 $EFNM$，土地的边际产出为 NF，地租为 $MN \times NF$，劳动收入为 EFG。同理，在生产玉米的场合中，玉米总产出为 $CDNM$，土地的边际产出为 CM，地租为 $MN \times CM$，劳动收入为 BCD。从中发现，从事不同农作物种植，将获得不同的总产出、劳动收入和地租，因而决定了不同的农业收入分配格局。其中，总产出取决于小麦和玉米的边际产出 NF 和 CM，从而取决于 COE 和 DOF 的对比，具有不确定性。玉米种植的地租高出小麦种植的地租的量为 *BCGF* ，因而从事小麦种植的劳动收入相对玉米种植有所提高；在小麦产出高于玉米产出的条件下，这种地租差异会进一步扩大二者之间的劳动收入差距。鉴于此，在土地私有制条件下，土地所有者主导农业种植，他们就会选择种植玉米而不是种植小麦，但这是以社会总产出下降、农民和资本所有者利益损失为代价的。

尽管假设只使用劳动和土地两种生产要素，但是资本和劳动具有很强的替代性，人们往往会通过投资拖拉机、联合收割机、脱粒机、机电井、排灌站、温室大棚等来替代劳动，因此劳动收入 *EFG* 或 *BCD* 可以分割为劳动报酬和利润两部分，二者所占份额大小取决于劳动力和资本之间的力量对比和博弈情况。在资本完全替代劳动的极端条件下，如纯粹的机械化种植，*EFG* 或 *BCD* 其实就是利润，完全归资本所有者。这些现象再次印证了以下观点：农业生产主导者不同，因而组织结构不同，农业收入分配方式就不同。

其次，考察多样化种植的情形。在现实中，单一化种植的情形极为罕见，人们往往出于需求多元化或者风险最小化，或者二者兼而有之的缘故，选择多样化种植，同时种植小麦和玉米。在这种情形下，人们将寻求土地的最优配置，以最大化总产出。理论上，当种植小麦的边际产出等于种植玉米的边际产出时，总产出最高。如图 11-7 所示，*EF* 和 *CD* 相交的 *O* 点为生产均衡点，此时，种植小麦和种植玉米的最优土地面积分别为 *MA* 和 *NA* ，任何偏离 *O* 点的土地配置都不是最优的。如图 11-8 所示，当种植小麦的土地面积减少为 *LM* 而种植玉米的土地面积扩张为 *LN* 时，种植小麦的边际产出 *JL* 高于种植玉米的边际产出 *KL* ，此时通过扩大小麦种植面积而缩小玉米种植面积就能够提高总产出，增加的产出为 *JOK* 。同理，当种植小麦的土地面积超过 *MA* 而种植玉米的土地面积小于 *AN* 时，通过扩大玉米种植面积而缩小小麦种植面积就能够提高总产出，而提高的总产出取决于土地面积的分割比例，即土地配置越是偏离 *O* 点，产出提高就越多。

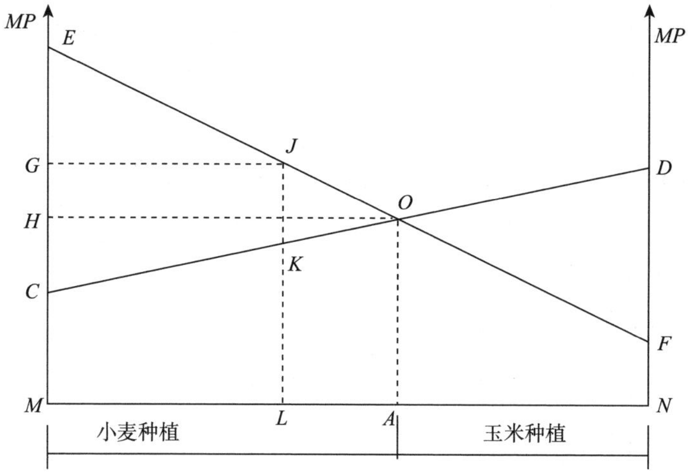

图 11-8　土地边际产出均等和非均等化下的多元化种植

现在可以比较不同种植方式下的产出差异。在多样化种植条件下，均衡总产出为 $AOEM+AODN$，而在单一化种植条件下，总产出要么是 $EFNM$（种植小麦），要么是 $CDNM$（种植玉米）。也就是说，在种植小麦的场合，总产出比多样化种植减少了 DOF；在种植玉米的场合，总产出比多样化种植减少了 COE。

种植方式调整不仅提高了总产出，促进了经济增长，还引起了收入分配结构变化，对不同群体的收入产生了不同影响。具体而言，由于多样化种植条件下的均衡边际产出是 MH，高于单一化种植玉米或小麦的边际产出 CM 或 NF，即 $MH>CM>NF$，因此总地租为 $MN\times MH$，明显高于单一化种植玉米或小麦时的情形，土地所有者收入增加 $(MH-CM)\times MN$ 或 $(MH-NF)\times MN$。对于劳动者而言，如果产出增加 $DOF<(MH-NF)\times MN$ 或 $COE<(MH-CM)\times MN$，那么劳动者不仅没有从种植方式调整中获益，反而成为利益受损者。同理，考虑到资本与劳动之间的替代关系，劳动者的损失更大。

不过，图 11-7 中的均衡是一种理想状态。如图 11-2 所示，长期来看，每亩流转地租金没有收敛。这意味着，种植小麦的边际产出高于或低于种植玉米的边际产出是常态，因而土地配置倾向于 L 点而非 A 点。此时，小麦产

出为 $MLJE$ ，玉米产出为 $NLKD$ ，多样化种植的产出比理想状态减产了 JOK 。如果土地流动壁垒、土地碎片化、农业技术限制等导致小麦种植无法开展规模化经营，或者政府鼓励、引导和支持玉米种植，因而小麦和玉米种植面积远离 L 点而向 M 点靠拢，那么这种失衡造成的产出损失 JOK 就会大于多样化种植的产出增进 DOF 。也就是说，多样化种植未必带来增产，反而可能造成更多的产出损失。据此可以推论出多样化种植的初始条件：在单一种植小麦的条件下，种植玉米带来的产出增长 DOF 大于或等于小麦种植面积收缩引起的产出损失 JOK 。之所以多样化种植能够提高总产出，是因为高效率的玉米种植取代了低效率的小麦种植。

最后，土地的边际产出不是保持不变，而是随着种子改良、化肥和农药使用、机械动力和灌溉设施等广泛采用而不断提高。如图 11-9 所示，在玉米边际产出不变的条件下，小麦边际产出从 EF 提高到 EF_1，将使总产出提高 EOQ 。在新的均衡条件下，小麦种植面积扩大，而玉米种植面积缩小。如果投资促使小麦种植技术有了更进一步提升，如从 EF_1 提高到 EF_2，以至于小麦种植的最低边际产出超过了玉米种植的最高边际产出，那么小麦种植就会完全替代玉米种植，多样化种植就会转型为单一化种植。在这种情形下，农业总产出增加，土地所有者地租为 $NF_2 \times MN$ ，相比多样化种植时显著增加。劳动收入 ESF_2 的增减充满了不确定性，但是可以确定，在农业技术不断提高因而边际产出越来越高的条件下（ EF_2 曲线越来越平缓），劳动收入被地租稀释的程度在提高。之所以出现这种情形，是因为随着农业生产率提高，劳动需求越来越少。

有两种力量抑制了单一化种植倾向。一是在农作物种植多样化条件下，一种作物的边际产出可以高于另一种作物的边际产出，但是很难高于所有作物的边际产出。二是农业投资及其技术进步存在于各种行业，以图 11-9 中的情形为例，在小麦边际产出整体性提高的同时，玉米的边际产出也会整体性上移，二者的交错提高共同促进了农业产出增加。因此，农业种植总体上维持了有限多样性。

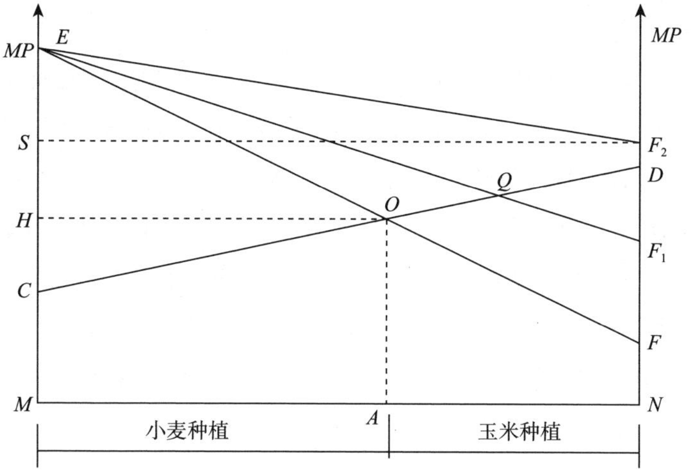

图 11-9　资本扩张对农业产出的影响

即便如此，人们对少数食物的依赖越来越强。正如赫拉利所说，“即使到了今天，虽然人类有着种种先进科技，但食物的热量超过 90%的来源仍然是来自人类祖先在公元前 9500 年到公元前 3500 年间驯化的植物：小麦、稻米、玉米、马铃薯、小米、大麦”①。在这种有限的农业种植及食物来源条件下，技术进步及规模经营倾向于排挤人，由此引起的农业产出增长，主要归土地所有者，劳动收入占比反而下降。也正因如此，土地集体或国家所有制才显示出其价值所在，即增加的产出以地租形式上交集体或国家，集体或国家则以养老、教育、就业等形式将产出转移给劳动者，或补贴农业发展，而不是像土地私有制那样完全由土地所有者独享。但是，在土地所有权、承包权、经营权“三权分置”且免除农业税的条件下，极有可能出现以下分配格局：集体或国家只获得了农业产出增长的少部分收益，土地承包者处于弱势地位所获不多，而产出增长的大部分归经营者所有。对此的补救措施是对经营者征收高额税收。这两点措施与马克思和恩格斯在《共产党宣言》中的主张或者设想完全一致：“这些措施在不同的国家里当然会是不同的。但是，最先进

① ［以色列］赫拉利．人类简史［M］．林俊宏，译．北京：中信出版社，2017：75.

的国家几乎都可以采取下面的措施：1. 剥夺地产，把地租用于国家支出。2. 征收高额累进税。”①

从丰富多样性种植向少数农作物或有限多样性种植的演进部分地抵消了产出增长带来的幸福感。比如，人们不得不从事农业之外的，工艺流程日益程序化、简单化的工业活动，不再与大自然融为一体、过悠然自得的生活。食物不安全性、消费结构简单化、工作不稳定性及就业压力，增添了劳动者的精神负担，这些都是现代很多疾病的根源。也就是说，“农业革命让人类的食物总量增加，但量的增加并不代表吃得更好、过得更悠闲”，“农业革命所带来非但不是轻松生活的新时代，反而让农民过着比采集者更辛苦、更不满足的生活。狩猎采集者的生活其实更为丰富多变，也比较少会碰上饥饿和疾病的威胁”②。

当然，在技术进步推动规模化经营范围扩大的条件下，有限多样性种植带来了另一项收益——风险分散。在家庭联产承包责任制下，农户的耕地稀少且分散，无法获取规模经济，而实现规模经济，又面临农作物种类减少及风险集中的问题，即规模经济和风险分散无法兼容。而在规模化经营条件下，专业大户、农民合作社和农业产业化龙头企业掌握了大规模土地，克服了耕地分散问题，既可以实行多样化种植，规避单一化种植风险，又可以获取规模经济效益。特别是规模化经营推动了机械动力的广泛采用，提高了农业生产效率，降低了对“靠天吃饭”的过度依赖，从而降低了自然灾害的威胁，而这是小农经济无法突破的。

总之，多样化种植与规模化经营的结合之所以提高了农业产出，一方面是因为高效率种植替代了低效率种植，另一方面是因为风险下降了。

11.1.3 对冲力量与收入均等化

现实中存在对冲劳资收入差距扩大的自发性力量。一是专业合作社的兴起。如图 11-10 所示，2008 年全国共有 11.09 万个农民专业合作社，累计出

---

① 马克思恩格斯文集：第二卷［M］. 北京：人民出版社，2009：52.

② ［以色列］赫拉利. 人类简史［M］. 林俊宏，译. 北京：中信出版社，2017：77.

资总额0.09万亿元；经过7年的发展，2015年达到153.1万个，累计出资总额3.42万亿元。截至2020年底，农民专业合作社为220.1万个。以农业机械专业合作社为例，2010年为2.18万个，成员43.3万人，社均成员19.86人；2019年发展到7.4万个，成员增长到151.42万人，社均成员为20.46人（见图11-11）。这一规模水平与1950年和1951年的初级社规模非常接近，它们的平均户数分别为10.4户和12.3户（见表6-2）。如果按平均每户整、半劳动力2.33人估测，新中国成立之初的初级社有效成员数在24.23~28.66人，而2010—2019年农业机械专业合作社的平均人数在19.9~20.46人，两个时期的合作社人数趋近，远低于人类团体合作的最大规模水平150人。

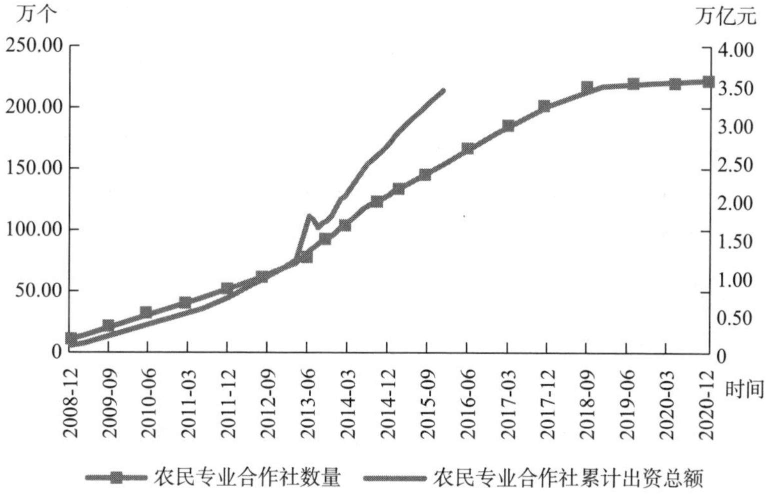

图11-10　2008—2020年我国农民专业合作社累计值

根据《中华人民共和国农民专业合作社法》，农民专业合作社是“在农村家庭承包经营基础上，农产品的生产经营者或者农业生产经营服务的提供者、利用者，自愿联合、民主管理的互助性经济组织”。其成员以农民为主体，在利益分配方面谋求全体成员的共同利益，盈余主要按照成员与农民专业合作社的交易量（额）比例返还。因此，不管是规模水平，还是利益分配机制，农民专业合作社更类似于新中国成立之初的初级合作社。这一方面克服了小农经济的低效率，促进了农业发展；另一方面超越了家庭农场、专业大户、

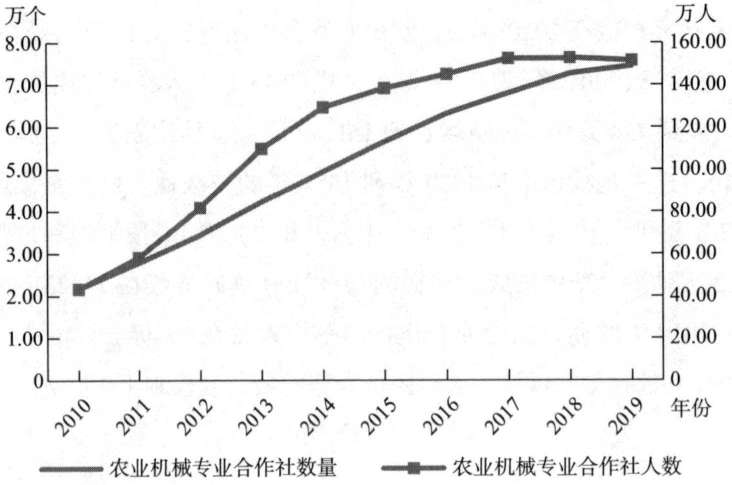

图 11-11　2010—2019 年我国农业机械专业合作社和人数

农业产业化龙头企业等的收入分化问题，让农民共享了农业发展成果。

二是小农经济焕发生机。随着城乡居民收入水平提高，人们不再满足于马斯洛所说的低层次需求，而是越来越渴望自由而轻松的工作方式，向往日出而作日落而息的田园般生活，追求个性化消费体验。但是，“现代的、工业化的和科学的农业的特征是单一作物种植、机械化、杂交品种、使用化肥和农药、资本密集，这些都给农业带来前所未有的标准化”①。周而复始的程式化、规模化的工业生产结构只能提供批量的同质产品或服务，难以满足人们日益增长的个性化生活需求，从而为小而精的多样化供给结构发展提供了现实基础，而这正是小农经济的传统优势，它们通过深耕农业的某个细分领域，提供小众的差异化的优质产品或服务，在市场竞争中占有一席之地，获得部分的产品定价权，从而对冲规模化经营造成的劳动者收入下降问题。

三是产品交易模式转变。小农经济的劣势在很大程度上是高昂的交易成本造成的，如与中间商的谈判成本、获取行业及市场行情的信息成本和产品

① ［美］斯科特．国家的视角：那些试图改善人类状况的项目是如何失败的［M］．王晓毅，译．北京：社会科学文献出版社，2019：371.

运输成本等，这些成本使小农在采购、生产和销售环节的博弈中处于不利地位，以至于总是高成本采购化肥、种子、机械动力等，而低价销售农产品。随着信息化程度越来越高和城乡交通设施日益发达，交易成本不再是约束农民与消费者进行交换的因素，他们之间的一对一沟通或直接交换逐渐取代中间商控制或间接交换，从而提高了农民的销售收入，增进了消费者的福利。如表 11-2 所示，通宽带互联网的村、通信工具、电子商务、上网手机占比在地区之间的差异，远小于表 11-1 中的农田水利设施区域差异。信息化普及不仅有利于降低农民的交易成本，还有助于熨平工业化造成的地区发展差异。

表 11-2　全国各地区通信设施分布情况

指标	全国	东部地区	中部地区	西部地区	东北地区
通宽带互联网的村/%	89.9	97.1	92.7	77.3	96.5
有电子商务配送站点的村/%	25.1	29.4	22.9	21.9	24.1
电脑/（台/百户）	32.2	50.3	31.1	15.9	23.5
手机/（部/百户）	244.3	247.9	247.4	243.1	214.0
上网手机占比/%	47.8	48.8	47.4	47.4	46.2

资料来源：第三次全国农业普查（http：//www.stats.gov.cn/sj/pcsj/）。

11.2　乡村文化保护与振兴

农村人口流出及家庭农场、专业大户、农业产业化龙头企业等兴起，不仅加速了传统农业改造，提高了农业生产率，还深刻改变了家庭制度、乡村文化、人们的观念和身份认同。马克思指出，“随着经济基础的变更，全部庞大的上层建筑也或慢或快地发生变革”①，“大工业在瓦解旧家庭制度的经济基础以及与之相适应的家庭劳动的同时，也瓦解了旧的家庭关系本身”②。

① 马克思恩格斯文集：第二卷［M］. 北京：人民出版社，2009：591，592.

② 马克思恩格斯文集：第五卷［M］. 北京：人民出版社，2009：562.

11.2.1 人口流出与乡村文化衰落

我们把各类农业组织看成农产品生产或物质财富创造单位，因而把农业规模化经营及效率提升看成一项有助于人类福祉的进步。但是长期以来，家庭还承载着乡村文化传承、创新与保护功能，也是人们的精神依托和情感纽带所在。这种文化载体和情感依赖体现在以下两个方面。

首先是物质形态，即因地而异的精巧民居、服饰、饮食等。在我国，各地差异化的地貌、气候、光照、石材、交通和经济发展等，促成了地域性的民居风格、建筑群和丰富多彩的食谱结构。以民居为例，在山西晋东和晋东南的太行山区，民居依山而建，以石头砌筑院墙、屋墙，用石片代替瓦片鱼鳞状铺设屋顶，造型精致优美。在云南，人们则在木（竹）柱底架上建造房屋，整个竹楼非常宽敞，空间大，通风条件好，楼上、楼下两层，楼上住人，楼下饲养牲畜、家禽和堆放农具，适合潮湿多雨的气候条件。安徽民居多为造型各异的二层楼房，有的依山傍水，有的参差起伏，有的层楼叠院，精致朴素、堂皇俊秀。浙江民居秉承江南水乡细腻柔雅的特性，在整体的建造装饰上讲求精致素雅。诸如此类，不胜枚举。

风格各异的民居、村落及建筑群，蕴藏着非凡的建筑技艺和审美观，其中不少堪称人类的艺术典范、文化宝藏和历史博物馆。例如，在瓦当图案设计方面，北方以文字、蛇豹、虎等动物为主，浙江以花、云纹、回纹为主，浙南温州一带出现了戏曲瓦当，瓦头和滴水上雕刻戏曲人物故事。这些技艺是人们结合当地的社会、自然条件，在千百年的生活实践中逐渐摸索出来的，并通过师徒关系得以传承和完善，很少通过官方机构记载或正规教育传授，因而是民间集体智慧的结晶，既流露着人们对宇宙等未知世界的好奇、理解和敬畏，也寄托着人们对未来美好生活的向往和憧憬。

其次是非物质文化，包括语言、戏剧、绘画、音乐、礼仪、医术、传说、风俗、习惯、信仰和性格等。不同于静止的建筑，多数非物质文化深深烙刻在人们的生产行为、生活交往和观念意识之中，而人的活动具有流动性，包括人的自然死亡和生活栖息地迁移，这既决定了文化的稳定性，也决定了文化的易变性。具体而言，当人与人之间因语言、习俗和信仰相同而聚集在一起、形成村落时，他们就促成了地域特色的乡村文化，并随着内部人口的自然增长而不断繁荣，因而构成了文化的稳定性。随着人们的活动范围扩大，地域文化之间的碰撞不可避免，沟通成本增加，此时不同方言、习俗相互靠拢、吸收融合，促成了一个更具包容性的新文化。在内部人口增长率高且流出人口规模较大的条件下，人口下降不会削弱文化影响力，人口流出反而扩大了文化辐射范围，因而从总体上增强了文化生命力。不管是因人口自然增长率下降，还是人口流出，抑或是外部人员流入减少，一旦内部人口增长停滞，文化生存就会面临挑战。在极端条件下，人口净流失会导致文化消失。

纵观历史，乡村文化在很长时期内保持了稳定和繁荣，这主要功归于千百年来相对稳定的物质生产方式。正如马克思所说，“物质生活的生产方式制约着整个社会生活、政治生活和精神生活的过程”①。但是工业化重塑了农业生产方式，推动农村人口大规模流出，造成村落消失。如图 11－12 所示，1990 年我国自然村为 377.32 万个，乡村总人口为 84138 万人，每个村平均人口为 223 人；2021 年自然村减少为 236.30 万个，乡村人口下降为 49835 万人，每个村平均人口为 210 人；1990—2021 年减少的自然村为 141.02 万个，乡村总人口下降了 34303 万人，相当于减少的每个村平均人口为 243 人。这部分表明，乡村人口减少与自然村减少高度相关，自然村减少主要是由人口流出引起的。

与之相伴，很多地区的乡村文化出现了不可逆的衰落、消亡。首先，民居、村落、古建筑都是人造系统，其演变遵循熵增原理，在农村人口大规模流出的环境下，许多房屋闲置，每天风吹日晒雨淋、杂草丛生、动物破坏、微生物或昆虫等侵害，常年得不到维护，使房屋特别是木结构古建筑发生腐朽或虫蛀，从有序走向无序，最终坍塌。连同消失的还有附着于其上的技艺、绘画、戏曲故事等。其次，人们离开故土，定居城市，住着大同小异的楼房，说着同样标准的语言，享用着工业化的食物，过着朝九晚五的单调生活，喜

① 马克思恩格斯文集：第二卷［M］. 北京：人民出版社，2009：591.

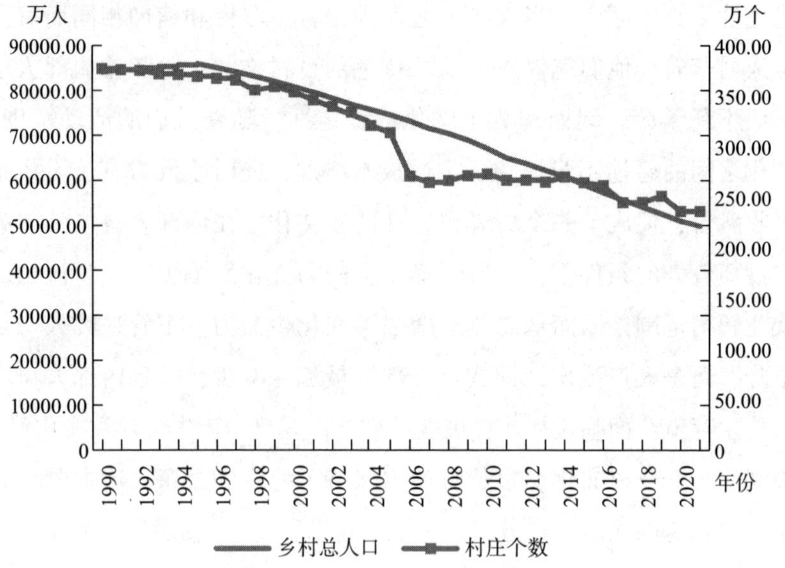

图 11-12　1990—2021 年我国乡村总人口和自然村个数

好、品位、性格、习惯和行为越来越像，家乡的语言、习俗和信仰失去了生存空间，没有了用武之地。随着下一代人彻底融入城市生活，工作、生活和人际交往中再也看不见乡村文化的印记，乡村文化要么走进了历史博物馆，要么来不及保护，彻底消失在历史长河中。

由此可见，工业化、城市化对乡村文化的冲击远超 20 世纪的农业合作化和人民公社对其的影响，基本上是永久性的、不可逆的。民居、村落和古建筑群的消失，不是靠仿造就可以复兴的。尽管有些应急求生习惯、性格、情感和信仰镌刻于人的大脑和意识之中，一经外部环境刺激可能被激发出来，发挥无穷的威力；一些礼仪、医术、传说和风俗也可能有官方记载，或者口口相传留存于家庭；但是，语言就需要频繁地使用，否则，使用环境的改变、消失将导致很多方言退出历史舞台。据“中国濒危语言志”丛书记录，“在世界现存的约 6700 种语言中，有 40%的语言濒临灭绝，平均每两个星期就有一种语言消亡。中国有 130 多种语言，其中有 68 种使用人口在万人以下，有 48 种使用人口在 5000 人以下，有 25 种使用人口不足 1000 人，有的语言只剩下十几个人甚至几个人会说了。汉语方言尽管使用人数众多，但许多小方言、方言岛也在迅速消亡”①。随着城市化进程加快，这一问题越发严峻。

农业合作化和人民公社之所以没有严重威胁乡村文化生存，主要是因为农村人口不断增长且流出受限。在这种条件下，虽然一些建筑、种植技艺、戏剧、信仰、习俗受到人为压制甚至破坏，但是它们的原子载体家庭制度并未解体，人们仍然生活在乡村，家庭成员之间有着频繁交流，代际口口相传着当地或祖先的英雄故事，不同家庭也因处在同一合作社或人民公社下而加强了联系，从而扩大了一些信息、知识的传播范围。因此，那些被压制的乡村文化从未真正消失，而是隐匿于人们的日常交往之中。一旦外部约束放松，它们就立马活跃起来，释放出巨大潜力，这正是家庭联产承包责任制一经采用就取得成功的文化基础。与此截然不同地，城市化会聚了大量人群，但是他们之间既没有血缘亲戚关系，也缺乏共同记忆，结果造成了家庭之间的孤立。彼此即使住在同一楼层，却不曾有过任何密切交往。同时，父母忙于事业和工作，子女陪护教育交给保姆和学校，雇佣关系取代了家庭代际关照，祖籍地丰富多彩的习俗、传说、礼仪和节日，子女闻所未闻。由此可见，城市化及农村人口流出，叠加家庭和代际的双重孤立，共同造成了非物质文化不可逆转的消失。

11.2.2　文化繁荣与经济结构重塑

考虑到一些自然村合并、区域乡村文化相似等客观现实，1990—2021 年 141.02 万个自然村消失并不代表 141.02 万个乡村文化消失，而是意味着乡村某个亚文化载体的减少，如山西、河南太行山区的乡村文化大体上属于同一类别，陕西、甘肃黄土高原区的乡村文化又是另一类别，等等。这种文化载

① “1982 年全国第三次人口普查资料显示，裕固族人口共计 10569 人，居住在肃南裕固族自治县的有 8088 人，其中说西部裕固语的有 4263 人，约占 53%；说东部裕固语的有 2808 人，约占 35%。到 1990 年全国第四次人口普查时，裕固族人口为 12293 人，居住在肃南裕固族自治县的有 8825 人，其中说西部裕固语的有 3693 人，占 45%；说东部裕固语的有 3194 人，占 36%。从这些统计数据可以发现，不到 10 年，居住在肃南裕固族自治县的会说西部裕固语的人数就减少了 8%，近千人。而这几年会说西部裕固语的人数减少得更快。”参见苗东霞．甘肃肃南西部裕固语［M］．北京：商务印书馆，2019：序言，12.

体减少会带来两种可能性：一是某类乡村文化因村落消失而退出历史舞台；二是少数村落在当地存活下来，并成为当地乡村文化的独有载体或象征。乡村文化的这种分化与地球上的动物灭绝非常相似，随着人类活动范围的扩大，一些弱势的乡村文化的生存空间不断缩小，直至退出历史舞台；也与农作物品种演化相似，都有朝着同质化、有限多样化发展的趋势①。

那些幸存下来的乡村，本来拥有悠久的历史文化底蕴、精美绝伦的民居或建筑群、优美的生态环境、发达的交通网络、丰富的绿色农产品、有利的区位等，在乡村竞争中处于先天的绝对优势或者比较优势地位。现在，乡村分化又赋予它们更强的文化属性，进一步强化了其固有的优势地位，使其处于区域内的垄断者地位，从而形成了良性循环，获得了得天独厚的发展优势。也就是说，多数乡村文化的枯萎成就了少数乡村文化的繁荣。

乡村文化的稀缺性、独特性和神秘性很快就会声名远扬，引起投资者和消费者的关注和青睐，成为人们向往追逐打卡之地，由此带动旅游业的发展。正如亚当·斯密所说，“乡村风景的美丽，乡村生活的愉快，乡村心理的恬静，以及乡村所提供的独立性，只要这独立性不受到人为的迫害的话，这些实具有吸引每一个人的巨大魅力”②。因此，各地乡村旅游业发展现状可以间接印证乡村文化分化现象。首先，从全国范围来看，根据第二次全国农业普查数据，2006 年全国共有 637011 个行政村，3297189 个自然村③，而开展旅游接待服务的村只有 14039 个，仅占行政村的 2.2%。其次，从地区间来看，只有北京、河北、浙江、山东、河南、湖北、湖南、重庆、四川、贵州、云南、陕西和新疆 13 个省（区、市）开展旅游的村超过了全国平均值，占比约

① “以新西兰的巨型动物为例，它们经历大约 45000 年前的那场气候变迁，几乎丝毫未受影响，但等到人类一踏上新西兰，就遭到毁灭性打击。……不过几个世纪，当地大多数巨型动物以及六成的鸟类物种惨遭绝种的命运。”如中美洲人驯化了玉米和豆类，南美人驯化了马铃薯和羊驼，中国人驯化了稻米、小米和猪，北美人学会了种植南瓜，新几内亚人驯化了甘蔗和香蕉，西非人驯化了小米、非洲稻、高粱和小麦。参见［以色列］赫拉利．人类简史［M］．林俊宏，译．北京：中信出版社，2017：64，76.

② ［英］斯密．国民财富的性质和原因的研究：上［M］．郭大力，王亚南，译．北京：商务印书馆，1983：347.

③ 该数据与图 11-12 中的自然村个数（Wind 数据库）有出入，后者为 270.9 万个村，但并不影响研究结论。

为42%，其中，四川开展旅游的村最多，高达2017个；山东次之，为1076个；海南和上海最少，分别为32个和28个（见图11-13）。最后，从各地区内部来看，乡村之间的分化更为严重，其中，北京开展旅游的村占比最高，为13.3%，而占比最低的山西仅有0.8%（见图11-14）。

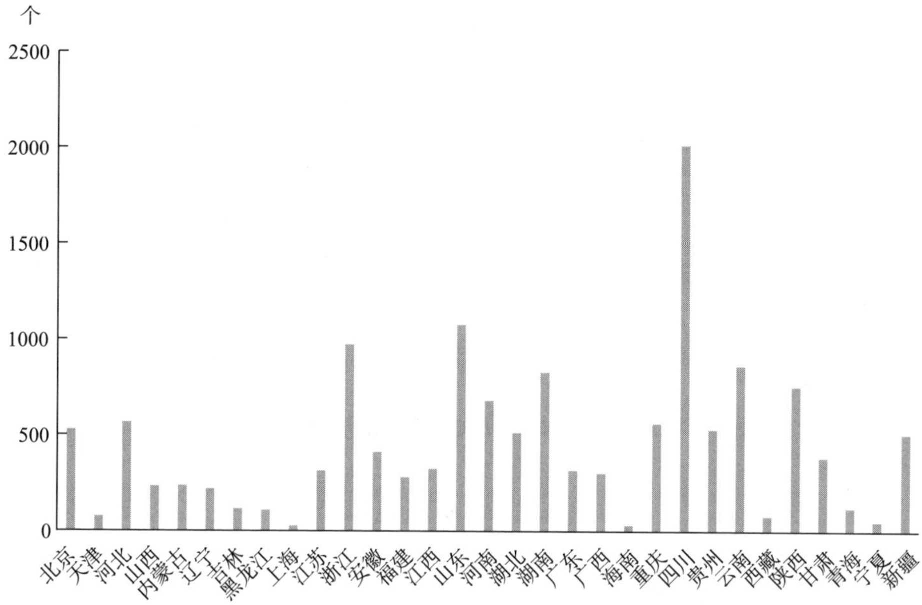

图11-13　2006年各省（区、市）有旅游业的村个数

尽管全国只有2.2%的行政村（甚至更少）得到保护、发展和繁荣，且地区、乡村之间存在显著差异，但是其经济影响力远超2.2%的村的范围。一是乡村产业结构优化利益。库兹涅茨认为，不发达国家经济结构变动缓慢，结构因素对经济增长的贡献比较小，主要是因为传统的农业部门聚集着60%以上的劳动力。但是，乡村旅游业兴起将带动餐饮、文化创意产品、影视、戏剧、特产、交通运输、住宿和导游等发展，从而缓解农村人口就业压力，拓宽农民的增收渠道。二是对周边村的示范带动效应。繁荣最初限于本村，规模有限，但随着本村影响力扩大和外部人口流入增多，本村的一些工艺品、食材、特产和名胜古迹等就会供不应求，这时需求就会自动创造供给，向周边村辐射，且一些工业品、食材和特产原本就来自周边村，更是加速了这种

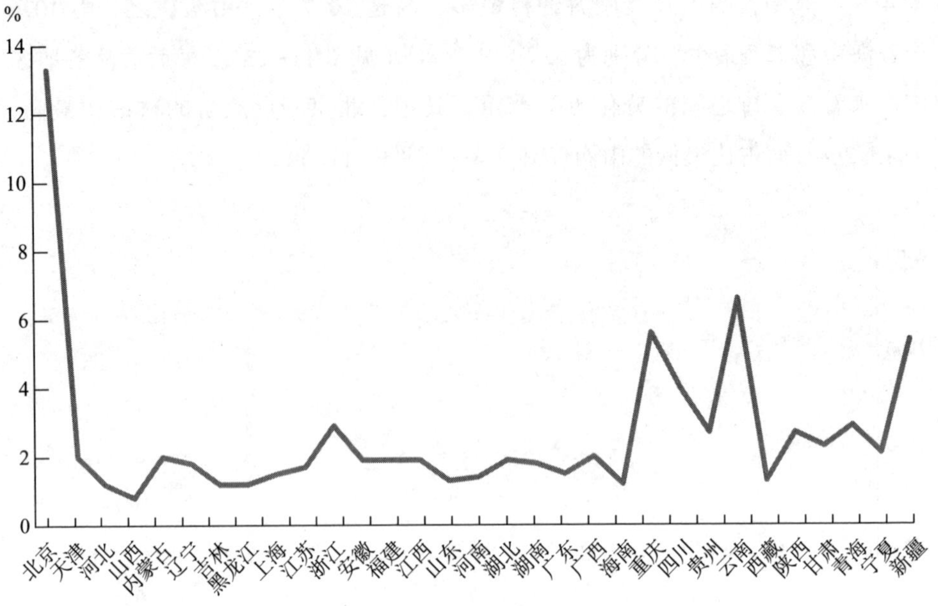

图 11-14　2006 年各省（区、市）有旅游业的村占比

扩张，由此拉动了周边村的经济增长，获得范围经济。三是产业结构多样性对冲了农业种植单一化的风险。农业的不确定性和规模限制，让农民处于风险和收益不对称的境地，随时可能遭受损失，也规定了农民的收入上限，务农收入难以获得实质性的提高。乡村文化休闲旅游业的确定性和广阔发展空间，正好补齐了农业的短板。

在城市化加快和乡村逐渐消亡的背景下，一些乡村的民居、古建筑群和非物质文化得到保护，不仅重新定义了农业现代化的内涵，拓宽了乡村振兴的外延，还以创新方式复兴了乡村文化，使其焕发出新的生命力，本身就是一项功在当代、利在千秋的事业。正是在这里，我们看到了保护乡村文化的基本思路：留住、扩大文化守护者和传承者，而不是单纯抢救、修缮和维护民居、古建筑群和非物质文化等。阻力在于，人是有利益诉求的，只会流向就业机会更多、收入更高的地方。即使少数传承者具有强烈的奉献精神和乡土情怀，无私地守护民居、古建筑群，但是这种微薄之力经受不起多数人流出带来的冲击。因此，文化保护不单纯是文化导向的，而应与利益导向融合，正如亚当·斯密所说，“我们每天所需的食料和饮料，不是出自屠户、酿酒家或烙面师的恩惠，而是出于他们自利的打算。我们不说唤起他们利他心的话，而说唤起他们利己心的话。我们不说自己有需要，而说对他们有利”①。只有让多数人从乡村文化守护中获得实惠，实现个人利益与乡村文化保护利益的兼容，才能更好地保护乡村文化，并推动乡村振兴。

乡村分化表明，不是所有乡村都有条件、有能力保护乡村文化，并以此为依托发展文化休闲旅游产业。第二次全国农业普查数据显示，在开展旅游业的14039个行政村中，东部地区为4190个、中部地区为2994个、西部地区为6412个、东北地区为443个，在当地行政村中的占比分别为1.8%、1.6%、3.4%和1.5%。这一格局既是各地资源禀赋差异的结果，也是实施差异化乡村振兴战略的基础。具体来说，西部地区拥有丰富的文化、生态资源，发展乡村文化休闲旅游业有利于补齐农村产业结构单一化的短板；东部地区、中部地区和东北地区则要守住已有的乡村文化发展成果，强化与城市产业的对接，推动城乡融合，培育乡村经济的新增长点。

11.3 优先需求差异与要素双向流动

乡村衰落源于人口的大规模流出，而根据发达国家的城市化实践和我国的城市化进程，农村人口流出还将继续。如图11-15所示，2022年美国和日本的城市化率分别为83.08%和91.96%，而我国的城市化率仅为64.70%，与美国和日本的城市化率分别相差18.38个和27.26个百分点。同为发展中国家的巴西，2022年城市化率高达87.56%，远高于我国。按照世界银行的预测，在我国建成富强民主文明和谐美丽的社会主义现代化强国的2050年，城市化率预计为80.03%，仍然低于目前美国、日本和巴西的城市化率水平。也就是说，从2022年至21世纪中叶，我国还有16个百分点的城市化率增长空间，大概有2亿多人口将流入城市。

① ［英］斯密．国民财富的性质和原因的研究：上［M］．郭大力，王亚南，译．北京：商务印书馆，1983：14.

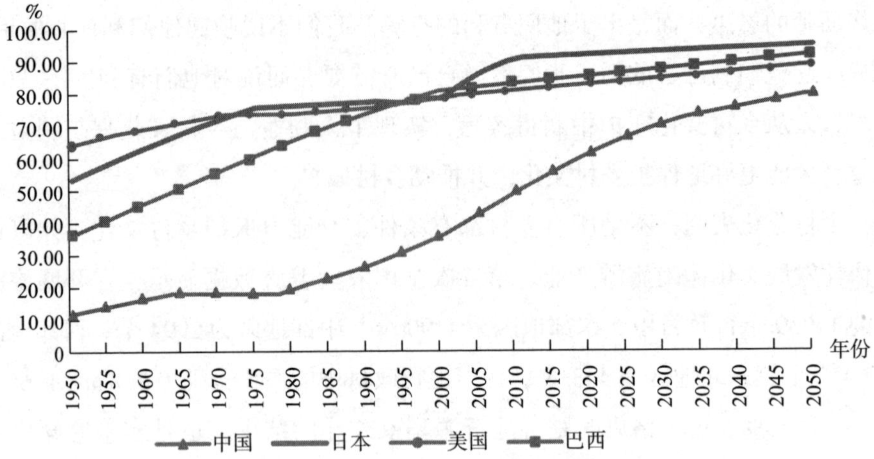

图 11-15　1950—2050 年中国、日本、美国、巴西城市化率（预测）

农村人口流出是城乡之间在就业、教育、医疗、社保、养老、基础设施等方面的不均衡发展引起的，而在工业化进程中，资源向城市聚集给经济主体带来了规模经济利益和范围经济利益，降低了交易成本，因而是有效率的。因此，只要城市扩张的收益高于成本，如城市管理、基础设施维护、养老等方面的支出，资源聚集就会沿着既定轨迹或路径一直演化下去，从而形成一种"不可逆的自我强化趋向"。也正是由于这种自我强化效应，城市之间同样出现了分化，一些城市向超大特大城市发展，形成了以其为中心的城市群、都市圈，而另一些城市不断被边缘化，呈现出衰落趋势。

尽管这一发展格局具有合理性，也是工业化的自然结果，却强化了社会对人的闲暇时间和私人空间的挤占。马尔库塞指出，"在技术的总体效果范围内，自动化和半自动化反应充斥了大部分（如果不是全部）工作时间的机械化劳动，是对生命力的一种长期占有、消耗和麻醉"，"技术也以神经紧张和（或）精神辛劳来代替肌肉疲乏"①。在这种工作方式下，人们满足于眼前的物质需要，生活方式逐渐同化，人与人之间的关系越来越疏远，交往主要限

① ［美］马尔库塞．单向度的人：发达工业社会意识形态研究［M］．刘继，译．上海：上海译文出版社，2008：22.

于工作，亲情变得可有可无，家庭约束变得微不足道，纠葛和冲突主要借助正式机制化解，而较少依赖熟人社会的情感、道德、风尚和习俗等。但是，就像马斯洛的需求层次理论指出的那样，人在解决了基本的食物、安全和秩序等需求之后，对归属和爱的需要上升，如积极社交、结交朋友等。这种需求升级与工作紧张之间的张力，在温饱问题解决之后越发突出，并以人们对城市快节奏、高负荷、压抑生活的抵触和对休闲生活的向往而显现出来，从而催生出人们的休闲需求。而乡村在气候、风土人情、生态环境、生活节奏等方面的优势完全契合人们的心灵需求，这正是乡村旅游业发展的心理基础。

但是，这种人口流动是暂时性的、季节性的，不具有长期性，只能带动乡村旅游业发展，不能实质性地解决农村人口单向流出问题，因而仍然无法打破民居、村落、古建筑从有序走向无序的趋势。造成这一困境的因素既有客观的经济规律，也有感性的思维方式，且二者纠缠在一起，相互强化。这种思维惯性是：从经济增长、产业转移、城市化、就业和教育方面来看，农村人口流出是“看不见的手”指引的必然结果，具有不可逆性。问题在于，这种思维方式是一种聚焦错觉，放大了典型事件在整体评估中的代表性，即生活中的一部分或生命的一个时间段代替了整个生活。如果始终坚守这种观念，那么我们始终无法跳出乡村文化衰落和城市生活压抑的悖论。

也就是说，这一观念和认识都建立在一种错觉之上：人是同质的，需求是完全一致的。即使抛开性别、年龄和收入等因素不论，人与人之间在偏好、观念、理想和优先关切点等方面也是不同的。如果纳入年龄、性别和收入等因素，那么这种差异会更大。由此获得一个重要推论：不是所有人都把就业、教育、事业发展列为个人一生的优先事项，或者说，每个人的优先事项是随时间而动态变化的。更进一步地，就业、教育、个人发展等只是年轻人的优先事项，而我们把它们放大为所有人的优先事项。比如，与年轻人不同，老年人的优先关切是健康、长寿、陪伴、安静、尊敬、休闲和老有所依等。

这种优先需求差异为解决休闲需求与经济发展的兼容性问题提供了潜在路径。一方面，在当前的经济结构、增长动力和资源分布格局下，比如第二产业和第三产业主要集中在城市，劳动力年龄主要分布在18~65岁，子女教育、个人发展和就业机会主要聚集在城市等，“看不见的手”仍然是人口流动的决定性因素，国家应尽力创造公平的就业环境，“破除妨碍劳动力、人才流动的体制和政策弊端，消除影响平等就业的不合理限制和就业歧视，使人人都有通过勤奋劳动实现自身发展的机会”①。特别是要避免通过行政措施限制劳动力流动或者迫使劳动力离开城市，让年轻人自由地选择就业地区、城市、行业和子女受教育机会，使其成为当地经济增长、产业升级和基础研究的宝贵人力资源。另一方面，面对65岁以上老年人退出劳动力市场、人口老龄化速度加快和老年人口规模扩大等问题，政府在健全养老保险制度、发展养老事业和养老产业方面可以更好地发挥作用，包括健全基本养老筹资机制，发展多层次、多支柱养老保险体系，推动实现全体老年人享有基本养老服务，特别是鼓励、引导和支持老年人居住在气候宜人、环境优美、生活安逸的美丽乡村，让老年人过上健康、长寿和悠闲自在的生活，并成为乡村重新燃起人间烟火、振兴产业及文化的人口基础。

人口双向流动释放的利益远超上述矛盾缓解带来的利益。第一，有利于解决农村人口单向流出问题，畅通城乡人口双向流动。如图11-16所示，2010年以来，我国15~64岁的人口占比持续降低，2021年为68.3%。与此同时，65岁及以上的人口占比稳步提高，2022年达到14.9%。按照目前的老龄化速度，我国65岁及以上人口占比在不久的将来将达到30%，无疑会给城市养老带来沉重负担。但是，假设15%~20%的老年人长期居住在乡村，他们就可以部分地抵消城市化引起的农村人口流出，从而实现农村人口的增长。第二，老年人饮食起居必然需要大量的护理人员照顾，而农业规模化经营恰好释放了大量人口，他们的生活成本相对城市护理人员更低，且他们年龄较大，做事成熟稳重，可以更好地照顾老年人，让老年人感受到尊严和快乐。第三，人口流向乡村的背后是城市资金、产品、技术等的流入，并带动医疗、旅游、文化等相关产业的发展，而这些产业将吸引年轻人留在农村，或者从城市返回农村，从而拓宽农民增收渠道，缓解城市人口压力，推动乡村人口的年轻

① 习近平．高举中国特色社会主义伟大旗帜 为全面建设社会主义现代化国家而团结奋斗——在中国共产党第二十次全国代表大会上的报告［M］．北京：人民出版社，2022：47.

化，避免农村出现人口和产业的双重“空心化”。第四，一些农村有大量精美的民居和古建筑群，稍加修缮和改造，就可以成为住宅、医院或公共活动场所，从而节约养老成本，保护古建筑，避免乡村资源闲置和城市重复建设。

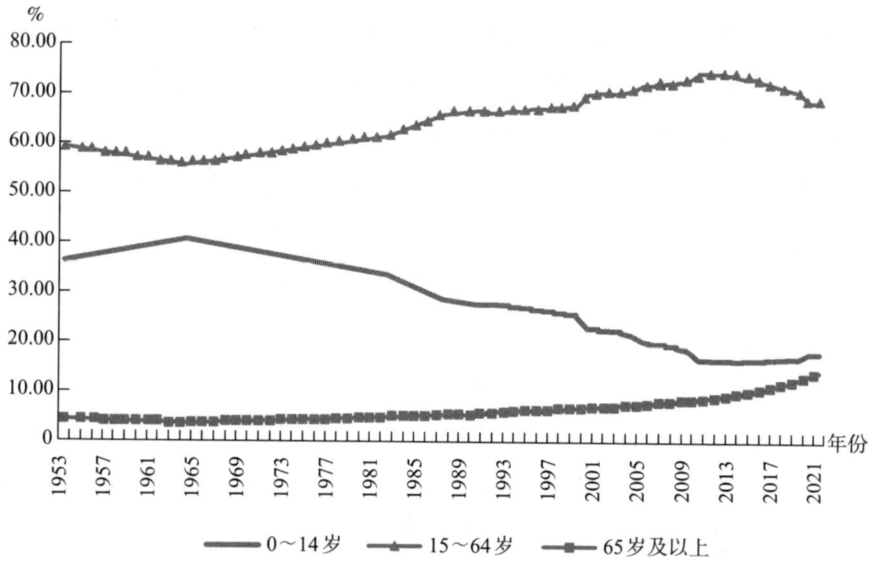

图 11-16　1953—2022 年我国人口结构

城乡人口双向流动旨在“把农业和工业结合起来，促使城乡对立逐步消灭”①，却面临一些潜在挑战。第一，在城市化和工业化背景下，很多人离乡外出，造成“空巢老人”，甚至不赡养老人这类事件频频发生，而这种人口流动方案从形式上并没有缓和代际关系疏离及其带来的社会伦理道德问题。第二，农村人口增加和乡村产业发展可能造成生态破坏问题，比如日常生活垃圾、废水、医疗废物等，严重威胁当地的土壤、水资源和环境安全。第三，在利益驱使下，“看不见的手”容易造成过度投资、商业文化泛滥和传统文化庸俗化等现象，给居民、老年人和消费者带来审美疲劳，最终伤害可持续发展潜力。

越来越多的家庭采取小家庭生活方式，即夫妻双方和他们的未成年子女

① 马克思恩格斯文集：第二卷［M］. 北京：人民出版社，2009：53.

一起生活，与父母或公婆分开居住，甚至居住在不同的地区或城市。不过，日益发达的交通网络和通信技术，降低了探望、陪伴和交流成本，弥补了地理上的疏离感，甚至减少了代沟引起的家庭纠纷，反而拉进了代际亲密感。同时，为了防止人口超负荷流入和投资过度现象，国家要在政策引导、资本进入门槛和监管措施等方面发挥积极作用，限制人口和资本向乡村的无序扩张，特别是要杜绝仿造和重建古建筑，从而在资源有限的条件下，实现保护乡村民居、古建筑群和非物质文化的目标。

总体上，城乡融合发展和乡村振兴需要遵循一些原则。一是自愿原则或个人利益最大化原则。城乡人口流动、资本下乡是人们从个人利益出发作出的自由选择，以便用更好的资源满足老年人的优先需求，实现人与自然和谐共生，提高人们的获得感、幸福感，而不是疏离代际关系。二是社会利益最大化原则。国家要“统筹乡村基础设施和公共服务布局，建设宜居宜业和美乡村”①，比如维护民居、村落及其建筑群，完善交通、物流、信息网络等基础设施，从而解决个人利益与社会利益之间背离的问题。三是共同富裕原则。乡村振兴与养老事业的融合，旨在发挥老年人的创造力，突破城市化的发展悖论，促进城乡融合，更好地保护乡村文化，推进乡村振兴，最终实现共同富裕。

① 习近平．高举中国特色社会主义伟大旗帜 为全面建设社会主义现代化国家而团结奋斗——在中国共产党第二十次全国代表大会上的报告［M］．北京：人民出版社，2022：31.

12 认识和启示

本书构建了个人、集体和国家的统一行为理论，在交易成本和组织成本框架下解释了新中国成立以来农业组织演变的内生动力、外部制约因素和作用机理，也对今后的农业发展路径、模式和关键影响因素进行了预判，从而为农业发展和乡村振兴提供了线索。此外，在国家行为、市场力量、产权激励、人际合作等领域，本研究既验证了一些传统理论和经济运行原则，也获得了一些新的认识和启示，从而为其他行业或国家的发展提供了部分答案。

12.1 国家的作用

国家与习俗、道德、舆论、风尚、惯例、规范等自发性秩序一样，都是社会正常运行的秩序基础。这包括三层含义：第一，创设国家就是人们在有限理性指引下降低制度成本和促进社会成员合作因而共筑社会秩序的结果，其核心是对共同利益或全体利益的追求、保护以及解释①。第二，一些社会经济问题并非国家所为，而是其他机制缺位或失灵所致。同时，国家不总是比其他机制更有效。第三，国家相对于自发性秩序处于一种垄断地位，不仅提供法律框架和基础设施，塑造社会风尚、道德、价值观、规范和舆论环境等，还创设暂时性或永久性的组织或制度，直接抑制交易成本高企引起的集体行动困境。

---

① 资本主义国家维护资产阶级的共同利益，但是超越了个别资本家和雇佣工人的私人利益。不过，在缓和社会冲突的同时，也在追求全体利益。“现代国家，不管它的形式如何，本质上都是资本主义的机器，资本家的国家，理想的总资本家。它越是把更多的生产力据为己有，就越是成为真正的总资本家，越是剥削更多的公民。”参见马克思恩格斯文集：第九卷［M］．北京：人民出版社，2009：295.

在农业组织演变中，我们意识到了国家力量所在。例如，新中国成立之后，土地改革彻底改变了农村的利益关系，农业合作化运动推动了城乡工农利益关系调整，包产到户改变了农民与集体和国家之间的利益关系。我们还意识到了国家发挥作用的切入点，即在不同的社会经济条件下，各个农业组织具有不同的比较优势，如包产到户在供给粮食等私人物品上有比较优势，高级社、人民公社在供给水利设施、梯田修整和道路维护等公共物品上具有比较优势，而国家干预改变了农业组织的成本和收益，从而塑造了它们的适应能力和竞争优势，促使其中一些农业组织发展成为主导型力量。例如，生产竞赛和奖励增产模范推动了农业合作化运动，“交够国家的，留足集体的，剩下的全是农民的”推动了包产到户改革。我们还意识到了国家发挥作用的制约因素，主要是指农业组织具有自身的技术要求、规模限度和演进逻辑等。例如，人民公社的超级规模导致社员的责任感、荣誉感减弱，机会主义行为增多，继而造成组织成本大幅提高和效率显著下降，最终引起合作秩序解体。

在规范约束下，国家发挥作用要遵循以下框架：一是在资源有限的条件下，国家要实现什么目标。这规定了国家的最低目标。如工业化目标衍生出了“以农补工”战略，解决温饱目标衍生出了“包产到户”改革。二是国家在实现目标时要防止什么，不能允许哪些极端事件发生，或者本身要避免成为问题根源。这界定了国家守护秩序因而让社会存续下去的最低条件。例如，农业合作化运动的初衷是抑制两极分化和提高农业生产率，却造成了粮食产量下降、粮食短缺和人口非正常死亡等。三是人们会对激励作出反应，国家在实现目标时，需要充分关注和考虑农民、家庭和农村基层政权的目标及利益，使国家利益与其利益兼容而非偏离。兼容的成功实践是土地改革、农业生产初级社建立、包产到户和农业规模化经营等，最低工资、劳动力管制、人民公社、取消自留地和生活集体化等则是偏离的典型。四是激励要有效果，国家必须是稳定的，这就要求培育一种互利共赢的社会氛围和共同信念，将不同群体整合成为一个有共同利益的集合，且它的各个组成部分是互相协调、合作和清廉高效的。例如，半殖民地的旧中国无法建立起被全国人民普遍认可和接受的产权制度，影响了商品市场、资本市场和劳动力市场的建立，而

1949—1953 年进行的土地改革和 1953 年开始的农业合作化运动则是国家稳定和高效率运行的结果。

这一框架蕴含着国家失灵的风险。在激励产生效果的条件下，微观经济主体的约束条件和行为方式随之发生调整，而这种调整反过来改变了国家干预的初始条件，从而潜藏着干预过时的风险。理论上，激励越有效，微观主体的行为改变越多，现实经济与初始条件偏离越多，国家干预失灵就越严重。例如，劳动互助、合作化最初是农民缓解耕畜、犁等生产资料短缺问题的自发行动，而在这一问题得到解决后，国家并未及时退出，反而推动了高级社和人民公社化运动，但是后两者的发展基础已经不存在了。在这种情形下，如果国家能够及时退出或者调整措施，就能够避免私人利益与集体利益和国家利益的不一致，从而最大化国家干预的有效性，但是国家的有限理性决定了决策的时滞性，由此造成“上有政策、下有对策”现象的出现。

技术进步特别是信息技术进步在一定程度上降低了国家搜集信息的难度，提高了国家的反应速度和决策效率，因而有助于实现私人利益与共同利益或全体利益趋于一致，进而缓解国家失灵。比如，现代通信工具可以帮助人们更加有效地观察和衡量农民的努力程度，限制高级社、人民公社中的机会主义行为，提高合作效率；还可以有效掌握专业大户、农民合作社、农业产业化龙头企业的生产经营情况，从而打击囤积粮食、价格合谋和金融投机等行为。但是，信息技术也拓展了个人的活动边界，他们仅仅依赖通信工具而不需要任何正式或非正式组织就能够发挥影响力，从而对包括国家在内的利益实施机制构成威胁。

随着经济社会的发展，个人的影响力、行动范围和自由决策权扩大，人们逐渐不受各种组织的约束。在极端条件下，每个人从各种组织中脱离出来，社会分解为无数的微型或原子式组织，组织之间的共同信念或共同利益变少，导致国家的交易对象增多、交易成本提高，而塑造共同信念或利益的能力又跟不上，从而削弱了国家治理能力。一种比较温和的或不那么极端的社会结构是家庭，但是相对农业合作社给国家带来的便利，家庭的劣势是明显的。例如，土地改革之后，国家面对着 1 亿多的个体户，在购销粮食的时候工作量很大，既难做到准确无误，也难以做到公平合理。但是，把 11000 万个体农户组织成为一二百万个农业生产合作社，以社为单位进行购销就方便多了。

国家失灵轻则政策无效，重则社会不稳定，二者互为因果、相互影响。社会不稳定引致国家干预，而干预无效或低效率会进一步加重社会矛盾。这个时候，发挥国家的强制力功能只会适得其反。最优选择是尊重民意，就像 1962—1982 年实行“三级所有，队为基础”的人民公社体制和 1982 年之后实行包产到户那样。这种策略是基于一个常识：没有人比自己更了解自己的境遇和诉求。

尊重民意的实质是让社会习俗、道德、舆论、惯例、风尚、企业或行业规范等发挥作用，避免国家与其进行“囚徒困境”式的竞争，更要防止社会陷入“自然状态”。要实现这一点，国家就要时刻拥有遏制暴力的能力，这是其他实施机制有效运行的先决条件。例如，当国家的力量增强之后，人类社会才对暴力有了约束力，暴力程度下降。在中世纪的欧洲，每 10 万人遭到凶杀的人数每年为 20~40 人。近几十年来，全球每年每 10 万人遭到凶杀的人数只有大约 9 人，而且多半发生在国家权力薄弱的地方，如索马里、哥伦比亚等。研究表明，瓦拉尼亚人、雅韦提人和雅诺马莫人没有军队、警察、监狱，他们的男性有 25%~50%因为财产、女人或名声纠纷而死于暴力冲突①。

强制性能力固然重要，但不宜过于神话。对于国家而言，培育和塑造共同信念或共识从而采取集体行动的能力更为重要。例如，“耕者有其田”、推翻“三座大山”凝聚了民心，在全社会范围内形成了一种共识：新生国家代表着全体利益，维护社会正义，追求社会公平。这种共识让国家在农业合作化运动中获得了强大的号召力、组织力、凝聚力、行动力和领导力。同样，以土地集体占有或全民所有来代替私有制，国家就避免了从特殊利益或共同利益出发而行动的风险，从而让共同富裕的信念有了制度基础，这是农业改革成功的关键。

共识和信念之所以重要，是因为“人的本质不是单个人所固有的抽象物，

---

① ［以色列］赫拉利．人类简史［M］．林俊宏，译．北京：中信出版社，2017：345.

在其现实性上，人是一切社会关系的总和"①。这一本质表明，人无法脱离群体或社会而生存，而一旦融入群体或社会，就要有共同的追求、利益和信念，这是群体一致行动的前提。同时，人是有限理性的，时而凭直觉和无意识行动，容易受懒惰、冲动左右，而共同信念有助于激发人的行动力，超越"本我"状态。因此，信念或共识内生于人的本质，镌刻在人们的记忆和行动之中。

12.2 市场的力量

在农业组织演变中，"一只看不见的手引导他去实现一个并非他本意的目标"②。例如，季节组、常年组向合作社的升级，缓解了农民的生产工具短缺压力，促进了农民收入增长，同时降低了国家与农民之间的交易成本，增进了社会利益。初级社向高级社继而向人民公社的快速转型，虽然提高了国家粮食收购部门的效率，缓解了农村公共物品短缺压力，增进了社会利益，却造成了人民公社人均余粮下降和农民利益损失，而农民利益受损又反作用于人民公社，加剧了机会主义行为，导致了组织成本上升和产出损失。

之所以"看不见的手"带来了并非农民本意的目标，主要是因为规模经营存在一种外部性，出现了私人利益与社会利益不一致的问题。具体而言，在劳动力、耕地、资本、技术等生产要素既定时，农业组织规模扩大，不仅带来了规模经济利益，增进了农民的利益，还降低了国家的交易成本，增进了社会利益。正是在这里，我们发现了市场力量在农业组织演变中的作用：任何偏离均衡规模的农业组织都是不稳定的，或者说私人利益与社会利益相偏离的农业组织是不稳定的。例如，劳动互助、耕田队、季节性互助、常年性互助、互助大队等规模过小，就要向合作社发展，以实现潜在的利益；而高级社及人民公社的规模又过于庞大，不得不向家庭联产承包责任制调整，

① 马克思恩格斯文集：第一卷［M］．北京：人民出版社，2009：501.

② ［英］斯密．国民财富的性质和原因的研究：下［M］．郭大力，王亚南，译．北京：商务印书馆，1983：254.

以减少损失。

在一些情形下，低效率农业组织之所以能够长期存在，不是市场失灵的结果，而是忽视了一些隐性的成本节约或收益，如国家的优惠政策、成为领导型合作社的先发优势等。考虑了这些利益之后，农业组织的实际规模就脱离了由交易成本和组织成本决定的最优规模。这种偏离不单纯指超过最优规模的情形，如人民公社那样，也指低于最优规模的情形，如家庭联产承包责任制下的农户生产那样。由此，农业组织就获得了一种自我强化的发展惯性，或者是抑制农民脱离现有秩序的能力。这一现象在人民公社中表现得更为清晰：每个人都认识到了人民公社的低效率状态，这种组织却仍然维持了 20 多年，因为强大的整体力量压制了单个农户或某个群体的离心力量。

一旦隐性收益或外部激励消失，市场力量马上就冲击人民公社，农业组织就按照以下条件自动向均衡规模回归：规模收缩引起的交易成本上升等于规模收缩引起的组织成本下降，从而最小化制度成本，实现最优规模。在此意义上，国家只是农业组织演变的外在约束条件，而非农业组织演变的主导者。这也意味着扶持政策可能会扼杀一些更具效率的农业组织出现。

组织成本和交易成本也是观念、道德、信仰、责任感、理性水平、合作意识、集体理性和竞争压力等的函数。例如，在农业合作化初期，集体主义情怀和合作意识迅速取代冲突，努力取代偷懒，集体理性战胜个人理性，促使合作的协调成本和监督成本下降，从而促进了农业组织规模的扩张。同时，这些变量本身是农业组织规模的函数，处在动态变迁之中。例如，农业组织规模越大，人们的道德风险、集体非理性和非合作倾向就越严重，组织成本就越高，从而削弱了农业组织的竞争力。也正是在这种场合，固定计酬还是激励计酬至关重要，它们适用于不同的农业组织，可以约束上述行为。如此一来，计酬制度也是规模的函数。因此，即使在外部条件稳定的条件下，农业组织本身内含着动态调整的倾向和力量，没有一种农业组织形态是稳定的、经久不衰的。

事实上，外部条件具有显著的动态性特征。这些外部条件包括一些人为环境，如经济或金融危机、地缘政治冲突、人口政策、农产品供求失衡、价格波动、贸易条件改变和资本市场动荡等，也包括自然灾害冲击，如干旱、暴雨、洪水、霜冻、冰雹、病虫害、流行性疾病等。它们都会不同程度地改变人口结构、人地比例关系和农业组织的比较优势，因而推动农业组织规模的扩张或收缩。例如，1929—1931 年乡村人口因天花、伤寒、痢疾、肺结核、霍乱、白喉、肺炎、鼠疫、疟疾等死亡的男性为 0.267‰，女性约为 0.276‰①。华北等地在 1920 年出现了大范围干旱，在这种情形下，中国农村的第一个合作社在北京附近的香河县诞生；1931 年江淮大涝，小农经济破产加剧，各种合作运动随之迅速出现（虞宝棠，1998）。同理，由于农村劳动力在抗日战争和国共内战时期有很大损失，且在战后得不到迅速恢复，因此在新中国成立之初，农民选择了劳动互助方式，以缓解严重的劳动力短缺压力。

因此，农业组织演变是在内在因素和外在因素的作用下，自发地调整自身规模及其治理结构，从而达到降低制度成本和提高收益的过程。正如哈耶克所说，“较为复杂的结构乃是通过持续不断地使其内部状态和外部环境的变化相调适的方式来维持自身的”②。但是，在特定时期，一些因素保持了相对稳定性，而另一些因素则具有显著的绝对随机性特征，而正是这种相对稳定性和绝对随机性特征，决定了农业组织结构调整及其产量波动的双重性特征。从短期来看，随机性冲击导致农业组织的产出出现跳跃式上升或下降，引发了一些农业组织的低效率及其衰落；从长期来看，确定性变量为农业组织的稳定性奠定了基础，使一些农业组织总是能够成功应对随机性冲击。

这种双重性特征表明，农业组织不仅要适应随机性冲击，还要适应稳定的外部约束条件。如果农业组织只有很强的短期应变性，却缺乏长期适应性，那么它在本质上属于投机型组织。1953—1962 年的部分农业组织就具有这种属性，在每一次新的利益激励面前，总是能够调整自如，获得暂时性利益。但是，当这些利益消失之后，它们很快就变得不稳定，以至于需要新的利益刺激来维持其稳定性。当它们无法获得新的利益激励时，不稳定性问题就立

---

① 侯杨方．中国人口史第六卷 1910—1953［M］．上海：复旦大学出版社，2001：405.

② ［英］哈耶克．法律、立法与自由：第二、三卷［M］．邓正来，张守东，李静冰，译．北京：中国大百科全书出版社，2000：504.

刻显露出来，最终被新的农业组织取代。反之，一个具有长期适应性的农业组织，则具有较强的短期应变能力和生存能力。

不同农业组织应对不确定性方面的功能性差异，内生于农业组织结构。具体而言，大型农业组织依赖成员众多而分散成员的风险，小型农业组织则通过多样化经营分散成员的风险。在此意义上，不同的农业组织内含着差异化的风险解决机制或内在稳定器①，从而塑造了农业组织的风险应对能力差异：小型农业组织易受随机性事件冲击，大型农业组织易受系统性风险冲击。因此，随机性冲击倾向于强化小型农业组织，而系统性风险倾向于弱化大型农业组织。例如，气候灾难强化了1959—1961年的粮食短缺冲击，部分地导致了去集体化和“三级所有，队为基础”的公社体制的建立。

这一切都指向了一点：不管国家制度和外在环境如何，农业组织演变的微观动力是农民的利益追求和自由选择。例如，在农业合作化前期，国家约束力较弱，农业生产工具短缺，农民自觉地结成耕田队、犁牛队，克服了农业生产工具不足问题，促进了农业发展；在人民公社时期，国家的约束力增强，却无法有效监督农民的努力程度，机会主义行为较多，导致了公社的系统性低效率②。这种自由选择根植于一个不容置疑的经济现象：在人们的行动中，不管他的决策是冲动的、短视的，因而完全凭直觉和无意识行动，还是谨慎的、长远的，因而完全依靠理性判断而行动，他所追求的目标发自他的内心深处，也是他在若干个目标中作出的最优选择，这种选择符合他的主观期望。也就是说，凡是有行动能力的人都能作出满足其愿望的选择。

因此，即使我们不承认市场的存在，否认市场在农业生产中的作用，农业生产活动也由国家来组织和协调，但是市场力量从未消失于农业生产活动中，始终以我们不曾预料的方式作用于农业生产。例如，人民公社中没有工资、价格、利润、所得税、负债、权益、现金流、资本收益率等经济范畴，

---

① 内在稳定器最早被用来描述税收与宏观经济之间的联系。参见高鸿业．西方经济学：宏观部分［M］．北京：中国经济出版社，1999：590.

② 1958年8月17日，毛泽东谈到对人民公社问题的看法时说：办人民公社，是群众自发的，不是我们提倡的。包括嵖岈山人民卫星人民公社的吃饭不要钱，也是他们首创的，不是上级管理部门或国家强制要求的。参见苏星．新中国经济史［M］．北京：中共中央党校出版社，1999：432，440.

效率高低不是通过商品经济中的成本和收入来核算，而是以一种消极方式出现的，如高投入、磨洋工、产品短缺、种类稀少及低质量等。在此意义上，人民公社的低效率与其说是农业合作化失败的产物，毋宁说是市场力量发挥作用的结果。只不过有别于惯常的市场经济作用，在人民公社体制下，市场力量被遏制，处于一种扭曲或失灵的状态，只能以消极的方式发挥作用。这一推论表明，即使其他条件不变，只要给予农民充分的自由选择权，市场力量马上就能够释放出巨大威力，而这一点已经被家庭联产承包责任制的成功证实。

市场力量反衬出了制度的局限性。究其原因，“无论这个制度建设得多么高明，多么美好，它毕竟还是人的作品，因此，它也只能按照人们理智的准则加以评判”①。由于人的理智是在资源稀缺和需求无限的矛盾运动之下逐渐发展起来的，因此人们在面临资源争夺冲突时，冲动的、快速的反应远比深思熟虑的决策更有利于生存，从而塑造了无意识相对于理性的优势地位。正是在这里，我们意识到了自发的市场力量的生命力所在。

12.3 合作的基础

农业规模经营暗含着一个假设条件：工业上的泰勒主义工作原理适用于农业生产。也就是说，把农业生产活动分解成简单的和可重复的运动，采用机械动力，进行标准化生产，以此提高生产率，降低成本，提高产量。这在一定程度上解释了1952—1955年的农业增长，如合作化程度每提高1个百分点，农业产值增长约0.28个百分点。这也是家庭农场、专业大户、农民合作社和农业产业化龙头企业等新型农业经营主体蓬勃发展的技术基础。

标准化、机械化与泰勒主义工作原理之间的这种联系表明，规模经营是排斥劳动力的。然而，在20世纪50年代的农业合作化运动中，合作基础是生产工具短缺条件下的劳动力联合，而且在领导—追随模式的作用下，合作

① ［奥］米瑟斯．自由与繁荣的国度［M］．韩光明，译．北京：中国社会科学出版社，2009：49.

规模不断扩大，成员数量大幅增加。例如，1958年9月底全国农村共有23397个人民公社，平均每社4797户。结果，在人民公社内部出现了严重的机会主义行为及产出损失，而不是泰勒主义的标准化、机械化带来的产出提升。这意味着，泰勒主义在农业中的成功应用，首先要突破合作中的机会主义行为问题。

在农业组织演变中，机会主义行为问题表现为农业组织规模扩张的结果，但是只要能够有效监督生产中的劳动努力程度，规模本身就不是问题。在高级社、人民公社等超级农业组织中，劳动监督之所以不可能，一是因为成员数单纯增加、监督层级增加、信息失真增多和控制力下降。如随着成员增多，控制范围扩大，成员的服从度下降，监督困难度上升。卢梭指出，“负责的人愈多，则处理事务就愈慢；由于过分审慎，人们对于时机就会重视不够，就会坐失良机；并且由于反复考虑，人们往往会失掉考虑的结果”①。二是因为不同于桥梁、道路、河堤、水坝、梯田等公共物品，粮食种植受天气影响，劳动贡献具有不可测度性，这鼓励了成员的“搭便车”行为。三是因为出于追求自身利益最大化的目标，农民倾向于把更多的劳动投放在自家耕地上，而不是公社中，这构成了机会主义行为的微观基础，也催生了自留地取消和生活集体化。

我们不能否认由此产生的机会主义行为对农业生产的影响，但是在面对熟人社会的约束，即生产队队长是当地有影响力和权威的人士，能够较好地调动和监督农民的努力程度，加上工分制也强化了农民的努力程度，因此，“搭便车”或机会主义行为对农业生产的影响有限，更不应该造成1959—1961年的粮食短缺。事实上，桥梁、道路、河堤、水坝、梯田等公共物品生产，存在一种显性或隐性的高报酬，促成了人们对公共物品的过度投资，从而对粮食生产构成了挤出效应，造成农作物无法按时种植、维护和收割，由此造成农作物产量下降。也就是说，产出损失不完全是机会主义行为造成的，人民公社的计酬制度及劳动力分配不平衡也是重要原因。

---

① ［法］卢梭．社会契约论［M］．何兆武，译．北京：商务印书馆，2003：80.

当然，随着农业组织规模的扩大，风尚、惯例、习俗、舆论等熟人社会的约束力减弱，而约束陌生人的正式规则尚未形成，从而造成大型农业组织治理观念或治理能力严重滞后于规模扩张，造成组织成本上升和产出损失。比如，在互助组、农业生产初级社中，非正式规则足以约束人们的行为，标准化的激励机制缺乏不足以动摇规模经济效应。但是在高级社和人民公社中，一方面，仍然以互相帮忙、互通人情、义务等人际关系和熟人社会为基础，但是人们之间的观念、行为、习俗和规范不一致现象迅速上升，这套机制已经不适用于成员规模超过 150 人的农业组织；另一方面，正式的激励、监督、奖惩机制没有跟进或者完全缺位，或者处于名存实亡的状态，从而使人民公社无法像现代的跨国公司那样成为有效率的组织。结果，在探索出可行的激励机制之前，在生存压力的作用下，人民公社提前解体了。

人民公社治理观念或治理能力的滞后发展，与长期以来人类的行为方式有关。首先，人类的大脑善于储存和处理大量关于动植物、地形和社会的信息，其内容较少，依靠记忆、习俗就可以胜任，就像核算互助组、初级合作社中的投入产出那样。但是，随着农业组织规模的急剧扩张，人们根本来不及反应，手足无措，拿不出有效的监督方式，无法准确核算诸如高级社或者人民公社中的投入产出问题。其次，人是独立与合作的矛盾体。当人们能够独立应对挑战时，他们倾向于单打独斗、独享收益；当人们无力应对挑战时，他们倾向于寻求他人帮助，共担风险、共享收益。在农业合作化进程中，人们最初面临的挑战是土地改革以后的生产工具短缺问题，他们不得不通过劳动互助、人畜换工、合伙种地、耕田队、犁牛队等方式摆脱困境。但是，当这些简单的合作形式解决了农民的首要关切，或者说危机解除之后，他们就没有动力进行深入合作了，摆脱合作的束缚反而成了人们追求的目标。实际上，农民合作的目的就是摆脱合作，而不是追求合作。换句话说，挑战还不足以让人们发展出进行大规模合作的心理基础，但是人民公社的建立无视了这一现实。

不管是劳动互助、人畜换工、合伙种地、耕田队、犁牛队、互助组、初级合作社、家庭联产承包责任制等，还是高级社和人民公社，都没有改变农村和农业生产的社会基础：家庭是其构成要素。理论上，农业组织规模越小，越接近家庭生产，成员之间的感情纽带就越强，“搭便车”就越难；农业组织规模越大，越偏离家庭生产，成员之间的感情纽带就越弱，“搭便车”就越流行。因此，劳动互助、合伙种地、初级社等不仅是缓解生产工具短缺、提高产出、改善农民生活品质从而免除饥饿、确保健康和维护秩序的组织，还应该是与他人建立感情联系、一起共事和寻找“归属与爱”的组织。不过，在农业组织扩张过程中，人们只重视了它们满足生理需求或者物质生产的功能，却忽视了它们满足安全需求的功能，特别是满足“归属与爱”和“尊重与自我实现”的功能。这种忽视最终反噬了物质生产功能。例如，在人民公社建立初期，劳动力流动限制、自留地取消和生活集体化，极大地限制了农民的利益追求和自由选择，冲击了农民的生理需求、安全需求、尊重需求与自我实现需求，从而强化了人们对公社的抵触。

与家庭生产、劳动互助、合伙种地、初级社等相比，人民公社还有一个典型特征——层级制。也就是说，公社中有不同层级的队长和社员之分，其中，前者是组织者、管理者、协调者和监督者，后者是生产者。人民公社的层级制不像私营企业中的雇佣关系那样——劳资双方处于不对等的位置上，而是所有人都是劳动者和公社财产的共同所有者，彼此之间是平等的关系，只是由于分工、能力和技能不同，各自处在不同的工作岗位上，并根据按劳分配原则获得收入。不过，由于按劳分配实际上是一种激励计酬制度，即劳动付出越多，收入就越高，而生产活动的可测度性差异促使越来越多的社员涌向公共物品生产，而不是粮食种植，因此迫使公社采取了实质为固定计酬的工分制。此时，不管人们努力与否，收入始终是固定的，导致队长没有监督意愿，社员没有努力劳动意愿。事实上，双方结成了利益共同体，一起消极抵抗公社。

在这种情形下，赋予队长一定的剩余索取权就极为重要。具体而言，人民公社的产出越多，队长的报酬就越多；反之，报酬就越少。这种剩余索取权不是指队长获得与他的劳动投入相匹配的报酬，从而解决工分制下的投入产出失衡问题，而是指队长获得比他的劳动投入应得的报酬还要高的报酬。

如此一来，这种剩余索取权只能来自人民公社的总体剩余劳动，但是不以牺牲人民公社和其他社员的报酬为代价。究其原因，有效的监督提高了人民公社的总产出，而其他社员的劳动报酬并未减少，甚至随之增加。

剩余索取权与产出之间的这种联系引申出一个流行观点："在实行劳动分工的社会里，人类相互合作的唯一可行的制度是生产资料的私有制。""一个包括全部生产资料的社会制度是行不通的，尽管这种制度在只占有部分生产资料的情况下并非完全行不通，但它会导致生产率的下降，以至于使其非但不能够创造更多的财富，反而会起到减少财富的作用。"① 不可否认，在人民公社体制和土地集体所有或全民所有相互叠加的条件下，这一观点似乎极具说服力。

但是，效率损失和财富减少在多大程度上是由土地的集体所有或全民所有制造成的，因而证明私有制相对于公有制的优越性；又在多大程度上是由人民公社体制或农业组织的超级规模引起的，因而与土地所有制的关系不大？对此，家庭联产承包责任制提供了一个很好的实践检验和理论回答。在这里，土地始终归集体所有或全民所有，农民只获得了土地承包权，却并未观察到农业生产的效率损失，因为农民获得了剩余索取权。在农村土地所有权、承包权、经营权"三权分置"和免除农业税的条件下，国家实际上把一部分剩余索取权让渡给了土地承包者，即农民，把另一部分剩余索取权让渡给了土地经营者，即家庭农场、专业大户、农业产业化龙头企业等②。此时，不仅经营者获得了规模经济效益，还突破了土地私有制下的两极分化问题，促进了乡村社会公平。由此可见，对于农业合作组织而言，剩余索取权比土地产权更重要。例如，在土地私有条件下，征收 100% 的所得税，无异于土地私有制的名存实亡。

---

① ［奥］米瑟斯．自由与繁荣的国度［M］．韩光明，译．北京：中国社会科学出版社，2009：61.

② 家庭联产承包责任制不只是组织结构变革，还是土地产权变革。这一产权形式内嵌于农民的文化观念之中。恩格斯指出："耕地仍然是部落的财产，最初是交给氏族使用，后来由氏族交给家庭公社使用，最后交给个人使用；他们对耕地或许有一定的占有权，但是没有更多的权利。"参见马克思恩格斯文集：第四卷［M］．北京：人民出版社，2009：180.

在这种制度安排下，要预防一种风险：土地是集体的或国家的，但随着农村人口流出、农产品需求增长和机械动力广泛采用，农业规模经营越来越普遍，已经成为一种必然趋势，如新型农业经营主体的兴起那样，从而造成土地越来越集中于少数资本所有者或经营者手中①。在农业产值占比较低的现代社会，即使农村土地集中不足以造成传统社会中的那种剧烈震荡，但还是会成为社会不平等的重要推力。因此，实行土地集体化或国有化以及对经营者征收税收或地租，从而收回部分剩余索取权不仅是一种历史发展必然，还具有现实必要性。正如马克思所说，“一方面，居民的需要在不断增长，另一方面，农产品的价格不断上涨，这就不容争辩地证明，土地国有化已成为一种社会必然”②。

农业组织演变也表明，在社会职业、个人能力、文化程度、家庭利益等方面的差异依然存在因而私人利益与共同利益或全体利益不一致的条件下，土地集体化或国有化并不能让集体或国家获得全部剩余索取权，必须让渡一部分剩余索取权给土地承包者或经营者。也就是说，抛开这些差别的现实存在，只从政治上废除土地私有制是无效的，这些差别仍然会以它们固有的方式发挥作用而产生一些特殊现象，如人民公社中的“搭便车”行为、农作物产量下降、公共物品过度投资等。此时，我们再一次看到了市场的力量，也看到了国家与市场相互协调的重要性。进一步推论，一个好的社会秩序的生命力体现在，它同时赋予强制性机制和自我实施机制同等的而非均等的重要性，让二者处于动态平衡之中以维护各方利益，并根据环境变化生发出新的秩序，避免任何一种机制教条化而排斥其他机制发挥作用。

---

① 土地集体所有或全民所有剥夺了私人对剩余索取权的控制，但是国家和农民并未获得剩余，反而是资本所有者或土地经营者受益匪浅。就像刘易斯所说，“没收行为剥夺了资本家对这部分剩余的控制，以及以后消费它的权力，但是并没有把这部分剩余转给工人”。参见刘易斯．二元经济论［M］．施炜，谢兵，苏玉宏，译．北京：北京经济学院出版社，1989：15.

② 马克思恩格斯文集：第三卷，北京：人民出版社，2009：231.

参考文献

[1]［奥］米瑟斯．自由与繁荣的国度［M］．韩光明，译．北京：中国社会科学出版社，2009.

[2]［德］奥本海．论国家［M］．沈蕴防，王燕生，译．北京：商务印书馆，1999.

[3]［德］哈贝马斯．包容他者［M］．曹卫东，译．上海：上海人民出版社，2002.

[4]［德］洪堡．论国家的作用［M］．林荣远，冯兴元，译．北京：商务印书馆，1998.

[5]［德］柯武刚，史漫飞．制度经济学：社会秩序与公共政策［M］．韩朝华，译．北京：商务印书馆，2000.

[6]［德］李斯特．政治经济学的国民体系［M］．邱伟立，译．北京：华夏出版社，2013.

[7]［俄］巴枯宁．国家制度与无政府状态［M］．马骧聪，任允正，韩延龙，译．北京：商务印书馆，1982.

[8]［俄］恰亚诺夫．农民经济组织［M］．萧正洪，译．北京：中央编译出版社，1996.

[9]［法］杜尔哥．关于财富的形成和分配的考察［M］．唐日松，译．北京：华夏出版社，2007.

[10]［法］魁奈．农业与手工业［M］．吴斐丹，张草纫，译．北京：商务印书馆，2021.

[11]［法］魁奈．人口论 赋税论［M］．吴斐丹，张草纫，译．北京：

商务印书馆，2021.

[12] [法] 勒庞．乌合之众 [M]. 冯克利，译．北京：中央编译出版社，2014.

[13] [法] 卢梭．社会契约论 [M]. 何兆武，译．北京：商务印书馆，2003.

[14] [法] 皮凯蒂．21 世纪资本论 [M]. 巴曙松，译．北京：中信出版社，2014.

[15] [法] 托克维尔．旧制度与大革命 [M]. 傅国强，译．北京：中国画报出版社，2013.

[16] [美] 阿尔钦，德姆塞茨．生产、信息成本和经济组织 [M] //[美] 威廉姆森，马斯腾．交易成本经济学．李自杰，蔡铭，等，译．北京：人民出版社，2008.

[17] [美] 奥尔森．集体行动的逻辑 [M]. 陈郁，等，译．上海：上海人民出版社，1995.

[18] [美] 巴泽尔．国家理论——经济权利、法律权利与国家范围 [M]. 钱勇，曾咏梅，译．上海：上海财经大学出版社，2006.

[19] [美] 布热津斯基．大棋局：美国的首要地位及其地缘战略 [M]. 中国国际问题研究所，译．上海：上海人民出版社，2007.

[20] [美] 查尔斯，金德尔伯格．西欧金融史 [M]. 徐子健，何建雄，译．北京：中国金融出版社，2010.

[21] [美] 蒂默．国家在农业发展中的作用 [M] //何增科，周凡．农业的政治经济学分析．重庆：重庆出版社，2008.

[22] [美] 弗鲁博顿，[德] 芮切特．新制度经济学—— 一个交易费用分析范式 [M]. 姜建强，罗长远，译．上海：上海人民出版社，2006.

[23] [美] 福山．大分裂：人类本性与社会秩序的重建 [M]. 刘榜离，译．北京：中国社会科学出版社，2002.

[24] [美] 黄宗智．“家庭农场”是中国农业的发展出路吗？[J]. 开放时代，2014 (2)：9，176-194.

[25] [美] 黄宗智．长江三角洲小农家庭与乡村发展 [M]. 北京：中华

书局，2006.

［26］［美］黄宗智．中国的隐性农业革命［M］．北京：法律出版社，2010.

［27］［美］基辛格．世界秩序［M］．胡利平，等，译．北京：中信出版社，2015.

［28］［美］卡尼曼．思考，快与慢［M］．胡晓娇，李爱民，何梦莹，译．北京：中信出版社，2012.

［29］［美］康芒斯．制度经济学［M］．于树生，译．北京：商务印书馆，1962.

［30］［美］刘易斯．二元经济论［M］．施炜，谢兵，苏玉宏，译．北京：北京经济学院出版社，1989.

［31］［美］罗尔斯．正义论［M］．何怀宏，等，译．北京：中国社会科学出版社，2001.

［32］［美］马尔库塞．单向度的人［M］．刘继，译．上海：上海译文出版社，2008.

［33］［美］马斯洛．动机与人格［M］．许金声，译．北京：中国人民大学出版社，2007.

［34］［美］奈特．制度与社会冲突［M］．周伟林，译．上海：上海人民出版社，2009.

［35］［美］诺斯．经济史上的结构和变革［M］．厉以平，译．北京：商务印书馆，1999.

［36］［美］诺斯．制度、制度变迁与经济绩效［M］．杭行，译．上海：格致出版社，上海人民出版社，2008.

［37］［美］萨克斯，拉雷恩．全球视角的宏观经济学［M］．费方域，等，译．上海：上海人民出版社，2004.

［38］［美］乔斯科．契约持续期与关系专用型投资：煤炭市场的实证研究［M］//［美］威廉姆森，马斯腾．交易成本经济学．李自杰，蔡铭，等，译．北京：人民出版社，2008.

［39］［美］萨克斯．贫穷的终结——我们时代的经济可能［M］．邹光，

译．上海：上海人民出版社，2007.

［40］［美］舒尔茨．改造传统农业［M］．梁小民，译．北京：商务印书馆，1987.

［41］［美］斯蒂格利茨．社会主义向何处去——经济体制转型的理论与证据［M］．周立群，韩亮，余文波，译．吉林：吉林人民出版社，1998.

［42］［美］斯科特．国家的视角：那些试图改善人类状况的项目是如何失败的［M］．王晓毅，译．北京：社会科学文献出版社，2019.

［43］［美］塔洛克．经济等级制、组织与生产的结构［M］．柏克，郑景胜，译．北京：商务印书馆，2010.

［44］［美］威廉姆森．经济组织的逻辑［M］//［美］威廉姆森，温特．企业的性质、演变和发展．姚海鑫，邢源源，译．北京：商务印书馆，2007.

［45］［美］威廉姆森，马斯腾．交易成本经济学［M］．李自杰，蔡铭，等，译．北京：人民出版社，2008.

［46］［美］渥克．灰犀牛［M］．王丽云，译．北京：中信出版社，2018.

［47］［日］川胜义雄．六朝贵族制社会研究［M］．李济沧，徐谷芃，译．上海：上海古籍出版社，2018.

［48］［日］速水佑次郎，［美］拉坦．农业发展的国际分析［M］．北京：中国社会科学出版社，2000.

［49］［匈牙利］科尔奈．社会主义体制——共产主义政治经济学［M］．张安，译．北京：中央编译出版社，2006.

［50］［以色列］赫拉利．人类简史［M］．林俊宏，译．北京：中信出版社，2017.

［51］［英］艾利斯．农民经济学：农民家庭农业和农业发展［M］．胡景北，译．上海：上海人民出版社，2006.

［52］［英］福蒂斯，埃文思-普理查德．非洲的政治制度［M］．刘真，译．北京：商务印书馆，2018.

［53］［英］哈耶克．法律、立法与自由［M］．邓正来，译．北京：中国大百科全书出版社，2000.

［54］［英］哈耶克．个人主义与经济秩序［M］．贾湛，等，译．北京：北京经济学院出版社，1989.

［55］［英］哈耶克．通往奴役之路［M］．王明毅，等，译．北京：中国社会科学出版社，1997.

［56］［英］哈耶克．致命的自负［M］．冯克利，胡晋华，等，译．北京：中国社会科学出版社，2000.

［57］［英］霍布斯．利维坦［M］．黎思复，黎廷弼，译．北京：商务印书馆，1985.

［58］［英］马尔萨斯．人口原理［M］．朱泱，胡企林，朱和中，译．北京：商务印书馆，1991.

［59］［英］马歇尔．经济学原理［M］．彭逸林，王威辉，商金艳，译．北京：人民日报出版社，2009.

［60］［英］钱塞勒．金融投机史［M］．姜文波，译．北京：机械工业出版社，2012.

［61］［英］斯拉法．李嘉图著作和通信集（第一卷）——政治经济学及赋税原理［M］．郭大力，王亚南，译．北京：商务印书馆，1962.

［62］［英］斯密．国民财富的性质和原因的研究［M］．郭大力，王亚南，译．北京：商务印书馆，1983.

［63］［英］斯普拉克伦．哈贝马斯与现代性终末处的休闲［M］．陈献，译．杭州：浙江大学出版社，2022.

［64］蔡昉，李周．我国农业中规模经济的存在和利用［J］．当代经济科学，1990（2）：25-34.

［65］蔡昉．论农业经营形式的选择——着重于社区合作组织的经济学分析［J］．经济研究，1993（1）：26-32.

［66］陈锡文．切实保障国家食物供给安全［J］．农业经济问题，2021（6）：4-7.

［67］陈献礼．化学农药在农业有害生物控制中的作用及科学评价［J］．江西农业学报，2006（4）：134-135.

[68] 杜润生．当代中国的农业合作制［M］．北京：当代中国出版社，2002.

[69] 段争虎，刘新民．化肥在农业生产中的地位与作用［J］．中国沙漠，1996（1）：92-96.

[70] 房维中．中华人民共和国经济大事记（1949—1980）［M］．北京：中国社会科学出版社，1984.

[71] 费孝通．乡土中国［M］．北京：人民出版社，2008.

[72] 冯科．金融监管学［M］．北京：北京大学出版社，2015.

[73] 高鸿业．西方经济学［M］．北京：中国经济出版社，1996.

[74] 辜鸿铭．中国人的精神［M］．黄兴涛，宋小庆，译．北京：人民出版社，2010.

[75] 郭红东．我国农户参与订单农业行为的影响因素分析［J］．中国农村经济，2005（3）：24-32.

[76] 何增科，周凡．农业的政治经济学分析［M］．重庆：重庆出版社，2008.

[77] 胡崇庆．胡焕庸人口地理选集［M］．北京：中国财政经济出版社，1990.

[78] 胡冬生，余秀江，王宣喻．农业产业化路径选择：农地入股流转、发展股份合作经济——以广东梅州长教村为例［J］．中国农村观察，2010（3）：47-59.

[79] 胡焕庸，张善余．中国人口地理［M］．上海：华东师范大学出版社，1984.

[80] 黄季焜，马恒运．差在经营规模上——中国主要农产品生产成本国际比较［J］．国际贸易，2000（4）：41-44.

[81] 贾甫，冯科，韦静强．金融创新与金融监管的边界问题［J］．浙江金融，2013（10）：11-15.

[82] 贾甫，赵楠．劳动力规模、组织成本与农业生产合作组织演变——基于民国以来的历史分析［J］．经济评论，2012（1）：32-41.

［83］贾甫．国有企业混合所有制改革的理论逻辑和现实基础［J］．改革与战略，2021（9）：66-74.

［84］贾甫．家庭承包制下的农村投资低效率及其自救机制［J］．当代经济管理，2011（10）：1-8.

［85］贾甫．债务膨胀、风险积累与金融改革［J］．西南金融，2017（1）：21-25.

［86］李昌平．土地集体所有制、村社内置金融与农村发展和有效治理［J］．农业发展与金融，2010（8）：25-28.

［87］李均．中国高等教育政策史（1949—2009）［M］．广州：广东高等教育出版社，2014.

［88］李滔．中华留学教育史录：1949 年以后［M］．北京：高等教育出版社，2000.

［89］李文明，罗丹，陈洁，等．农业适度规模经营：规模效益、产出水平与生产成本——基于 1552 个水稻种植户的调查数据［J］．中国农村经济，2015（3）：4-17，43.

［90］李义波，弓路沙．农民合作行为变化与社会变迁的微观机制——以华北平原 S 村为例［J］．中国农村观察，2011（1）：39-48.

［91］李义平．经济学百年——从社会主义市场经济出发的选择与评价［M］．北京：生活·读书·新知三联书店，2007.

［92］李义平．来自市场经济的繁荣——论中国经济之发展［M］．北京：生活·读书·新知三联书店，2007.

［93］列宁全集：第三十一卷［M］．北京：人民出版社，1985.

［94］林毅夫．制度、技术与中国农业发展［M］．上海：格致出版社，上海人民出版社，2008.

［95］林毅夫．中国经济专题［M］．北京：北京大学出版社，2008.

［96］林毅夫．自生能力、经济转型与新古典经济学的反思［J］．经济研究，2002（12）：15-24，90.

［97］刘奇．构建新型农业经营体系必须以家庭经营为主体［J］．中国发

展观察，2013（5）：38-41.

［98］刘瑜．可能性的艺术：比较政治学 30 讲［M］．广西：广西师范大学出版社，2022.

［99］马克思恩格斯文集［M］．北京：人民出版社，2009.

［100］毛泽东选集：第三卷［M］．北京：人民出版社，1966.

［101］毛泽东选集：第五卷［M］．北京：人民出版社，1977.

［102］农业农村部市场预警专家委员会．中国农业展望报告 2021—2030［M］．北京：中国农业科学技术出版社，2021.

［103］钱穆．中国经济史［M］．北京：北京联合出版公司，2013.

［104］钱忠好．节约交易费用：农业产业化经营成功的关键——对江苏如意集团的个案研究［J］．中国农村经济，2000（8）：62-66.

［105］秦晖．农民地权六论［J］．社会科学论坛（学术评论卷），2007（5）：122-146.

［106］屈宝香．农业中的化肥使用与环境影响［J］．环境保护，1994（8）：41-44.

［107］苏星．新中国经济史［M］．北京：中共中央党校出版社，1999.

［108］孙亮．土地，公正，农业发展：拉美与前苏联东欧国家的土地产权改革比较［J］．国际论坛，2006（6）：55-60，78-79.

［109］谭崇台．发达国家发展初期与当今发展中国家经济发展比较研究［M］．武汉：武汉大学出版社，2008.

［110］万广华，程恩江．规模经济、土地细碎化与我国的粮食生产［J］．中国农村观察，1996（3）：31-36，64.

［111］王军．公司领办的合作社中公司与农户的关系研究［J］．经济与管理，2009（8）：19-22.

［112］王奇．“156 项工程”与 20 世纪 50 年代中苏关系评析［J］．当代中国史研究，2003（2）：110-116，127.

［113］王曙光．中国农民合作组织历史演进：一个基于契约—产权视角的分析［J］．农业经济问题，2010（11）：21-27，110.

［114］温铁军．“三农”问题与制度变迁［M］．北京：中国经济出版社，2009.

［115］吴承明，董志凯．中华人民共和国经济史（1949—1952）［M］．北京：社会科学文献出版社，2010.

［116］习近平著作选读：第一卷［M］．北京：人民出版社，2023.

［117］肖娥芳．家庭农场发展：形成机理、影响因素及路径趋势［D］．武汉：华中农业大学，2017.

［118］谢春涛．历史的轨迹——中国共产党为什么能？［M］．北京：新世界出版社，2011.

［119］杨雅如．当前我国农民专业合作社发展的外部条件调整研究［J］．青岛农业大学学报（社会科学版），2010（3）：14-19.

［120］姚洋．土地、制度与农业发展［M］．北京：北京大学出版社，2004.

［121］虞宝棠．国民政府与民国经济［M］．上海：华东师范大学出版社，1998.

［122］张维迎．博弈论与信息经济学［M］．上海：上海人民出版社，2004.

［123］张维迎．理念的力量［M］．西安：西北大学出版社，2014.

［124］张五常．经济解释［M］．易宪容，张卫东，译．北京：商务印书馆，2000.

［125］张五常．中国的经济制度［M］．北京：中信出版社，2009.

［126］赵佳，姜长云．兼业小农抑或家庭农场——中国农业家庭经营组织变迁的路径选择［J］．农业经济问题，2015（3）：11-18，110.

［127］中国社会科学院，中央档案馆．1949—1952中华人民共和国经济档案资料选编：财政卷［M］．北京：经济管理出版社，1995.

［128］中国社会科学院，中央档案馆．1949—1952中华人民共和国经济档案资料选编：工业卷［M］．北京：中国物资出版社，1998.

［129］中国社会科学院，中央档案馆．1953—1957中华人民共和国经济档案资料选编：农业卷［M］．北京：中国物价出版社，1998.

[130] 周立群，曹利群．商品契约优于要素契约——以农业产业化经营中的契约选择为例 [J]. 经济研究，2002 (1)：14-19，93.

[131] 朱民，尉安宁，刘守英．家庭责任制下的土地制度和土地投资 [J]. 经济研究，1997 (10)：62-69.

[132] 朱希刚，钱伟曾．农户种植业规模研究 [J]. 农业经济问题，1989 (7)：24-29.

[133] Anderson J E. Who benefits from farm programs? [J]. Proceedings of the Academy of Political Science, 1982, 34 (3): 144-156.

[134] Axelrod R. Review: beyond the tragedy of the commons a discussion of governing the commons: the evolution of institutions for collective action [J]. Perspectives on Politics, 2010, 8 (2): 569-593.

[135] Bardhan P. Symposium on the state and economic development [J]. The Journal of Economic Perspectives, 1990, 4 (3): 3-7.

[136] Bardhan P. Theory or empirics in development economics [J]. economic and Political Weekly, 2005, 40 (40): 4333-4335.

[137] Bates R H, Rogerson W P. Agriculture in development: a coalitional analysis [J]. Public Choice, 1980, 35 (5): 513-527.

[138] BradshawY W. Perpetuating underdevelopment in Kenya: the link between agriculture, class, and state [J]. African Studies Review, 1990, 33 (1): 1-28.

[139] Brooks K, Lerman Z. Land reform and farm restructuring in Russia: 1992 status [J]. American Journal of Agricultural Economics, 1993, 75 (5): 1254-1259.

[140] Coase R H. The nature of the firm [J]. Economica, 1937, 4 (16): 386-405.

[141] Cook M L. The future of U. S. agricultural cooperatives: a neo-institutional approach [J]. American Journal of Agricultural Economics, 1995, 77 (10): 1153-1159.

[142] Elvin M. The last thousand years of Chinese history: changing patterns

in land tenure [J]. Modern Asian Studies, 1970, 4 (2): 97-114.

[143] Granberg L. Small production and state intervention in agriculture [J]. Acta Sociologica, 1986, 29 (3): 243-253.

[144] Grossman S J, Hart O D. The costs and benefits of ownership: a theory of vertical and lateral integration [J]. Journal of Political Economy, 1986, 94 (4): 691-719.

[145] Hayami Y, Damodaran A. Towards an alternative agrarian reform: tea plantations in South India [J]. Economic and Political Weekly, 2004, 39 (36): 3992-3997.

[146] Hayek F A. The use of knowledge in society [J]. The American Economic Review, 1945, 35 (4): 519-530.

[147] Holmström B, Milgrom P. Multitask principal-agent analyses: incentive contracts, asset ownership, and job besign [J]. Journal of Law, Economics & Organization, 1991, 7: 24-52.

[148] Holmström B. Moral hazard and observability [J]. The Bell Journal of Economics, 1979, 10 (1): 74-91.

[149] Jensen M C, Meckling W. Theory of the firm: managerial behavior, agency costs, and capital structure [J]. Journal of Financial Economics, 1976, 3: 305-360.

[150] Lange O. On the economic theory of socialism: part one [J]. The Review of Economic Studies, 1936, 4 (1): 53-71.

[151] Lewis W A. The state of development theory [J]. The American Economic Review, 1984, 74 (1): 1-10.

[152] McCay B, Jentoft S. Market or community failure? Critical perspectives on common property research [J]. Human Organization, 1998, 57 (1): 21-29.

[153] Munslow B. State intervention in agriculture: the mozambican experience [J]. The Journal of Modern African Studies, 1984, 22 (2): 199-221.

[154] Oleson B T. Agriculture and the changing nation-state: implications for

policy and political economy: discussion [J]. American Journal of Agricultural Economics, 1997, 79 (5): 1434-1436.

[155] Ostrom E. Collective action and the evolution of social norms [J]. The Journal of Economic Perspectives, 2000, 14 (3): 137-158.

[156] Ramey G, Ramey V A. Cross-country evidence on the link between volatility and growth [J]. The American Economic Review, 1995, 85 (5): 1138-1151.

[157] Rao J M. Food prices and rural poverty: liberalisation without pain? [J]. Economic and Political Weekly, 1998, 33 (14): 799-800.

[158] Rosenzweig M R, Binswanger H P. Wealth, weather risk and the composition and profitability of agricultural investments [J]. The Economic Journal, 1993, 103 (416): 56-78.

[159] Rosenzweig M R. Birth spacing and sibling inequality: asymmetric information within the family [J]. International Economic Review, 1986, 27 (1): 55-76.

[160] Sexton R J. The formation of cooperatives: a game-theoretic approach with implications for cooperative finance, decision making, and stability [J]. American Journal of Agricultural Economics, 1986, 68 (2): 214-225.

[161] Shapiro H, Taylor L. The states and industrial strategy [J]. World Development, 1990, 18 (6): 872.

[162] Srinivasan N. Village government in India [J]. The Far Eastern Quarterly, 1956, 15 (2): 201-213.

[163] Stiglitz J E. Incentives and risk sharing in sharecropping [J]. The Review of Economic Studies, 1974, 41 (2): 219-255.

[164] Stiglitz J E. Post washington consensus [Z]. Initiative for Policy Dialogue, Working Paper Series, 1998.

[165] Stiglitz J E. Some theoretical aspects of agricultural policies [J]. The World Bank Research Observer, 1987, 2 (1): 43-60.

[166] Streeton P. Markets and states: against minimalism [J]. World Development, 1993, 21 (8): 1.